로자 룩셈부르크

Rosa Luxemburg by Dana Mills was first published by Reaktion Books, London, UK, 2020.
Copyright © Dana Mills 2020

Korean translation copyright © 2025 by Snail's Dream.
Korean translation rights arranged with Reaktion Books Ltd through EntersKorea Co., Ltd.

이 책의 한국어판 저작권은 (주)엔터스코리아를 통해 Reaktion Books Ltd와 독점 계약한 달팽이꿈에 있습니다. 저작권법에 의해 국내에서 보호받는 저작물이므로 무단 전재 및 복제를 금합니다.

로자 룩셈부르크

Rosa Luxemburg

다나 밀스

목차

서문　9
1. 천둥소리　21
2. 혁명의 최종 리허설　62
3. 최후의 독일 사회민주주의자　103
4. 브륀케 요새의 여백작　146
5. 마지막 혁명의 의무　204
6. 불화는 계속 전진한다　240

옮긴이의 말　274
후주　281
감사의 말　302

일러두기

1. 이 책은 Dana Mills, *Rosa Luxemburg*, Reaktion Books, 2020를 우리말로 옮긴 것이다.
2. 각주는 모두 옮긴이의 주석이며, 본문의 이탤릭체는 굵은 글씨체로 처리하였다.
3. 고유명사는 원칙적으로 해당 언어의 외래어 표기법을 따랐다.
4. 본문에 등장하는 인용문은 한국어 번역본이 있을 경우 이를 참고하였으며, 특히 중역이 아닌 해당 언어에서 직접 번역한 경우에는 이를 우선하여 반영하였다.
5. 인용문의 번역에 참고한 한국어 번역본은 다음과 같다 : 로자 룩셈부르크, 『사회개혁이냐 혁명이냐』(책세상), 『자본의 축적』(지식을 만드는 식); 레닌, 『4월 테제』(아고라)

*내 어머니 가브리엘라 밀스와
내 이모 티르자 포즈너에게,
외할머니 안네마리 (미리암) 포즈너를
  추억하며*

1912년의 로자 룩셈부르크. 1913년에 그녀는 "역사는 자기 일을 할 것이다. 너도 너의 일을 하라"고 썼다.

서문

로자 룩셈부르크가 세상을 떠난 지 한 세기가 지났지만, 그녀의 혁명적 심장은 여전히 힘차게 뛰고 있다. 룩셈부르크는 국제주의자였으며, 마르크스주의 전통 내에서 가장 중요한 민주주의 사상가 가운데 한 사람이었고, 제국주의와 군국주의에 이론과 행동으로 맞서 싸운 혁명가였다.

평생 더 나은 미래를 꿈꿨던 그녀는 세상의 불의가 서로 연결되어 있다는 사실을 꿰뚫어 보았고, 보다 정의로운 세상을 만들기 위해 힘겹게 싸웠다. 룩셈부르크는 지극히 독립적으로 생각하고 행동한 인물이자, 시대를 앞서간 선구적인 여성이었으며, 누구도 따라할 수 없는 예리한 지성과 매우 특별한 개성의 소유자였다. 그녀가 살아갔던 시대는 진정한 혁명의 시대였고, 로자 룩셈부르크는 그 시대가 품은 혁명적 에너지의 상징이었다.

비극적으로 세상을 떠난 지 한 세기가 지난 지금도, 로자 룩셈부르크가 평생 동안 열정적으로 탐구하고 논의했던 주제들은 여전히 우리의 관심을 끌고 있다. 그녀의 말이 오늘날에도 깊이 와닿는 이유는, 로자가 스스로를 특정한 정체성의 틀에 가두지 않았을 뿐 아니라, 타인 역시 어떤 고정된 기준으로 판단하지 않았기 때문이다. 동시에, 로자 룩셈부르크가 지닌 결점과 모순까지도 포함한 그녀 본연의 인간다움은, 그녀의 사상과 실천을 오늘날에도 여전히 매력적이고 의미 있게 만든다.

로자는 "인간이 된다는 것은 무엇인가", "우리는 인간으로서 어떻게 더 나은 세상을 만들어갈 수 있을까"라는 질문에 깊이 천착했던 사상가였다. 이 책은 로자 룩셈부르크의 유산과 가르침을 되짚어 보면서 매우 특별했던 그 삶의 여정을 따라간다. 그녀의 동지 프란츠 메링*이 "마르크스 이후 가장 뛰어난 두뇌"[1]라고 찬양한 로자 룩셈부르크는 중요한 마르크스주의 이론가로 평가받는다. 이 전기는 그녀의 이론적 위상을 조명하는 한편, 로자의 사상과 삶, 그리고 그 유산이 얼마나 밀접하게 연결되어 있는지를 살펴본다. 그리고 오늘날 정의로운 세상을 향한 우리의 노력에 그녀가 여전히 깊은 의미를 던져준다는 사실을 다시금 상기시킨다.

---

* 프란츠 메링(1846~1919)은 마르크스주의 이론가이자 역사가로, 로자 룩셈부르크와 함께 독일 사민당 내에서 좌익적 입장을 취했다. 마르크스주의 역사관에 입각한 그의 글들은 당시 사회주의 운동에 큰 영향끼쳤다.

여러 면에서 혁명가였던 로자 룩셈부르크는 자신이 뛰어든 논쟁의 판을 뒤흔들던 반골 사상가였다. 그래서 이 책은 그녀의 업적을 탐구하는 데 있어 두 가지 시점을 함께 취하고자 한다. 첫째, 로자 룩셈부르크의 사상이 당대의 담론에 어떤 영향을 미쳤는가? 둘째, 그녀가 갑작스럽게 살해된 지 한 세기가 지난 오늘날, 그 사상은 우리에게 어떤 의미와 영향을 주고 있는가?

이 책은 과거와 현재를 넘나들며 이야기를 전개한다. 한편으로는 로자가 살았던 시대에 집중해, 그녀가 당대에 얼마나 탁월한 인물이었는지를 보여주고자 하며, 다른 한편으로는 21세기를 살아가는 우리의 시선에서 그녀의 사상과 실천을 되짚고, 우리에게 남긴 방대한 유산을 조명한다.

로자는 여성이자, 폴란드인이자, 유대인이었다. 그녀는 심한 차별과 억압의 대상이었으며, 온갖 형태의 인종차별 속에서 자신의 목소리를 내야 했다. 그럼에도 불구하고, 로자는 모두에게 정의롭고 평등한 세상을 만들기 위해 끊임없이 싸웠다. 그녀는 인류애를 강조했고, 끈질기게 혁명을 주장했다. 이런 면모는 그녀의 파란만장한 삶은 물론, 방대한 경제학적·정치적 유산 전반에 일관되게 드러난다.

이 책은 룩셈부르크의 시대만큼이나 오늘 정치에서도 공감의 입장에 서는 것이 중요하다고 주장한다. 그녀가 자기 자신에게 부과한 주요한 계율은 "선한 사람이 되는 것"이었다.[2] 반전 운동가이자 제국주의 및 인종차별 반대자로서 룩셈부르크의 활동은 타인의 입장에서 세상을 보는 능력에서 나왔다. 세상을 보는 그녀의 시각은 사회민주주의와 인권과 환경정의의 관계에 대한 혁신적인 인식이 포함된 의제를 설정했다.

많은 경우 그녀는 한 번도 만난 적 없는 사람들의 눈으로 세상을 바라보았다. 로자는 오로지 자신의 감정과 지성을 바탕으로 상상력을 발휘하여, 자신이 잘 아는 세상에서라면 그들이 어떤 처지에 있을지 생각할 수 있었다. 로자 본인이야말로 한나 아렌트가 어딘가에서 "파리아"*라고 부른 이방인이었다.[3] 하지만 로자의 정치는 자신과 비슷한 정체성을 가진 사람들의 정치에 한정되지 않았다. 이런 독특한 위치는 그녀가 살해되고 한 세기가 지난 오늘날에 특히 우리 자신의 상상력과 그 한계를 고찰하도록 격려한다.

로자는 푸근한 친구였고, 열정적인 연인이었다. 그녀는 평생을 바쳐 믿는 바를 위해 헌신했지만, 실천의 영역을 벗어난 삶 또한 그 못지않게 풍부하고 모순으로 가득했다. 로자는 다양한 면모를 지닌 인물이었으며, 그녀의 개인적인 삶 속에서 드러나는 모순들은 우리에게 여전히 많은 물음을 던진다. 이 책은 로자의 삶과 활동을 탐구하면서, 그런 복잡하게 얽힌 실

---

* 파리아(pariah)는 원래 힌두교 사회에서 불가촉천민을 의미했으며, 한나아렌트는 이를 정치적 권리나 사회적 인정 없이 배제된 사람들을 지칭하는 개념으로 사용했다.

타래를 풀어가고자 한다.

인류애의 진정한 옹호자였던 로자는 "인간이란 무엇인가"를 끊임없이 스스로에게 묻고 또 물었다. 그녀는 재치 있고 예리했으며, 강한 카리스마를 지닌 인물이었다. 때때로 그녀를 우울하게 만들었던 깊은 감정의 세계는, 독특한 방식으로 세상의 아름다움과 추함을 포착하게 해주었다. 로자의 활력과 결단력은 수많은 굴곡 속에서도 더욱 빛을 발했다. 그리고 이 책이 출발하게 된 가장 큰 동기는, 인류애에 대한 그녀의 굳건한 믿음이다.

로자 룩셈부르크는 여전히 많은 면에서 우리 정치적 전망 속에 살아있다. 그녀는 늘 자신이 지금 서 있는 곳보다 앞을 생각했다. 공교롭게도 로자는 걷는 것을 좋아했다. 그녀는 사람들과 함께 걸으며 친분을 다졌고, 보조를 맞추기 위해 더 큰 보폭으로 걸어야 하는 작은 키를 두고 자조적인 농담을 던지곤 했다. "제가 너무 작다고 비웃고 있으신 거 보이거든요. 저는 다 알거든요. (걸어 다니기엔 너무 조그만 하다는 거죠.)"[4]

사실 로자가 장애인이라는 사실이 뚜렷하게 드러나는 순간은 걸을 때뿐이었다. 그럼에도 그녀는 평생에 걸쳐 꾸준히 걷기 훈련을 이어갔다. 그러한 태도는 그녀의 강인한 의지와 유머감각, 그리고 인간과 자연은 분리될 수 없다는 신념을 잘 보여준다. 무엇보다도, 그녀가 언제나 자신이 향하는 미래의 지평선에 시선을 고정하고 있었다는 사실을 말해준다.

로자의 자유에 대한 이해는 생애 말기에 더욱 깊어졌고, 특히 혁명 활동으로 인해 수감되면서 그 이해는 한층 성숙해졌다. 마지막 투옥 기간 동안 로자는 블라디미르 코롤렌코*의 자전소설 『나의 동시대인의 역사』를 공들여 번역하고, 그에 서문까지 붙였다.

그녀가 코롤렌코의 작품과 그것이 수용되는 방식을 비판적으로 바라보며 드러낸 모순과 오해는, 로자 자신이 위대한 인물의 삶과 시대를 어떻게 연구했을지를 가늠하게 해주는 실마리를 제공한다. 룩셈부르크는 무엇보다 자유로운 사고를 중시하는 사상가였고, 무엇에든 반대할 권리를 옹호한 인물이었다. 그녀는 사회 구조를 분석함으로써 정의로운 세상을 실현하려 했다. 그녀의 글쓰기는 과거, 현재, 미래의 경계를 허물며 시간 너머를 관통한다. 로자의 분석은 당대의 현실에 깊이 뿌리내리면서도, 과거로부터 교훈을 끌어오려 했다. 러시아 문학의 변화에 관해 그녀는 이렇게 서술한다.

> 사회에 대한 이런 태도, 즉 괴롭기 짝이 없는 자기분석과 내적갈등에서 해방되어 "신이 뜻한 세상"을 근본적인 것으로 여기고, 역사적 행위를 일종의 신성한 운명으로 받아들이는

---

* 러시아의 작가이자 언론인인 블라디미르 코롤렌코(1853~1921)는 약자와 소외된 이들의 삶을 따뜻한 시선으로 그린 단편 소설들로 널리 알려져 있다. 한국에는 대표 단편들을 엮은 선집이 『맹인 악사』(문학과 지성사)라는 제목으로 출간되어 있다.

태도는 매우 다양한 정치사회체제에서 발견된다. 실제로 그 것은 현대의 상황에서도 발견되며 특히 세계대전 내내 독일 사회의 특징이었다.[5]

이는 동시대에 대한 룩셈부르크 자신의 해석을 엿볼 수 있게 해준다. 그녀는 새로운 러시아 문학의 정신을 "어둠과 무지와 억압에 대한 투쟁"이라고 논한다. "이 투쟁은 필사적인 힘으로 사회적·정치적 쇠사슬을 뒤흔들고, 그 때문에 쓰라린 상처를 입었으며, 피로 투쟁의 대가를 치렀다."[6]

이 문장을 쓴지 채 1년도 되지 않아 사회민주주의 역사에서 가장 엄혹한 순간, 독일이 역사상 가장 암울한 시기로 접어드는 그 순간에 로자 자신이 피로 대가를 치렀다. 그럼에도 불구하고 로자 룩셈부르크의 삶은 발랄함과 고결함과 세상에 대한 사랑으로 가득한 이야기이다.

그녀는 러시아 작가 투르게네프가 "베를린 근처 어딘가에 있을 때에야" 처음으로 종달새가 노래하는 소리를 온전히 들으며 즐길 수 있었다는 이야기를 썼다. "무심결에 한 이 발언은 매우 의미심장해 보인다. 종달새는 독일 못지않게 러시아에서도 아름답게 지저귀기 때문이다."[7] 로자 룩셈부르크는 언제 어디서 누구나 종달새의 노래를 똑같이 즐길 수 있는 세상을 만들기 위해 활동했다.

로자 룩셈부르크는 역사가 세상에 대한 우리의 인식과 이

해에 얼마나 깊은 영향을 미치는지를 누구보다 예리하게 인식하고 있었다. 그녀는 많은 글을 남겼다. 그 가운데는 옳은 것도 있었고 틀린 것도 있었지만, 그녀의 오류 또한 예측만큼이나 중요하며, 그녀의 삶과 사상을 이해하는 데 있어 결코 덜 중요하지 않다. 로자 룩셈부르크의 글은 오늘날에도 여전히 발견되고, 또 새롭게 읽히고 있다. 이 책은 독자들에게 그녀의 주요 저작뿐 아니라 덜 알려진 글들까지 폭넓게 소개하는 데 초점을 맞춘다.

룩셈부르크는 글에서 자주 대중(masses)이라는 개념을 다루었으며, 이는 그녀의 역사에 대한 이해와 밀접하게 연결되어 있다. 그러나 이 개념은 마르크스가 말한 프롤레타리아 계급과 동일한 분석적 개념은 아니다. (물론 그녀의 글에서도 프롤레타리아 계급은 등장한다.) 역사를 혁명으로 이끄는 대중의 개념은 룩셈부르크의 글 속에서 모호하게 제시되지만, 특별히 문제로 다뤄지지는 않는다.

이 책은 룩셈부르크의 저작이 지닌 힘뿐 아니라 그 한계에 대해서도 유용한 통찰을 제공하고자 한다. 그녀는 역사를 움직이는 힘을 이해하고 믿는 동시에, (세밀한 역사유물론의 시각을 통해 읽을 경우에도) 그 과정은 끝없이 열려있다고 생각했다. 이는 곧 사태를 예측하는 우리의 능력에 한계가 있다는 사실을 의미한다. 로자는 역사가 결코 완벽하게 이해될 수 없는 그 자체의 힘을 지닌 존재이며, 언제나 유동적인 수많은 사건들을 통해 발현한다는 사실을 인식했다. 결국 이런 인식은 그녀 자신의 삶을 구성한 과정들과, 그녀를 뜻밖의 죽음으로 이끈 역사적 사건들을 이해하는 방법으로 유용하다.

　로자의 복잡한 개성과 풍성한 유산은 오늘날 독자들에게 도전이 될 것이다. 이 책은 연대기적 서술을 하고 있지만 동시에 그녀가 선동하고 활동했던 다양한 분야들에 따라 구성되기도 했다. 첫 번째 장에서는 폴란드에서 삶을, 두 번째 장에서는 당시 가장 중요한 국제 조직이었던 제2인터내셔널과 첫 번째 러시아 혁명에서 활동을, 세 번째 장에서는 독일 사회민주당 정치에 열정적으로 참여하며 가장 창조적인 저술 활동을 펼쳤던 시기를, 네 번째 장에서는 감옥에서 삶과 활동을, 다섯 번째 장에서는 룩셈부르크가 살펴본 유사하면서도 크게 다른 두 개의 혁명, 즉 1917년의 러시아 혁명과 1918~19년의 독일 혁명에 초점을 맞춘다.

　이 책은 룩셈부르크의 발자국을 따라가며 그녀의 글과 사상을 쉽고 명쾌하게 제시하고자 한다. 로자의 비범한 삶을 규명해서 그녀의 글과 사상을 더 잘 이해할 수 있게 하고, 저작들 속에서 있는 연속성과 차이를 드러내려고 한다. 이 전기의 지면으로는 그녀의 활동 전부를 감당할 수 없지만, 이 책은 그녀의 글들을 서로의 연관성 및 역사적·전기적 맥락 속에 위치 짓고자 노력한다. 로자 본인 말마따나, "모든 책은 그 자체만으로

는 대단히 이해하기 어려운 것"이다.[8]

로자 룩셈부르크는 단행본 길이의 원고를 네 개 썼고, 그 외에 많은 논설과 연설문을 썼다. 그녀의 사상과 실천의 발전을 보여주기 위해 이 책은 몇 가지 주요 저술들을 검토할 것이다. 역사를 주의 깊게 살펴야 한다는 로자 룩셈부르크 자신의 연구 정신에 따라, 이 전기는 그녀가 세상을 떠난 뒤 세월의 흐름을 견디고 살아남은 생각들은 무엇이고, 역사에 의해 잘못된 것으로 입증된 생각들은 무엇인지 가려볼 것이다.

남자의 직업적 성취에 초점을 맞추는 연구, 반대로 여성의 사생활에 초점을 맞추는 연구를 너무나 많이 보게 된다. 그렇기 때문에 이 책은 명확히 페미니즘의 산물이다. 남자든 여자든 모두 사적인 것과 공적인 것의 산물이다. 이후의 장들은 룩셈부르크 박사의 공인으로서 삶 뿐 아니라 로자의 사적인 삶을 규명하면서, 두 이야기 안에 존재하는 모순들에 주의를 기울이려고 한다. 그녀는 친구이자 비서인 마틸데 야콥(Mathilde Jacob)에게 보낸 편지에 이렇게 썼다.

> 대체 내가 왜 계속 이렇게 살고 있는 건지 알아? 절대 그러고 싶지 않는데도 말이야. 그림이나 그리면서 조그만 땅뙈기에서 농사나 짓고 동물들을 기르며 예뻐해 주고 살고 싶단 말이야. 자연과학도 공부하고 싶지만, 무엇보다 이 영원한 소용돌이 속에서가 아니라 조용히 혼자 살고 싶다고.[9]

하지만 로자는 늘 폭풍 한가운데서 살았다.

우리는 모두 복잡한 인간 존재이며, 모든 관계와 도전의 산물이다. 로자 룩셈부르크가 던진 몇 가지 조언은 내가 이 책을 쓰도록 영감을 주었다. 이 책을 읽는 사람들에게도 영감을 주기를 바란다.

> 나는 사람들이 글을 쓸 때마다 그 주제에 완전히 몰입하고, 매번 매일 그것을 경험해야 한다고 생각해요. 그러면 익숙한 문구를 그냥 반복하는 것이 아니라, 마음에서 우러나와 마음에 와 닿는 신선한 단어를 찾을 수 있을 겁니다. 하지만 사람들은 한두 가지 진리에 너무 익숙해진 나머지, 가장 깊고 위대한 주제들을 놓고 마치 주기도문을 읊듯이 마구 지껄이거나 말을 쏟아내지요. 그래서 나는 다시 영감을 얻기 위해 글을 쓸 때 매번 내가 뭘 쓰고 있는지 절대 잊지 않고 그것을 위해 내 자신 속으로 들어가기로 다짐했어요.[10]

그럼 로자 룩셈부르크의 발자취를 따라가 보자. 빠짐없이, 완벽하게.

1917년, 한 여자가 감옥 마당에서 저녁 산책을 하고 있다. 그녀는 주변을 유심히 둘러보며 천천히 걷고 있다. 불현듯 수레를 끄는 들소들이 그녀의 시선을 사로잡는다. 그 수레에는 전선에서 돌아온 피 묻고 찢어진 군복이 한가득 실려있다. 여자가 들소의 눈을 응시하는 바로 그 순간, 세상의 모든 악이 응축되어 명료하게 들어온다.

여자와 남자와 동물 들은 서로 갈등하는 속에서 폭력과 유혈이야말로 세상이 돌아가는 근본 방식이라고 배우게 된다. 하지만 들소의 눈을 바라보는 여자의 눈에는 정의와 공감의 본질이 담겨 있다. 저항은 제단에 몸을 던지는 것만 아니라, 의미 없는 폭력에 맞서 사랑하고 이해하려는 노력에도 깃들어있다. 전쟁과 유혈의 시대에 절뚝이며 들소의 눈을 응시하는 작은 여인은 어두운 시대에도 인류애가 승리한다는 증거인 것이다.

1. 천둥소리

로잘리아(로잘리, 로자) 루켄스부르크(룩셈부르크)는 1871년 3월 5일 러시아 제국 치하의 작은 도시 자모시치에서 유대계 폴란드 시민으로 세상에 태어났다. 그녀는 룩셈부르크 가족의 막내딸이었고, 위로 안나(1854년생), 미콜라이(1855년생), 막시밀리안(1860년생), 요제프(1866년생)가 있었다.

룩셈부르크 일가는 중간계급에 속하는 유대계 폴란드인 가족이었다. 러시아 제국 치하에서 유대인들은 이중의 억압을 당했다.[1] 그들은 제국주의의 억압 뿐 아니라, 종교적 차별의 피해자로 같은 폴란드인들에게 허용된 최소한의 시민권도 누리지 못했다. 이들 러시아 제국의 유대계 폴란드인들은 1770년대부터 1880년대까지 중서부 유럽에서 일어난 유대인 계몽운동인 하스칼라 운동*의 가치들과 함께 유럽 문화를 적극적으로 수용했는데, 이는 훗날 로자의 주요한 지적 배경이 되었다.

---

* 하스칼라(Haskalah)는 "지혜", "교육"이라는 뜻을 가진 히브리말로, 시오니즘 운동과 달리 유대인이 전통적인 종교 공동체에서 벗어나, 근대화된 유럽 문화를 받아들이고 유럽 사회에 동화해야 한다고 주장했다.

룩셈부르크 집안은 자모시치가 배출한 또 다른 유명인인 이디시어* 작가 이자크 라이프 페레츠(Isaac Leib Peretz)와도 친분이 있었다.² 이 가족은 비유대인 사회와 유대인 사회 양쪽 모두에 속해 있었다. 로자의 할아버지 아브라함 룩셈부르크(Abraham Luxemburg)는 목재상으로 자수성가한 사람이었다. 그의 아들 에드바르트 룩셈부르크(Edward Luxemburg)는 1803년 12월 17일에 태어났다. 히브리 이름은 원래 엘리사(Elisha)였지만, 후에 엘리아스(Eliasz)로 바꾸었다. 에드바르트는 폴란드어와 이디시어를 함께 사용하며 자랐으며, 학교는 독일에서 다녔다. 그곳에서 그는 진보적인 사상을 받아들이고, 특히 서유럽 문학에 열정을 품게 되었다.³

어머니인 리나 로벤슈타인(Lina Lowenstein)은 랍비의 딸이었다. 리나는 신앙심이 깊고 예술을 몹시 사랑하는 사람이었다. 하지만 룩셈부르크 일가는 기본적으로 유럽 사회에 동화된 유대인 가족이었으며 높은 문화적 감수성을 갖고 있었다. 1917년에 로자는 어머니가 실러의 작품들을 성서 다음가는 지혜의 원천으로 여겼다고 회상했다.⁴

엘리아스는 자식들이 잘 자랄 수 있도록 신경을 많이 썼다. 룩셈부르크 집안은 시에 대한 사랑이 충만했고, 시는 로자의 인생사에서 절대로 뺄 수 없는 중요한 것이 되었다. 그녀는

---

* 흔히 아슈케나지 유대인이라고 불리는 중동부 유럽의 유대인들이 쓰던 언어이다. 독일어에 가깝지만 히브리 문자로 표기되었다.

네 살 때의 로자 룩셈부르크(1875년).

평생 괴테를 좋아했지만, 집안의 유대인풍 문화에도 자유롭지 않았다. 로자 룩셈부르크는 폴란드 시인 아담 미츠키에비치*의 열렬한 독자이기도 했는데, 그의 시는 유대계 폴란드인인 그녀의 가족에게 중요한 부분이었다.

마흔일곱 살 때 로자는 러시아 작가 블라디미르 코롤렌코에 관한 글을 쓰면서, "삼중의 민족성을 가진 내 영혼이 마침내 고향을 찾았다. 그 무엇보다도 러시아 문학에서"라는 코롤렌코의 말을 인용했다.[5] 로자는 이렇게 썼다.

> 폴란드와 러시아와 우크라이나의 후예인 코롤렌코는 어렸을 때부터 "다른 누군가를 증오하거나 박해하기를" 기대하는 그 세 개의 "민족주의"와 정면으로 부딪쳐야 했다. 하지만 그는 건전한 상식을 가진 덕분에 이런 기대에 부응하지 못했다 … 그리하여 코롤렌코는 고향 볼히니아에서 벌어지는 세 민족의 갈등에서 벗어나 인도주의로 탈출을 감행했다.[6]

로자는 일찍부터 국제주의자였으며, 타고난 인류 전체에 대한 남다른 관심은 그녀가 글을 쓰고 걸으며 택했던 길들에 잘 드러나있다.

---

* 아담 미츠키에비치(Adam Mickiewicz, 1798-1855)는 폴란드의 국민시인이자 낭만주의 문학을 대표하는 인물로, 폴란드의 민족 정체성과 해방 운동에 큰 영향을 끼쳤다. 그는 유대인을 폴란드 해방의 동반자로 보고, 폴란드와 유대 민족의 연대를 강조하는 등 당대 지식인들과는 다른 포용적 시각을 드러냈다.

로자가 태어나고 2년 반 쯤 뒤에 룩셈부르크 일가는 바르샤바로 이주했다. 엘리아스가 아이들에게 더 나은 교육을 시키고 싶어 했기 때문이었다.[7] 바르샤바에 온 지 얼마 안 되어 로자는 고관절 질환을 앓게 되었다.[8] 의사가 오진을 하는 바람에 그녀는 후유증으로 평생 다리를 절게 되었다.[9] 뛰어난 지적 능력과 장애라는 약점은 형제자매들이 그녀를 싸고돌게 만들었다. 로자는 곧 가족의 사랑을 독차지했다.

로자의 큰언니 안나도 똑같이 고관절 질환을 앓았는데, 주변 사람들은 장애 때문에 결혼 생활과 어머니로의 삶이 그녀에게 적합하지 않다고 생각했다. 안나는 부모님 곁을 떠나지 못했지만, 로자는 운명을 개척할 수 있는 자유를 얻고 전혀 다른 삶을 살았다. 따뜻한 성격과 날카로운 지적 재치가 결합된 그녀는 만나는 모든 사람의 마음을 빠르게 사로잡을 수 있었다. 로자의 명석한 두뇌는 일찍부터 빛을 발해 아홉 살 때 이미 독일어 시와 산문을 폴란드어로 번역했다고 전해진다.[10]

로자가 다닌 바르샤바의 학교에서는 폴란드어 사용이 금지되어 있었다.[11] 학교는 문화적 억압과 전제 정치의 결합체로 저항의 온상이 되었다. 당돌하고 반항적인 성격을 지닌 어린 로자는 곧 그런 무리의 우두머리가 되었다. 열세 살 때인 1884년 독일 황제 빌헬름 1세가 바르샤바를 방문하자, 그녀는 이런 시를 지었다.

드디어 우리 보겠네요. 서쪽의 권력자여.
황송하옵게도 우리 동네 공원에 오신다면 말입죠.
저야 댁네들 궁궐에 갈 일 없으니까요,
전하들은 내게는 아무 의미 없어요, 알아줬으면 해요.
그래도 무슨 수다를 떨려는 건지는 알고 싶네요.
친하게 지내야 하는 우리 "왕"과 말이죠.
정치에서 나는 아직 순진한 어린 양입죠.
그래서 아무래도 당신과는 얘기하고 싶지 않아요.
댁한테 하고 싶은 말은 딱 한 가지, 친애하는 빌헬름.
당신의 교활한 여우 비스마르크에게 전해줘요,
유럽을 위해, 서쪽의 황제여,
그 자에게 평화의 바지를 더럽히지 말라고 전해줘요.[12]

로자는 어릴 때부터 예리한 사회의식을 갖고 있었고, 권위적인 것을 극히 혐오했다. 이런 권위에 대한 무시와 질서에 대한 끊임없는 문제 제기는 이론적으로든 실천적으로든 인류에 대한 깊은 애착과 함께 이루어졌다.

로자는 어느 날 모든 것이 아직 잠들어 있을 때 아버지보다 먼저 일어났던 일을 회상했다. 고양이 한 마리가 안마당을 부드러운 발로 살금살금 가로질러 가고 있었고, 참새 한 쌍이 시끄럽게 쨱쨱대며 싸우고 있었다. 길쭉하게 키가 큰 안토니는 사계절 내내 입고 다니는 짧은 양가죽 윗도리를 입고, 양손과 턱을 빗자루 손잡이에 얹은 채 물을 긷는 펌프 옆에 서 있었다.

아직 졸음이 가시지 않은, 세수도 하지 않은 얼굴은 깊은 상념에 잠겨 있었다.

　룩셈부르크 집안의 관리인으로 보이는 안토니는 로자의 말에 따르면 "포부가 높은" 사람으로, 그녀가 그에게 책을 빌려주기도 했다고 한다. 로자는 안토니가 어떻게 문학과 예술에 대한 고상한 관심을 가지게 되었는지를 설명하는데, 그는 책의 내용보다 글자 자체를 사랑했다고 전한다.

"그 당시 나는 '삶', 즉 '진짜 삶'은 지붕 저 너머에 있다고 굳게 믿었어요. 그 이후로 죽 나는 그걸 쫓아다니고 있어요. 하지만 그건 늘 또 다른 지붕 너머로 숨어버리고 마는 걸요."[13] 로자에게 인간과 자연은 늘 연결되어 있는 것이었다. 자기 자신을 살펴보든 다른 자연의 존재를 살펴보든 그녀는 탐구 대상의 핵심을 파고들었다. "삶"이 저 너머 멀리 있을 수 있지만, 그녀는 그것을 쫓으려는 노력을 결코 멈추지 않았다.

　어린 시절의 로자를 찍은 사진을 보면 깊고 따뜻한 눈, 사람의 마음을 따뜻하게 하는 자신감 있는 자세와 시선을 엿볼 수 있다. 어리석은 장난질 따위는 절대로 참고 있지 않을 아이 같아 보인다. 어린 로자 룩셈부르크에게 나타난 몇 가지 특징적인 성격들은 나이든 뒤에도 그대로 이어졌다. 강단 있고, 공감 능력이 뛰어나며, 매우 똑똑하고, 헤아릴 수 없는 감정의 깊이와 함께 날카로운 예리함을 지닌 십대의 로자는 일찍부터 정의에 대한 열정을 보여주었다. 그녀는 불같은 기질로 사랑과 증오를 한꺼번에 쏟아내곤 했고, 초롱초롱한 눈빛과 장난기 가득한 미소를 평생토록 잃지 않았다.

1881년에 바르샤바의 유대인들은 폴란드 사상 최악의 포그롬*을 겪었다. 19세기 러시아 제국에는 반유대주의 폭력이 만연했지만, 특히 1881~2년에 벌어진 대대적인 유대인 박해는 제국의 정책과 유대인의 대응 모두에 분수령이 되었다.

로자의 어린 시절은 폴란드인, 러시아인, 유대인 사이의 긴장이 고조되던 시기였다. 로자의 어머니 리나는 그녀가 아홉 살이 될 때까지 집에서 손수 로자를 가르쳤다. 어린 시절 여러 언어를 사용했던 덕분에, 로자는 더 많은 언어를 익힐 수 있었다. 성인이 된 룩셈부르크는 폴란드어, 이디시어, 러시아어, 독일어, 영어, 프랑스어를 구사했고, 글을 쓰는 틈틈이 번역일도 자주 맡아서 했다.[14]

교육기관에는 유대인 할당제가 있었지만, 힘들게 입학해봤자 차별과 억압은 여전했다. 로자는 고등학교 때 수석을 차지했지만, 당연히 받아야 할 우등상을 받지 못했다. 유대인에게는 상을 주지 않았기 때문이다.

1887/8년 로자는 처음으로 정치조직에 가입했다.[15] 프롤

---

* 포그롬(Pogrom)은 보통 러시아 제국과 동유럽에서 일어났던 반유대주의 폭동과 학살을 가리킨다. '파괴'를 뜻하는 이 러시아어는 1881년 알렉산드르 2세 암살 이후 벌어진 유대인 학살로 인해 널리 알려지게 되었는데, 차르 암살의 배후에 유대인이 있다는 거짓 소문이 돌면서 촉발되었다고 한다.

12세 때의 로자. 바트 미츠바(Bat Mitzvah)를 기념하기 위해 찍은 사진으로 보인다. 바트 미츠바란 유대교에서 소녀가 12세가 되었을 때 치르는 성년의례를 말한다.

레타리아트 당이라는 이 조직은 당시 확산되고 있던 폴란드 독립을 주장하는 흐름에 반대했다. 당의 소책자는 이렇게 표명했다. "폴란드 프롤레타리아는 특권 계급과 완전히 분리되어 경제적, 정치적, 도덕적 활동에서 독립적인 계급으로 투쟁에 나선다."16

1883~4년에 당의 주요 활동가들이 체포되었고, 1886년에는 많은 사람들이 투옥되거나 사형을 당했다. 당의 중심

혁명가 네 사람이 처형되었을 때, 로자는 열다섯 살이었고 이미 폴란드 정치 운동에 깊이 관여하고 있었다.[17] 당은 이후에 제2 프롤레타리아트 당으로 이름을 바꾸었다.

1903년에 그녀는 「프롤레타리아트 당을 기리며」라는 글을 통해 17년 전 자신이 처음으로 가입한 정치 조직을 회고했다. 이 글에서 로자는 대중 교육의 중요성에 대해 이야기했다. 비록 최종 목표가 멀리 있더라도, 교육은 대중이 행동에 나서도록 자극하는데 도움이 되었다는 것이다.[18]

로자가 처음 정치적으로 교육을 받은 곳도 바로 이 당이었다. 목숨을 바친 정치가들의 죽음은 로자에게 인간이 반대 의견을 표명하기 위해 지불해야 하는 대가가 얼마나 클 수 있는지 깨닫게 해 주었다.

> 이 네 사람처럼 높은 지적 경지에 오른 사람들, 사상을 위해 고개를 꼿꼿이 들고 죽음을 맞이한, 자신들의 죽음을 통해 산 자들에게 용기를 주고 영감을 불어넣어 준 사람들은 결단코 특정 정당, 특정 그룹, 특정 정파의 전유물이 아니다. 그들은 전 인류의 만신전에 속하며, 그 내용이나 형태가 무엇이든 자유라는 관념을 진정으로 소중하게 생각하는 사람이라면 누구나 그들을 동지로 끌어 안고 기려야 할 것이다.[19]

어린 시절부터 로자는 다르게 생각할 권리를 위해 싸워야 한다는 대의에 유독 민감했다. 이는 사회주의 그룹들 내에서도 예외가 될 수 없었다.

1889년, 특이한 화물 하나가 국경을 넘어 스위스로 갔다. 로자는 농부의 짐마차 짚단 아래 몸을 숨긴 채 고향을 떠나 먼 곳으로 향했다. 이것은 이제 망명자가 된 로자 룩셈부르크가 앞으로 많이 하게 될 정치적 이주들 가운데 첫 번째 것이었다. 그녀는 친구이자 멘토였던 마르친 카스프르작*의 도움을 받아 해외로 밀입국했다.[20]

로자는 1889년 말 취리히 대학로(Universitätstrasse) 77번가에 방을 얻었다.[21] 그녀는 방에서 지낼 때, 창밖으로 보이는 유명한 취리히 호수와 거기로 이어진 나무들이 늘어선 구불구불한 오솔길을 바라보는 것을 좋아했다. 로자는 1890년 취리히 대학교에 자연과학과 수학을 공부하기 위해 입학했지만, 1892년 법학으로 전공을 바꾸었다. 그러나 자연과 자연과학에 대한 그녀의 관심은 평생 지속되었다.[22] 그녀는 율리우스 볼프 교수, 포그트 교수, 트라이흘러 교수, 플라이너 교수 등의 지도를 받으며 공부했다.

이들 가운데 가장 중요한 스승은 볼프 교수였다. 하지만 젊은 로자가 볼프 교수를 대한 태도는 그녀가 모든 권위를 명확

---

* 마르친 카스프르작(Marcin Kasprzak, 1860~1905)은 폴란드 사회주의자이자로, 로자 룩셈부르크 등과 함께 폴란드-리투아니아 사회민주당에서 활약했다. 무장투쟁을 일으킨 죄로 1905년 러시아 제국에 의해 처형되었다.

히 거부했음을 잘 보여준다. 로자는 날카로운 언변과 뛰어난 지성으로 이미 주변에서 유명했다. 수업 시간에 동료 학생들과 친구들이 어려운 질문을 던지면, 젊은 로자 룩셈부르크는 자신있게 반론을 펼쳤고, 최신 비평과 문화적인 논평들에 어쩌면 교수보다 더 정통한 모습을 보였다. 볼프 교수는 나중에 "그녀는 이미 폴란드에서 철저한 마르크스주의자가 된 채로 내게 왔다"고 말했다.[23]

19세기 들어 각종 교육기관에 여성을 받아들이는 경우가 크게 늘어났다. 로자가 고등교육 기관에 입학한 것은 여성을 위한 새로운 길을 보여주는 사례였다. 여성도 고등교육을 받아야 한다는 캠페인은 1880년대 부르주아 여성운동의 일환이었지만, 그 과정은 점진적이었고 나라마다 속도가 달랐다. 1877년 헬렌 매길 와이트(Helen Magill White)는 미국에서 박사 학위를 받은 최초의 여성이 되었다. 스웨덴에서는 1883년에 엘렌 프리세(Ellen Fries)가 박사 학위를 받았다. 프랑스에는 1893년 도로테아 클럼프케(Dorothea Klumpke)가 과학 분야의 박사 학위를 받았다. 독일은 1900년부터 1909년 사이에 여러 주에서 여성이 남성과 동일한 조건으로 고등교육 기관에 입학할 수 있게 되었다.[24]

1893년, 학창 시절의 절정에 있던 22세의 로자는 레오 요기헤스와 공동으로 인생에서 처음으로 정치 조직을 창립했다. 여기에는 아돌프 바르스키, 율리안 마르클레프스키, 펠릭스 제

르진스키, 카를 솔벨손, 야쿱 퓌르슈텐베르크, 스타니스와프 페스트코프스키 등 폴란드 좌파의 주요 인물들이 함께했다. 폴란드 왕국 및 리투아니아 사회민주당*은 비합법 조직으로, 파리에서 《스프라바 로보트니차(Sprawa Robotnicza, 노동자의 대의)》라는 신문을 발행했다.

이 조직의 존재 이유는 폴란드 사회당이 지지하는 폴란드 민족주의 경향에 반대하는 것이었다. 초기의 폴란드·리투아니아 사회민주당은 주로 젊은이들로 구성된 평등하게 활동하는 단체였다.[25] 이는 아마도 언제나 발언과 행동의 평등으로써 사회주의적 민주주의를 옹호하게 될 여성의 등장을 예고하는 것이었을지도 모른다.

취리히에 머무는 동안 그녀는 파벨 악셀로드, 파르부스 헬판트, 베라 자술리치** 같은 당시 혁명운동의 세계에서 유명한 인사들을 만나게 되었다.[26]

로자의 혁명적 실천은 글로도 표현되었다. 그녀는 학사 학위에서 빠르게 박사 과정으로 진학해서, 열심히 논문 작성에

---

* 1893년 폴란드 사회당(PPS)에서 분리되어 결성된 폴란드 사회민주당(SDKP)이 모태가 되었으며, 1899년 리투아니아 노동자연맹과 합쳐서 폴란드 왕국 및 리투아니아 사회민주당(SDKPiL)으로 이름을 바꾸었다. 이 당은 러시아 제국 치하의 폴란드와 리투아니아 두 지역이 과거 하나의 연방을 이루었다는 역사적 배경을 반영하여 두 지역 노동계급의 연대를 기반으로 활동하고자 했다. 이하로는 폴란드·리투아니아 사민당으로 표기한다.
** 파벨 악셀로드(1850~1928)와 베라 자술리치(1849~1919), 헬판트 파르부스(1867~1924)는 러시아 제국 출신의 마르크스주의 혁명가들로 당시 스위스에 망명 중이었다.

매진했다. 이 논문은 그녀가 처음으로 집필한 단행본 분량의 원고가 되었다. 『폴란드의 산업 발전(1898)』에는 룩셈부르크의 삶과 경력 전체로 스며들 초기의 몇 가지 주요한 관심사들이 담겨있다. 독일어로 작성된 그녀의 논문은 여러 언어로 된 방대한 양의 문헌과 자료를 바탕으로 철저한 국제주의적 접근 방식을 보여주었다.[27]

이 논문은 명쾌하고 힘있는 문체로, 경제적 논의와 사회정치적 상상력을 결합하고 있다. 룩셈부르크의 국제주의는 이 작품의 주제이자 핵심을 이룬다. 그녀는 주로 폴란드와 러시아 제국의 관계를 집중해서 다루지만, 미국과 영국 같은 나라 뿐 아니라 동양 여러 국가들도 분석에 포함시켰다. 비록 마르크스의 이름이 한 번밖에 언급되지 않지만, 이 연구가 역사적 유물론에 기초하고 있다는 것은 명확하다.[28]

이 논문은 처음부터 끝까지 명쾌하고 힘차게 논지를 설명한다. 폴란드 부르주아는 자국민보다 다른 나라의 동료 부르주아와 제휴하는 경향이 더 크다. 룩셈부르크는 다양한 출처에서 수집한 자료로 이 주장을 입증하고 있는데, 이는 폴란드 민족주의를 지지한 마르크스의 입장과 정면으로 부딪친다. 마르크스와 엥겔스는 러시아에 큰 관심을 두었고, 1848년 이후 서구의 정치적 진보에 러시아가 매우 중요하다고 보았다.[29]

룩셈부르크는 1820년과 1850년 사이에 폴란드가 러시아 제국 내에서도 특출난 경제 성장을 이루었다는 사실을 보여주었다. 그녀는 폴란드 국민국가로 가는 길은 자본주의 이전 시대로 퇴행하는 것이 될 것이다라고 주장한다. 룩셈부르크는 나아가 폴란드의 독립이 반동적이고 반혁명적일 뿐만 아니라, 역사 발전에 역행하는 것이며 폴란드를 퇴보적인 지주 계층의 수중에 돌려주는 것이라고 역설한다.[30] 그녀는 러시아의 혁명적인 잠재력을 크게 신뢰했다.

룩셈부르크는 대규모 산업으로의 전환이 대부분 1850년에서 1870년 사이에 일어났다는 점을 강조한다. 그녀는 이에 대한 몇 가지 이유를 거론하는데, 첫째 러시아와 폴란드 간의 관세장벽 폐지, 둘째 러시아와 폴란드 간의 철도 건설, 셋째 1860년대 러시아와 폴란드에서 농노제 폐지와 농노해방이 이루어졌기 때문이라는 것이다. 그녀는 모스크바와 우치*의 관계를 러시아 제국과 폴란드 신하국의 관계로 설명했다. 그녀는 자신의 주장을 동양에 대한 러시아의 제국주의적 이해관계라는 흐름 속에서 설명하며 논지를 전개했다. 룩셈부르크는 다음과 같이 강렬한 어조로 글을 마무리짓는다.

> 우리는 러시아 정부, 폴란드 부르주아, 폴란드 민족주의자들이 모두 똑같이 맹목에 빠져있다고 생각하며, 폴란드와 러시아의 자본주의적 융합 과정에 존재하는 변증법적인 측면 또

---

* 우치(Łódź)는 폴란드 중앙에 위치한 도시로, 19세기에 섬유산업이 크게 발전하여 "폴란드의 맨체스터"로 불렸다.

한 완전히 간과하고 있다고 본다. 이 과정은 러시아 자본주의의 발전이 전제적인 정부 형태와 충돌하게 될 순간을 내적으로 준비하고 있으며, 결국 차르의 통치는 그 자체의 활동으로 인해 스스로 무너질 것이다 … 폴란드와 러시아의 자본주의적인 융합은 그 결과로서 러시아 정부, 폴란드 부르주아, 폴란드 민족주의자들이 똑같이 간과하고 있는 것을 낳고 있다. 그것은 바로 폴란드와 러시아 프롤레타리아트의 연합인 바, 러시아 차르 체제의 파탄과 그에 이은 폴란드-러시아 자본의 지배에서 미래의 수혜자로 등장할 것이다.[31]

여기서 룩셈부르크가 제기하는 논점들 중 한 가지가 명확히 드러난다. 폴란드 문제와 좌파적인 것이든 우파적인 것이든 폴란드 민족주의 경향에 반대하는 것 말이다. 다른 많은 저술들에서 그랬던 것처럼 이 글에서도 룩셈부르크는 선동적 어조로 끝을 맺는다. 그녀의 글은 행동을 촉구하며, 새로운 미래를 향해 나아간다.

이 글에서 룩셈부르크가 내린 판단과 민족 문제에 대한 주장은 역사의 긴 흐름에 비추어 봤을 때 옳지 않다는 것이 드러났다. 핀란드가 러시아 제국과의 유대 관계 때문에 정치적 독립을 달성하지 못할 거라는 그녀의 예언도 맞지 않았다. (핀란드와 폴란드는 1917년에 독립을 쟁취했다.) 역사의 전개는 폴란드 독립이 비현실적이라는 주장이 옳지 않았다는 사실을 보여준다. 하지만 룩셈부르크가 처음 쓴 한 권 짜리 저술은 그녀의 단점 뿐아니라 장점도 보여주고 있다.

무엇보다도 이 글이 드러내는 것은 반대하는 것을 결코 두려워하지 않는, 비주류의 입장에서 이야기하는 젊은 여성의 모습이다. 이 논문은 그녀가 앞으로 해나갈 연구 작업의 씨앗을 담고 있었으며, 로자의 스물여섯 번째 생일 일주일 뒤인 1897년 3월 12일에 출간되었다. 유럽 여러 나라 언론에 당대의 주요 사상가들이 쓴 호의적이고 열정적인 서평이 실렸다. 룩셈부르크가 에두아르트 베른슈타인과 논쟁을 통해 국제무대에 공식적으로 등장한 것은 그로부터 1년 뒤의 일이었지만, 그녀는 이미 중요한 마르크스주의 이론가로 자리잡고 있었다.[32]

취리히에서 젊은 로자의 삶은 여러모로 혁명을 겪고 있었다. 레오 요기헤스는 짙은색 머리카락과 깊은 눈빛을 가진 잘생긴 이방인이었다. 로자보다 네 살 많은 그는 현재 리투아니아 수도인 빌뉴스의 부유한 유대인 집안에서 태어났다. 로자와 레오는 둘 다 학생이던 1890년 같은 서클들에 가입하며 알게 되었다. 그는 카리스마 있는 타고난 웅변가였고, 그녀는 글쓰기에 재능이 있었다. 로자는 늘 그에게 글을 더 많이 쓰라고 재촉했지만, 대개 잘 되지 않았다.

둘의 관계는 공동의 대의에 대한 헌신과 함께 깊고 열정적인 연인 사이가 되었고, 계속 그렇게 남아있었다. 여러 나라 문화에 대한 로자의 관심은 완고한 성격의 레오보다 더 쉽게 새로운 문화를 받아들이고 새로운 청중들에게 다가갈 수 있게 해주었다. 요기헤스는 혁명가로서 그들의 생활을 지원할 유산을 물려받았지만, 자신의 출신 배경을 지우기 위해 노동계급 일자리도 유지했다. 열정과 정의에 대한 열망이 만들어낸 두 사람의 유대는 평생도록 계속될 협력의 기반이 되었다.

로자가 레오에게 보낸 편지들은 에로틱한 열정과 지적 열기로 가득 찬, 파란만장한 두 사람의 관계에 대한 깊은 자기 인식을 드러낸다. "나는 어느 정도는 내 기분을 그대로 말하는 어리석은 습성 때문에, 어느 정도는 우리 사이가 어떻게 되고 있는지 당신이 **잘 알았으면** 해서 이 글을 쓰고 있어."[33]

로자의 솔직한 자기 고백은 이 관계의 깊이와 얽혀 있다. 레오에 대한 열정과 안정된 부르주아적인 생활에 대한 희망은 그녀를 앞으로 나아가게 하는 혁명의 불꽃과 쉽게 조화되기 어려운 긴장을 만든 것 같다. "당연히 내가 당신 집에 가는 것보다 당신이 우리 집에 오는 게 더 좋아. 나는 내가 어떻게 사는지 당신한테 보여주고 싶어. 그 외의 모든 것도 다 보여주고 싶어."[34] (로자는 두 사람이 처음 사랑을 나눈 후 스스로를 "당신의 아내"라고 불렀다.) 편지에서 드러나는 그녀의 욕망과 성에 대한 탐구는 관능에 대한 관심을 보여준다. 로자는 지적으로 치열한 만큼이나 진솔하고 다정한 사람이었다.

레오와 로자의 삶은 혁명적인 것과 일상적인 것 사이의 경계를 걸었다. 그들의 공유한 혁명적 대의는 시대에 뿌리박고

로자의 첫 연인이었던 레오 요기헤스(1867~1919). 그녀는 자신의 혁명적 정신과 가부장적인 세계 속에서 살아가는 삶을 끝내 조화시키지 못했다.

있었다. 두 사람 모두 그 사이의 긴장을 조화시킬 수 없었다. 로자는 이렇게 썼다. "내 영혼은 몽땅 당신으로 가득 차 있고, 당신을 끌어안고 있어 … 나는 당신을 사랑하고 싶어. 예전처럼 우리 사이에 부드럽고 신뢰하는 이상적인 분위기가 다시 돌아 왔으면 좋겠어."[35]

집단 행동을 중심으로 한 삶을 살면서 사랑하는 이와 함께 나눌 공간을 찾으려는 노력은 로자 이후에도 오랫동안 여성 활동가들을 괴롭히는 문제였지만, 그녀가 이 모순을 명확하게 표현한 것은 매우 인상적이다.

로자의 마음 속에 둘의 결합이 갖는 의미가 얼마나 깊었는지는 나중의 편지에서 드러난다. "나도 모르게 모든 것을 당신의 눈으로 보고, 작은 것 하나하나에 신경 써서 당신이 좋아할 방식으로 정리하고 있어. 당신이 이걸 보게 될 날이 언제 올까?!"[36] 로자는 아이들을 좋아했고 아이를 키우고 싶어했다. "우리는 영원히 텅빈 집에 있게 될 거야 … 점점 자주 아이를 입양해는게 어떨까 진지하게 생각해 보게 돼. 이건 우리한테 안정적인 수입과 충분한 재산이 있을 때라야 가능하겠지. 그때가 되면 아이를 키우기에 내 나이가 너무 많지 않을까?"[37]

로자는 정말로 독특한, 빠르게 변화하는 세계에서 자신의 목소리를 키우고 들리게 하기 위한 공간을 만들어내기 위해 노력하는 급진적인 새로운 인간이었다. 로자는 진정 독보적인 존재였고, 급변하는 세상 속에서 자신의 목소리를 키우고 낼 수 있는 공간을 만들어 내려 애쓴 혁신적이고 새로운 인간이었다. 레오는 결코 그런 노력을 이해하지 못했고, 그녀도 이를 잘 알고 있었다.

> 내 사랑, 당신은 나를 너무 건성으로 이해하는 경우가 많아. 당신은 내가 늘 '시무룩해' 있는 이유가 당신이 멀리 떠나려 하거나 하는 거 때문이라고 생각하지. 당신이 우리 관계를 그다지 깊이 있게 생각하지 않는다는 사실이 내게 얼마나 깊

은 상처를 주는지 당신은 상상도 못할 거야.[38]

로자는 자기 외모에 대해 꽤나 의식하고 있었다. 그녀는 유난히 키가 작았다. 그녀는 레오에게 파리에 오지 말라고 편지를 쓰면서 이렇게 말했다. "그리고 여기는 예쁜 여자들이 정말 얼마나 많은지! 정말로 모든 여자들이 예쁘고, 적어도 그렇게 보여. 안 돼, 무슨 일이 있어도 여기는 오지 마! 당신은 계속 취리히에 있어!"[39]

레오와 로자는 취리히에서 얼마간 함께 살면서, 안정된 가정 생활을 갈구하는 그녀의 여러가지 소망들을 실현했지만, 언제나 잠시 동안의 일이었다. 로자는 그토록 갈망하던 부르주아 가정을 결코 가지지 못했다. 그것은 그녀의 혁명 정신과 그에 따른 헌신과 정면으로 모순되는 열망이었다. 로사와 레오의 연애가 깊어갈수록, 그녀의 독특한 개성도 함께 성장했다. 그녀 스스로도 세상 속에서 자신의 특별함을 점점 더 자각해 나갔다.

> 내 글쓰기 형식에 더 이상 만족할 수 없어. 내 '영혼' 깊은 곳에서 모든 규칙과 관습을 무시하는 완전히 새롭고 독창적인 형식이 무르익고 있어. 그건 사상의 강렬함과 확신으로 규칙과 관습을 부숴버릴 거야. 나는 천둥소리처럼 사람들을 뒤흔들고 싶어. 장황한 언변이 아니라, 넓은 시야와 강한 확신,

표현의 힘으로 사람들의 마음에 불을 지피고 싶단 말이야.[40]

언제나 불평등한 위치에 놓인 영원한 아웃사이더라는 자의식은 동시에 세상에 목소리를 내려는 열망과 맞닿아 있었다. 이런 특성은 로자의 내면 깊이 자리 잡으며 평생동안 유지되었다.

로자 룩셈부르크는 자신이 여성이라는 사실을 자각할 수밖에 없는, 가부장적인 세계에서 살아가는 여성이었다. 그러나 무엇이 적절한지, 무엇이 올바른지에 대한 제약이나 사회적 규정을 거부하는 그녀의 태도는 레오에게 보낸 초기 편지들에서 매우 뚜렷하게 나타나 있다. 역사적 유물론자에게 성(sex)은 세기말 유럽 사회 특유의 미사여구(fin de siècle niceties)로 다룰 수 있는 문제가 아니다. 우리는 로자가 레오에게 보낸 편지의 생생하게 육화된 표현들 속에서, 그녀의 변증법이 공적 영역뿐 아니라 사적 영역에서도 관철되고 있음을 발견할 수 있다.

그녀는 레오와 함께 정신뿐만 아니라 육체적 자유의 경계를 탐구했고, 자신이 자유롭지 못한 이유가 레오가 그들의 관계에 미치는 영향과 두 사람이 공유하는 '부르주아'에 대한 혐오만큼이나 자신에게서 비롯된다는 사실을 깨달았다. 그녀는 몸과 마음 모두 여성이었고, 가부장제를 뛰어넘을 수 없었다. 그렇지만, 언제나 자기만의 독특한 유머 감각에 충실한 그녀는 레오에게 이렇게 썼다. "나는 행복해지고 싶어하는 빌어먹을 욕망에 사로잡혀 있어. 그래서 비둘기처럼 어리석은 고집으로 매일 내 작은 행복의 몫을 놓고 언제든 기꺼이 실랑이를 벌일 수 있어."41

정치의 세계는 로자가 모순과 도전에서 벗어나 그냥 행복하게 살도록 결코 놔두지 않았다. 1894년부터 한 특별한 스캔들이 프랑스와 국제 좌파를 뒤흔들었다. 그해, 알프레드 드레퓌스라는 유대계 프랑스 장교가 독일 장교들에게 군사기밀을 넘겼다는 혐의로 종신형을 선고 받고 프랑스령 기아나 인근의 악마섬*에 수감되었다.

증거는 독일 장교에게 그가 보냈다고 추정되는 찢어진 편지로, 프랑스 스파이가 파리의 독일 대사관에서 찾아낸 것이었다. 드레퓌스의 계급장을 뜯어내는 공개 행사가 열렸고, 그는 "유다를 죽여라, 유대인을 죽여라"고 외치는 군중 앞을 걸어 다녀야 했다. 드레퓌스 사건은 반유대주의와 유대인을 희생양으로 삼는 짓을 대표하는 말이 되었다. 1899년, 룩셈부르크는 드레퓌스를 지지한 장 조레스의 입장을 지지하며 이 문제에 뛰어들었다.

당대의 많은 마르크스주의자들과 마찬가지로, 그녀는 반유대주의를 계급투쟁의 산물로 간주했다. 그녀는 계급투쟁이 각

---

* 악마섬(Île du Diable)은 1852년부터 1953년까지 정치범과 중범죄자들이 격리 수용되었으며, 험준한 지형과 열악한 환경, 질병 등으로 인해 생존 자체가 극히 어려웠다. 영화 빠삐용의 배경이기도 하다.

각의 갈등을 이해하고 올바른 행동방침을 결정하는 분석틀로 기능해야 한다고 주장하며 포문을 열었다.

> 특히 드레퓌스 사건과 관련하여, 이 사건에 프롤레타리아트가 개입해야 된다는 데 일반적인 관점에서든, 부르주아 내부 갈등의 이슈라는 점에서든, 인류애의 관점에서든 굳이 다른 정당성을 부여할 필요가 없다. 드레퓌스 사건에는 네 가지 사회적 요인이 명확히 드러나고 있으며, 이 요인들이 문제를 계급투쟁과 직접적으로 연결시키고 있기 때문이다. 그 네 가지 요인들이란 군국주의, 극우 민족주의, 반유대주의, 교권주의이다.[42]

로자는 이 글에서 드레퓌스라는 개인은 더 큰 대의의 일부에 불과하다고 지적하며, 이렇게 주장한다.

> 정확히 말하자면, 드레퓌스 사건의 정치적 중요성은 그 사건이 계급투쟁의 문제로 부각되어 나라 전체를 뒤흔드는 거대한 운동을 만들어낼 가능성을 우리에게 제공했다는 점에 있다. 이를 통해 우리는 우리의 원칙에 대한 이론적 선전을 통해 오랜 시간에 걸쳐 이룩할 수 있었던 것보다 더 많은 사회주의 의식을 짧은 시간 안에 퍼뜨릴 수 있었다.[43]

여기서 논점은 전술과 방법에 관한 것이며, 드레퓌스라는 인물은 논의에서 완전히 배제된다. 분석은 매우 일반화되어 있으며, 그녀가 유대인이라는 조짐을 찾기 어렵다. 대신 이 글은 반유대주의와 인종주의 문제를 계급투쟁 내로 포함시킨다.

1901년, 룩셈부르크는 원래 《노이에 차이트》*에 연재되었던 기사 다섯 편을 묶은 『프랑스의 사회주의 위기』라는 책에서 다음과 같이 썼다.

> 드레퓌스 사건의 결과는 조레스 그룹이 원했든 원하지 않았든 그들에게 결정적으로 중요한 의미를 가졌다. 이 카드를 활용하는 것, 오직 이 카드만이 꼬박 두 해 동안 그들의 전술이었다. 드레퓌스 사건은 조레스 그룹의 모든 정치 활동의 중심축이었다. 그들은 이 사건을 "이 세기의 가장 위대한 전투 중 하나, 인류 역사에서 가장 위대한 전투 중 하나!"라고 묘사했다. 노동계급의 이 위대한 과업에서 물러나는 것은 "최악의 포기, 최악의 굴욕"을 의미할 것이다.[44]

로자는 다른 글에서 종교는 개인의 문제라고 주장했다. 그녀에 따르면 종교는 다른 억압 형태들과 마찬가지로 사회주의를 통해 재해석되고 사회에서 적절한 위치를 부여받을 것이다.

---

* "새로운 시대"라는 뜻의 《노이에 차이트(Die Neue Zeit)》는 1883년부터 1923년까지 독일 사민당이 발행한 이론지였다. 카를 카우츠키가 오랫동안 편집을 담당했으며 수정주의 논쟁 등 당내 주요 이론적 논의가 이 잡지를 통해 활발히 이루어졌다.

교권주의에 반대하는 사회주의 정책에 대해 이야기할 때, 그것이 사회주의적 관점으로 종교적 신념을 공격하려는 의도가 아니라는 사실이 명백하다. 대중이 믿는 종교는 현존 사회가 사라질 때 완전히 사라질 것인데, 그때는 인간이 사회적 과정에 지배당하는 것이 아니라, 이를 지배하고 의식적으로 이끌게 될 것이다. 종교적 감정은 사회주의로 교육받은 대중이 사회 진화를 이해하기 시작함에 따라 점점 줄어들게 된다.[45]

로자는 무신론자였지만 유대인이라는데 자부심을 가졌다. 그녀의 삶은 대중의 눈에 유대인이자 여성이라는 것이 어떤 의미로 비춰치는지에 관한 교훈의 연속이었다.[46]

그녀는 박사 논문을 제출한 지 석 달 뒤인 1897년 5월 1일에 졸업했다. 1867년 취리히 대학에서 최초로 여성에게 학위를 부여한 지 30년 만의 일이었다. 로자의 지도 교수는 그녀에게 최우등 상(summa cum laude)를 수여했지만, 이 상이 여성에게 너무 과분하다고 생각한 학장들은 등급을 낮추었다.[47] 가족들은 매우 자랑스러워했고, 그녀는 마르크스주의 혁명가 집단들에서 점점 명성을 얻고 있었다.[48]

로자의 다음 행보는 이미 명확해지고 있었다. 혁명가 로자 룩셈부르크는 앞으로의 대업을 위해 자신의 발로 벌써 움직이고 있었다. 그녀가 갈 곳은 바로 국제 사회주의 운동의 고동치

1905년, 베를린에서 열린 독일 사민당 소풍에 간 룩셈부르크(왼쪽에서 두 번째). 베를린은 그녀에게 제2의 고향이었다. 1919년, 그녀는 베를린에서 생애 마지막 선동문을 썼다. "'질서가 베를린을 지배한다!'고. 이 멍청한 앞잡이들아! 너희의 '질서'는 모래 위에 세워진 것이다. 혁명은 내일 다시 철컥 하는 소리와 함께 일어설 것이며, 너희를 공포에 몰아넣고 나팔 소리와 내며 외칠 것이다. 나는 존재했다, 나는 존재한다, 나는 존재할 것이다!"

는 심장부인 베를린이었다.

독일 시민권을 얻기 위해 로자는 1898년 4월 중순 바젤에서 오랜 친구의 아들인 구스타프 뤼벡과 결혼했다. 둘 사이에 아무 감정 없이 편의를 위해 이루어진 결혼이었다. 로자는 오직 대의만을 바라보며, 1898년 5월 중순에 베를린에 당도했다.[49] 그녀는 선거 몇 달 전에 도착하여, 고지 실레지아 지방에서 선동 활동을 시작했다.[50]

독일의 사회주의 운동은 다른 나라들에 비해 규모가 크고 잘 발전되어 있었다. 그녀는 베를린에서 집을 찾아다니면서 만난 집주인들을 두고 "경찰이 나에 대해 물어보면 기절초풍할 속물들("여자 박사Frau Doktor"를 한 번도 본 적이 없는 사람들)"이라고 묘사했다.[51]

로자는 아직 서른도 안 된 폴란드 유대인 여성이었지만, 국제 사회주의 운동에서 영향력을 얻기 위해 차근차근 계획을 세워나갔다. 그녀가 뛰어들 다음 무대는 독일 사회민주당이었고, 이 당은 평생토록 그녀의 주요 관심사가 되었다. 그녀가 떠날 많은 여정들처럼, 이 여정도 오롯이 혼자의 몫이었다.

독일 사회민주당(SPD, Sozialdemorkatische Partei Deutschland)은 오랜 역사를 가진 당이었고, 로자는 그 중심무대로 진입하려 했다. 1875년 전독일노동자협회와 독일 사회민주노동자당이 통합하여, 독일사회주의노동자당(SSPD)이 되었다.* 당은 《포어바르츠(Vorwärts, 전진)》라는 신문을 발행했다.

가톨릭 신도와 사회주의자와 유대인 들은 흔히 독일 민족 공동의 적으로 간주되었고, 1878년부터 1890년까지 사회주의 사상을 유포하는 어떤 조직이나 모임도 반사회주의법에 의해 금지되었다. 그런데도 당은 선거에서 꾸준히 지지를 얻었다. 1890년 금지법이 폐지되고 당이 다시 공식적으로 선거에 참여할 수 있게 되자, 독일 사민당은 지금의 이름으로 당명을

---

* 전독일노동자협회(ADAV)는 라살레주의자들의 당이었고, 아우구스트 베벨과 빌헬름 리프크네히트가 이끈 독일사회주의노동자당(SDAP)은 마르크스주의에 가까웠다.

바꾸었다.

독일 사민당에서 가장 중요한 인물 가운데 하나는 빌헬름 리프크네히트*였다. 그는 "혁명의 군인"으로 불렸으며, 카를 마르크스의 친구이기도 했다. 로자가 입당했을 때, 독일 사민당에는 많은 유대인들이 활동하고 있었다.[52]

로자는 새로운 환경에 빠르게 적응했고, 1898년에 벌써 안나 언니를 새 집에 초대하고 싶어 했다.[53] 그 해 룩셈부르크 가족은 바쁜 한 해를 보냈다. 로자는 요제프 오빠가 바르샤바 의학 협회가 주최한 대회에서 상을 받았다고 자랑스럽게 썼다. 그녀는 "그 소식에 매우 기뻤다"고 이야기했다. 요제프의 논문은 베를린 의학 주간지에 실리기까지 했다.[54]

독일 사민당의 거물들은 베를린을 사회주의에 대한 논의와 실천이 넘쳐나는 활기찬 공간으로 만들었다. 로자는 베를린에 도착한 뒤, 아우구스트 베벨과 리프크네히트 외에도 여러 인물들을 소개받았고, 당 활동을 통해 새로운 동료 그룹에 속하게 되었다.

카를 카우츠키와 루이제 카우츠키 부부와는 일찌감치 좋은 친구가 되었다. 카를 카우츠키는 《노이에 차이트》의 공동 창립자이자 적과 친구들에게 모두 "마르크스주의의 교황"으로 불

---

* 빌헬름 리프크네히트(1826~1900)는 언론인이자 정치인으로서 베벨과 함께 독일 사회민주주의 운동의 초석을 다진 인물이다. 로자 룩셈부르크와 함께 살해된 혁명가 카를 리프크네히트의 아버지이기도 하다.

리던 인물로, 그녀가 베를린에 도착한 후 처음 연락한 사람들 중 하나였다. 선구적인 페미니스트였던 그의 아내 루이제는 빠르게 서로 믿을 수 있는 친구가 되었다. 독일 사민당의 역사가인 프란츠 메링 역시 세기말 사회주의 베를린에서 중요한 인물이었다.

이 도시에서 로자는 평생 한편에서 싸울 동지이자 자매와 같은 사이가 될 클라라 체트킨이라는 여성을 만나게 되었다. 그녀는 사회민주주의 여성운동의 이론가이자 활동가로서 국제 여성 노동운동의 중심인물이었다. 마지막으로, 로자는 자신과 같은 유대인으로, 독학으로 공부한 작가이자 사상가인 에두아르트 베른슈타인을 만났다. 베른슈타인은 마르크스 가족의 친밀한 친구였으며, 마르크스의 협력자인 프리드리히 엥겔스의 중요한 제자이기도 했다.

베른슈타인은 1890년대의 금융 호황이 자본주의의 지속 가능성을 보여준다는 잘못된 가정을 바탕으로, 더 나은 미래를 주장하기보다 현실 세계의 변화를 수용하는 태도를 취하는 일련의 글들을 신시대에 기고했다. 이 글들은 사회주의 논쟁에서 19세기를 마무리하는 중요한 쟁점이 되었다. 이후, 베른슈타인의 연재 기사는 『진화적 사회주의』*라는 책으로 출간되었으

---

* 베른슈타인이 1899년 독일에서 출간한 책의 원제는 "Die Voraussetzungen des Sozialismus und die Aufgaben der Sozialdemokratie"이다. 한국에는 『사회주의의 전제와 사민당의 과제』(한길사)로 출판되어 있으며 『진화적 사회주의(Evolutionary Socialism)』는 1907년에 출판된 영역판 제목이다.

며, 이 책은 제목이 암시하듯이 사회주의 사상에서 혁명적 요소와 변증법을 제거했다. 혁명을 포기하고 점진적 `개혁을 택할 것인가의 문제는 오늘날까지도 좌파를 사로잡는 중대한 질문이며, 로자 룩셈부르크는 이에 자극받아 『개량이냐 혁명이냐』*라는 날카로운 비판서를 집필했다. 노동계급의 삶을 지금 당장 개선하는 개량을 받아들일 것인가, 아니면 모든 사람에게 존엄과 인간성을 보장할 수 있도록 사회 구조를 급진적으로 전복하는 길을 추구할 것인가?

로자는 레오에게 보낸 편지에서 이 글을 집필하는 과정에 대해 이야기하면서, 자신감과 진정성을 드러내 보였다.

> 나도 당신과 같은 결론에 도달했어. 베른슈타인 문제야말로 내가 써야 할 '위대한 작품'이 되어야 해. K. K.(카를 카우츠키)는 나한테 딱 잘라서, 심지어 놀라기까지 하면서 자기는 따로 소책자를 쓸 생각이 없다고 말했어. (《노이에 차이트》에만 [뭔가를] 좀 쓸 거라는군.) 정말 감사한 일이야. 그런 생각을 갖고 있는 사람은 파르부스 뿐인데, 경쟁상대로 걱정할 만한 사람은 아니야.

---

* 원제는 "Sozialreform oder Revolution"이며, 한국어 변역본은 『개량이냐 혁명이냐』(『로자 룩셈부르크주의』, 풀무질)와 『사회 개혁이냐 혁명이냐』(책세상) 2종이 있다. 이 책에서는 맥락상 "점진적 변화"라는 의미가 강한 "개량"이라는 번역어가 더 적절하다고 보았다. 단, 원문을 직접 번역한 책세상본이 전체적으로 더 좋은 번역으로 보여 인용문 번역에 참조했다.

이미 탄탄히 자리 잡은 조직에서 완전히 이방인이었던 이 젊은 여성은 확고한 자신감과 목표를 가지고 출간을 준비했다. "베른슈타인의 소책자가 나오면, 이를 반박하는 소책자도 성공할 가능성이 매우 높아. 그래서 나는 에데[베른슈타인]에 대한 답변 형식으로 이 '연재 기사'를 내보낼 거야. 다시 말해 지금이 아니라, 그의 책이 나온 직후에 말이야."

이 전술은 매우 논리적이고 면밀히 계산된 것이었다. 로자는 사민당에 폭풍을 일으킬 준비가 되어 있었고, 어떤 반응이 나올지도 내다보고 있었다. "베른슈타인의 주요 논지를 너무 앞서 차단하거나 반박하는 방식으로 지나치게 구구절절 논쟁을 펼친다면, 청중에게 너무 고급진 음식을 차려주는 셈이야. 그러면 아무도 귀 기울이지 않을 거야."[55]

로자 룩셈부르크는 『개량이냐 혁명이냐』를 통해 국제 급진 좌파 운동에 처음으로 본격적으로 개입했다. 그녀는 조직 활동과 앞서 출간한 책으로 이미 알려져 있었지만, 이 책이 자신의 돌파구가 되리라고 예상하고 있었다. 이 저작은 형식과 내용 모두에서 마르크스의 『공산당 선언』의 영향을 받았으며, 그녀의 생애뿐만 아니라 이후 사상의 전개에서도 중요한 의미를 갖는다.

『개량이냐 혁명이냐』는 그녀의 첫 번째 본격적인 정치 저작이자, 가장 오래 영향력을 미친 책이었다. 그녀 역시 이 책이 독일 사민당에서 자신의 정치적 입지를 확립하고, 원로 활동가

들이 자신을 인정하게 해줄 것이라고 보았으며, 이는 올바른 판단이었다.[56]

이 책은 베른슈타인의 논점들을 하나하나 반박하며, 이론과 실천에서의 기회주의를 무너뜨렸다. 여기에서 우리는 로자의 저작들 전반에 반복되는 특징들을 볼 수 있다. 예컨대 정치와 경제를 아우르는 분석, 역사적 맥락에 대한 세심한 통찰, 삶의 다양한 영역을 아우르는 다층적 논증, 그리고 무엇보다도 어떤 사유를 펼치든 행동을 촉구하는 선동적 요소를 녹여내는 것 말이다. 선동은 그녀의 생애 내내 활동의 중심에 자리 잡고 있었다.

『개량이냐 혁명이냐』의 문체는 자신만만하고, 재미있는 일화, 문학적 재치, 창의적인 언어 활용이 곳곳에서 빛을 발한다. 그녀의 오류는 역사가 판단할 문제이지만, 이 초기의 글에서도 이미 자신만의 독특한 글쓰기 스타일을 드러내고 있다.

룩셈부르크는 개량과 혁명 둘 다 자신의 실천과 정치 강령에 필수적이라고 말하며 서두를 연다. 개량을 위한 투쟁은 수단이며, 혁명은 목표이다. 그녀는 단호하게 "개량이냐 혁명이냐"의 문제는 햄릿의 유명한 대사인 "사느냐 죽느냐"의 문제와 같다"고 주장한다. "문제의 핵심은 단순한 전술이 아니라, 사회민주주의 운동의 존재 자체에 있다.[57] 룩셈부르크는 이론적 논의가 지식인들만을 위한 것이라는 생각에 도전한다. 혁명에 대한 신념은 결코 현실과 동떨어진 고결한 이상이 아니다. 그것은 억압받는 사람들이 자신들을 얽매는 구조를 타파할 수 있다는 확신이다.

베른슈타인의 핵심 주장은 자본주의가 붕괴할 가능성이 매우 희박해지고 있다는 것이었다. 따라서 사회민주주의의 전반적인 투쟁은 노동계급의 생활 조건을 개선하는 데 집중해야 한다.[58] 룩셈부르크는 자본주의 발전에 관한 세 가지 기본 주장을 명확히 제시한다. 첫째, 자본주의 경제의 점점 증가하는 무정부성. 둘째, 사회주의는 역사의 힘을 통해 현재의 맹아에서 미래가 펼쳐지는 체제라는 점, 셋째, 성장하고 있는 프롤레타리아트의 조직과 계급의식.[59]

베른슈타인은 이 세 가지 기본 주장 가운데 첫 번째를 사실상 제거하는데, 그 결과 논리적 딜레마에 봉착한다. "자본주의 발전 진로에 수정주의의 견해가 옳다면, 사회주의적 사회 변혁은 하나의 유토피아가 된다. 반대로 사회주의가 결코 유토피아일 수 없다면, '적응 수단'에 대한 이론은 잘못된 것이다."[60] 자본주의의 객관적 발전 과정은 의식의 변화를 통해 자신의 종언을 초래한다.

그런 다음, 로자 룩셈부르크는 수정주의가 불러올 정치적 결과를 설명한다. 베른슈타인은 의회 투쟁과 노동조합 운동이 프롤레타리아트가 권력을 장악하도록 인도한다는 생각을 부정한다. 베른슈타인에 따르면 의회 투쟁과 노동조합 운동은 자본주의 착취를 객관적으로 감소시킨다. 반면 로자 룩셈부르크에 따르면 그것들은 주체의 변화를 만들어내는 과정이다. 그녀는 이 두 입장이 서로 정반대에 있다고 주장한다.

자본주의가 스스로 위기를 만들어내며 몰락의 씨앗을 내포하고 있다는 객관적 과정에 대한 강조는, 의식의 변혁을 중시하는 입장을 배제하지 않는다. 역사적 필연성을 주장한다고 해서 주체적 변화의 필요성이 없어지는 것은 아니다. 대중의 능동적 실천을 촉진하는 것이야말로 로자 룩셈부르크 사상의 핵심이 될 것이다. 동시에, 역사에 대한 신중하고 비판적인 이해는 적절한 순간에 개입할 수 있는 가능성을 열어준다.

로자 룩셈부르크 사상의 중심이자, 앞으로 많은 마르크스주의자들이 답해야 할 비판이 여기서 명확하게 표명된다. 즉, 마르크스주의 이론가는 언제나 역사 발전 과정을 해명하는 동시에, 역사를 만들어가는 사람들의 의식 변화를 이끌어내야 한다는 것이다.

룩셈부르크는 보통선거 같은 변화가 사회주의에 필수적이라는 점에 주목한다. 『개량이냐 혁명이냐』에서 그녀가 펼친 분석은 혁명적 마르크스주의만큼이나 민주주의도 강조했다. 룩셈부르크는 마르크스주의적 분석이 아니고서는 민주주의 발전에 관한 일반 법칙을 발전시킬 가망이 없다고 주장했다.[61]

이 주장을 잘 생각해보면 매우 깊이 있는 결과가 뒤따른다. 이는 투쟁이 단지 경제 구조의 변혁이라는 고전적 마르크스주의의 입장을 요구할 뿐 아니라, 그것과 독립적으로 민주주의에도 적극적으로 참여해야 한다는 의미이기 때문이다. 이 글에서 그녀의 논지는 아직 충분히 다듬어지지 않았지만, 위의 주장은 로자 룩셈부르크의 사상을 이해하는데 대단히 중요한 의미를 갖는다.

> 민주주의는 노동계급이 해방을 위한 투쟁을 포기하는 경우가 아니라, 반대로 사회주의 운동이 세계 정치의 반동적 결과와 민주주의를 이탈하는 부르주아에 맞서 강력히 투쟁할수록 생명력을 가지게 된다. 민주주의를 강화시키고자 하는 사람은 사회주의 운동이 약화되는 것이 아니라 강화되기를 원해야 하며, 따라서 사회주의를 위한 투쟁을 포기한다는 것은 노동운동뿐만 아니라 민주주의도 포기하는 것이다.[62]

그녀는 논증의 정점으로 나아간다.

> 법률 개혁과 혁명은 뷔페에서 따뜻한 소시지나 차가운 소시지를 고르듯, 역사의 뷔페에서 임의로 선택할 수 있는 역사 발전을 위한 서로 다른 방법이 아니라, 계급사회가 발전하는 가운데 나타나는 여러 가지 서로 다른 계기들이다. 이는 서로를 조건 짓고 보완하면서도 동시에 서로를 배제한다.[63]

자신의 이론적 주장을 충분히 검토한 후, 룩셈부르크는 모든 법률 헌장은 혁명의 산물이라고 주장한다. 이는 법률 변화에 대한 인식뿐만 아니라 혁명 개념에도 영향을 미치는 포괄적인 주장이다. 룩셈부르크는 다음과 같이 결론짓는다. "민주주의가 반드시 필요한 이유는 그것이 프롤레타리아트가 정치권력을 장악하는 것을 불필요하게 만들기 때문이 아니라, 오히려 그 반대로 이러한 권력 장악을 필수적이면서 동시에 가능하게 만들기 때문이다."[64]

민주주의는 사회주의의 승리에 필수적이며, 민주주의와 사회주의는 논리적으로나 윤리적으로나 정치적으로나 서로 연결되어 있다. 룩셈부르크의 논의에 비해, 베른슈타인의 이론에 가장 부족한 것은 대중을 행동에 나서게 할 촉매이다. 그의 이론에는 구체적인 실천 강령이 결여되어 있다. 이러한 강령을 찾는 일이야말로 룩셈부르크의 작업에 근간이 된다.

『개량이냐 혁명이냐』는 집단적 권력에 중점을 두고, 위기 국면에서 혁명적 민주주의가 취해야 할 형태에 대해 룩셈부르크만의 독창적인 분석을 제시한다. 혁명을 중심 개념으로 두는 것과, 세계를 인식하는 방식으로 변증법에 대한 강조는 이 저작 이후로 그녀의 실천에 중심이 되었다. 이 책 자체는 잘 가다듬어진 글로, 생동감이 넘칠 뿐 아니라, 유머러스한 표현들과 알쏭달쏭한 탈무드 구절에서 셰익스피어의 "사느냐 죽느냐"에 이르기까지 문학적 인용들로 가득 차 있다.

베른슈타인의 주장에 맞서 마르크스가 혁명을 이론과 실천의 중심에 두었다고 주장한 것은 로자 룩셈부르크만이 아니었

촬영 시기가 불확실한 로자 룩셈부르크의 사진. 그녀는 1913년에 이렇게 썼다. "지난 10년간 제국주의의 전체적인 발전과 경향은 국제 노동계급으로 하여금 오직 가장 광범위한 대중의 직접적인 전진, 그들의 직접적인 정치행동, 대중시위와 대규모 파업만이 제국주의 정책의 엄청난 억압에 대한 프롤레타리아트의 올바른 응답이며, 이는 조만간 국가권력을 향한 혁명적 투쟁의 시기로 이어질 수밖에 없다는 사실을 더욱 명확하고 구체적으로 인식하게 만들었다."

다. 카를 카우츠키도 독일 사민당 내부에서 베른슈타인을 비판했다. 베른슈타인과 더욱 가까운 인물도 그를 비판했는데, 바로 마르크스의 막내딸, 엘리노어 마르크스였다.

베른슈타인의 글이 발표될 당시, 엘리노어는 단순히 마르크스의 딸이 아니라, 존경받는 작가이자 편집자, 선동가로서 독자적인 입지를 구축하고 있었다. 그녀의 활동은 국제 사회주의 운동의 중심에 있었다. 프리드리히 엥겔스는 그녀에게 제2의 아버지와 다름없었으며, 베른슈타인은 가까운 친구였다.

그녀는 언니 라우라에게 보낸 편지에서 베른슈타인의 글을 실망스럽다고 표현하며, 로자 룩셈부르크와 마찬가지로 "지금 국면에서 전혀 쓸모없는 것"이라고 혹평했다.[65] 1896년, 엘리노어는 베른슈타인의 마르크스 해석이 논란이 될 수 있다고 문제를 제기했으나, 베른슈타인은 "깜짝 놀랄 정도로 거만하고 성차별적인 태도"로 이를 일축했다.[66]

베른슈타인은 마르크스 가족 모두에게 소중한 친구였지만, 비판을 받으면 곧바로 화를 내곤 했다. 이에 대한 대응으로 엘리노어는 아버지가 저술한 "탁월한 해설서" 가운데 하나인 『임금, 가격, 이윤』(1865년 집필)을 편집해서 출간하기로 결심했다. 이 책은 마르크스주의 전통에서 오랫동안 영향을 미친 보석 같은 저작이 되었지만, 이 논쟁과의 연관성은 보통 간과되고 있다.

로자 룩셈부르크는 훗날 "수정주의 논쟁"으로 알려지게 된

이 논쟁에서의 활약으로 세계적인 명성을 얻게 되었다. 1898년 10월, 우레 같은 박수갈채 속에서 그녀는 수정주의에 대한 비판에 화룡점정을 찍었다.

> 그리고 《노이에 차이트》에 [베른슈타인의] 저 유명한 말이 나왔습니다. "최종 목표가 무엇이든 간에 나에게는 항상 무이며, 운동이 전부다!" 누구든 이렇게 말하는 사람은 정치권력을 장악하는 것이 꼭 필요하다는 입장에 서지 않을 겁니다. 아시다시피, 당의 일부 동지들은 우리 운동의 최종 목표를 지지하지 않으며, 그 사실은 명백하게 드러나야 합니다. 그런 일이 필요한 순간이 온다면 바로 지금입니다. 반동의 타격이 우박처럼 우리에게 쏟아지고 있습니다. 이번 논쟁은 황제가 최근에 한 연설에 대한 응답이 되어야 합니다. 우리는 로마의 카토처럼 강하고 분명하게 "한 술 더 떠, 나는 이 국가가 완전히 파괴되어야 한다고 생각한다"고 말해야 합니다. 정치권력의 장악은 여전히 최종 목표이며, 그 최종 목표야말로 여전히 투쟁의 핵심입니다. 노동계급은 철학자들처럼 "최종 목표는 나에게는 항상 무이며, 운동이 전부다"라는 퇴폐적인 입장을 취할 수 없습니다. 아니, 오히려 그 반대입니다. 운동을 최종 목표와 연결하지 않는다면, 운동 자체가 목표라면, 그것이야말로 나에게 무입니다. 최종 목표야말로 전부입니다.[67]

천둥처럼 로자 룩셈부르크가 국제 사회주의의 무대에 등장했을 때, 최종 목표는 이제 막 지평선 위에 모습을 드러내고 있었다.

2. 혁명의 최종 리허설

로자 룩셈부르크는 독일 사민당뿐만 아니라, 20세기 초 혁명의 이론과 실천에 있어 가장 중요한 조직 중 하나인 제2인터내셔널에서도 깊은 족적을 남겼다. 1864년 9월, 런던에서는 국제노동자협회가 창립되었는데, 오늘날 '제1인터내셔널'로 불리는 바로 그 조직이다. 이 조직에는 다양한 급진주의자들이 참여했으며, 당시 비교적 무명이었던 망명 언론인 카를 마르크스도 그중 한 사람이었다. 제1인터내셔널은 마르크스주의는 물론, 전 세계 사회주의와 급진 사상의 발전에 극히 중요한 기여를 했다.

1876년 제1인터내셔널이 해산하기 전에 이미 마르크스는 『자본론 — 정치경제학 비판을 위하여(Das Kapital: Kritik der politischen Ökonomie)』를 세상에 내놓았고, 이 책은 이후 그의 사상을 따르는 모든 급진 사상가들에게 가장 중요한 저작으로 자리매김했다. 마르크스는 「포이어바흐에 관한 테제」(1888년 출간)에서 "철학자들은 세계를 단지 다양한 방식으로 해석해 왔을 뿐이다. 그러나 중요한 것은 세계를 변화시키는 것이다"라는 유명한 말을 남겼다. 이는 마르크스의 사상을 진지하게 받아들이는 이들이라면 이론과 실천을 함께 발전시켜야 함을 뜻하는 것이었다. 그리고 그런 실천을 위해서는 국제적인 조직이 반드시 필요했다. 1868년, 영국 신문 《더 타임즈》는 제1인터내셔널에 대해 이렇게 평가한 바 있다.

> 그것이 … 계획하는 것은 단지 개선이 아니라 재건이며, 그것도 단지 하나의 국가가 아니라 인류 전체의 재건이다. 이는 분명 지금까지 어떤 기관보다도 더 광범위한 목표인 바, 예외가 있다면 아마 기독교 교회뿐일 것이다. 간단히 말해, 이것이 바로 국제노동자협회의 강령이다.[1]

1881년 10월, 스위스 쿠어에서는 독일 사회민주주의자들과 벨기에 사회주의자들을 중심으로 제2인터내셔널이 결성되었다. 제1인터내셔널이 주로 노동조합 활동가들과 개인들로 구성되었던 반면, 제2인터내셔널은 선출된 지도부를 가진 정당들의 연합체였다. 1886년 파리에서 열린 국제노동자대회에는 이탈리아, 스페인, 네덜란드, 벨기에, 영국, 스칸디나비아 국가들, 프랑스, 미국 등의 정당들이 참여해 새로운 인터내셔널 창립을 향한 움직임이 본격화되었다.

1889년에는 운동의 분열로 인해 파리에서 두 개의 대회가 따로 열렸다. 제2인터내셔널의 이론과 실천을 이해하는 데 있어, 이러한 분열과 차이는 단결에 대한 호소만큼이나 중요한 요소였다. 두 대회 중 하나는 대부분의 프랑스 사회주의자들이 지지했고, 다른 하나는 (직접 참석하지는 않았지만) 엥겔스와 독일 사회주의자들의 지지를 받았다. 1889년 대회에서는 클라라 체트킨이 연설을 했는데, 이는 인터내셔널 내부는 물론 사회주의 페미니즘 전반에 중요한 이정표가 되었다. 그녀의 연설은 엘리노어 마르크스가 영어로 번역했으며, 엘리노어 역시 이 대회에서 사회주의 페미니즘을 주제로 연설했다.[2]

2년 후, 엘레노어 마르크스는 1891년에 열린 제2인터내셔널 대회에 대한 보고서를 작성했다. 이 대회는 두 파벌의 통합을 알리는 신호로 여겨졌다. 엘레노어는 제2인터내셔널에서 중요한 활동가이자 이론가였다. 그녀는 아버지의 유산을 계승하고 발전시키는 한편, 8시간 노동제와 노동조합 운동에 대한 논의를 활성화시키고 기록하는 역할을 했다. 그녀가 작성한 이 대회의 보고서는 다음과 같은 투쟁 구호로 끝을 맺었다. "노동계급 운동의 국제적 연대 만세!"[3]

다음 대회는 1893년 취리히에서 열렸다. 이 대회에는 엥겔스가 참석하여 명예의장으로 선출되었으며, 아우구스트 베벨, 빌헬름 리프크네히트, 카를 카우츠키, 클라라 체트킨 등 사회주의 운동의 유명 인사들이 참석했다.[4] 그 해는 박사 과정에 있던 로자 룩셈부르크에게도 바쁜 한 해였다. 그녀는 폴란드 왕국 사회민주당(SDKP)을 공동으로 창립하여 국제적인 조직 활동에 뛰어들었다. 하지만 그보다 1년 전에 창립된 또 다른 폴란드 정당인 폴란드 사회당은 로자에게 공식 대표 자격을 주지 않았다. 폴란드 사회당은 국제주의를 내세우는 폴란드 사민당과 달리 폴란드 독립을 주장했다. 그녀는 이 대회에서 러시아령 폴란드의 정치적 상황에 대한 보고를 할 수 있었다.[5]

벨기에 사회주의 지도자 에밀 반데르벨데*는 그 장면을 다음과 같이 묘사했다.

> 그 당시 23세였던 로자는 소수의 독일과 폴란드 사회주의 그룹들을 제외하고는 거의 알려지지 않은 인물이었다. … 하지만 로자의 반대자들은 그녀의 비판에 맞서 자신들의 주장을 방어하는데 혼신의 힘을 다해야 했다. … 지금도 대표들 속에서 벌떡 일어나 자기 말이 더 잘 들리도록 의자 위로 뛰어 올라가던 그녀의 모습이 선하게 떠오른다. 작고, 가냘프고, 우아한 그녀는 신체적인 약점을 영리하게 가려주는 여름 드레스를 입고, 사람의 혼을 끌어당기는 눈빛과 불꽃 튀는 말로 주장을 피력하여 대회에 참석한 사람들 대다수를 휘어잡고 자기편으로 만들었다. 그들은 그녀의 대표권을 받아들이는데 찬성하여 손을 들었다.[6]

---

* 에밀 반데르벨데(Émile Vandervelde, 1866~1938)는 벨기에 노동당의 지도자로, 제2인터내셔널 의장을 지냈으며 제1차 세계대전 당시 연합국을 지지했다. 이후 벨기에 외무장관과 법무장관 등을 역임했다.

2. 혁명의 최종 리허설

1893년에 찍은 로자 룩셈부르크의 사진은 아마도 직접 자른 듯 한 짧은 머리를 하고, 카메라를 향해 강렬한 시선을 보내고 있다. 이렇게 로자는 제2인터내셔널 무대에 불꽃같이 등장했다. 제2인터내셔널 창립부터 중심적 역할을 했던 엘리노어 마르크스도 젊은 룩셈부르크 동지를 긍정적으로 언급했다.[7]

1893년 대회의 서기는 로자의 지인인 로베르트 자이델이었으며, 그의 아내 마틸데 역시 로자의 친구였다. 이 대회에서는 여러 의제가 논의되었으나, 특히 8시간 노동제가 자본의 속박으로부터 노동계급의 궁극적 해방으로 나아가기 위한 가장 중요한 선행 조치이자, 노동 조건을 개선하는 중요한 수단으로 결의되었다.[8] 메이데이, 즉 세계 노동자의 날 시위는 8시간 노동제와 국제 사회주의 조직들을 결속시키는 다른 주제들에 집중하기로 했다.

대회 몇 달 후, 러시아 혁명가이자 러시아 사회민주주의연맹 해외지부의 지도자인 보리스 크리체프스키에게 보낸, "존경하는 동지!"라고 활기차게 시작하는 편지에서 로자는 독일 노동운동으로부터 처음 받은 답변에 관련된 일화를 이야기했다. 독일 사민당의 창립자 빌헬름 리프크네히트가 "동지"를 뜻하는 독일어 단어의 여성형 "Genossin(게노신)"이 아니라, 남성형 "Genosse(게노세)"로 자신을 지칭했다는 것이다.

로자는 모든 동지가 다 동등하지는 않다는 사실을 배웠다. "그런데 그 양반은 편지에서 왜 나를 'Genosse'라고 부르는지

직접 자른 듯 한 짧은 머리를 한 로자 룩셈부르크. 처음 제2인터내셔널에 참석한 1893년 무렵의 모습.

모를 일이예요. (제 이름을 확실하게 썼었거든요.)"⁹ 로자는 언제나 자신과 남성 동지들 사이의 차이를 인식하고 있었다. 그녀는 자신을 동등한 존재로 생각했지만, 그들과의 차이는 분명히 존재했다.

엥겔스가 죽은 지 1년 후인 1896년, 제2인터내셔널은 런던에서 두 차례 회의를 열었다. 대회는 결국 아나키스트들을 완전히 배제하기로 결정했고, 점점 더 많은 개량주의자들을 대열에 받아들여 우파가 강화되었다. 프랑스 대표인 알렉상드르

밀레랑과 장 조레스는 원래 부르주아 급진파로 당선되었다가 의원단을 구성하면서 사회주의 진영에 합류한 인물들인데, 이들 역시 대회에 참석했다.

오귀스트 마리 조제프 장 레옹 조레스*는 나중에 프랑스 사회당의 지도자가 되었다. 그는 사회주의자였지만, 결코 마르크스주의자는 아니었다. 하지만 룩셈부르크는 조레스를 높이 평가했다. 조레스는 『프랑스 혁명의 사회주의적인 역사(Histoire socialiste de la Révolution française, 1901)』를 저술했다. 이 책은 정치적 실천에 대한 연구로, 혁명적인 사회주의의 원칙과 목표를 진솔하게 인정하고 있었다.

이 대회에서는 군국주의의 확산에 저항할 것을 촉구하고, 1896년 하이드 파크에서 열린 평화 시위 같은 몇 가지 평화주의적 논의가 이루어졌다. 가장 저명한 인사들이 이 논의에 참여했지만, 전쟁이 발발할 경우 총파업으로 대응하자는 프랑스 대표들의 제안은 지지를 얻지 못했다.

혁명적 사회주의를 기치로 내세우면서도 실제 실천에서는 점차 개량주의로 기울어지는 모습 사이의 괴리는 제2인터내셔널 내부에 분명히 존재했다. "만국의 노동자들이여, 단결하라!"는 표면적인 구호와, 다양한 지역과 국가를 아우르는 국제

---

* 장 조레스(1859~1914)는 베른슈타인의 수정주의와 점진적 개량 노선을 지지하는 사민주의 운동의 우파에 속했다. 그러나 애국주의로 넘어간 많은 사민주의자들과 달리 적극적인 반전 운동을 벌이다, 1차 대전 발발 직후 프랑스 민족주의자에게 암살당했다.

주의라는 원칙 이면에는 전략적 갈등이 자리하고 있었다. 이는 인터내셔널 내부의 중심 논쟁으로 표출되었다.

1896년 대회는 로자에게 중요한 순간이었다. 마침내 정식으로 승인된 대표로 참석하게 되었기 때문이다. 그러나 갈리치아 폴란드 지역의 지도자 이그나치 다시닌스키*는 그녀를 폴란드 사회주의 운동을 방해하러 온 경찰의 프락치라고 비난했다.[10] 이렇게 로자 룩셈부르크는 유명하면서도 악명 높은 인물로, 소매를 걷어 붙이고 언제든 한 판 붙을 각오를 한 채로 제2인터내셔널에 입성했다.

폴란드 문제는 《스프라바 로보트니차》와 이탈리아 신문 《크리티카 소차일레(Critica Sociale)》에 동시 게재된 기사로 인해 다시 논의의 장으로 떠올랐다. 룩셈부르크는 폴란드 독립과 관련해 두 가지 핵심 논점을 제시했다.

첫째는 폴란드 사회주의자들은 독자적인 강령을 수행할 수 있으며, 그들의 활동이 러시아 제국을 붕괴시키는데 결정적인 역할을 할 것이라는 믿음에 관련된 것이었다. 이 점에 대해서는 그녀도 과거 반대자들과 입장이 다르지 않았었다. 하지만 이제 룩셈부르크는 이를 반박하며, 폴란드가 러시아 제국의 국력 유지에 필수적인 요소가 아니며, 설사 독립을 이루더라도

---

* 갈리치아 폴란드는 오늘날 폴란드 남동부와 우크라이나 서부 지역에 해당하는 지역으로 20세기 초까지 오스트리아-헝가리 제국에 속했다. 이그나치 다시닌스키(Ignacy Daszyński, 1866~1936)는 갈리치아 폴란드의 사회민주당을 창립했으며, 폴란드 독립 이후 초대 총리를 지냈다

제국에 미치는 영향은 미미할 것이고, 러시아 제국은 여전히 강력하게 남아 있을 것이라고 주장했다.

둘째, 그녀는 폴란드에서 반란이 일어나더라도 강경하게 진압될 것이며, 국제 프롤레타리아는 폴란드 프롤레타리아에게 공감 외에는 아무것도 제공할 수 없는 처지라고 주장했다. 룩셈부르크는 도미도 효과가 일어날 것이라 경고했는데, 만약 폴란드가 독립을 추구한다면, 알자스-로렌, 아일랜드, 체코슬로바키아 역시 독립을 요구하는 것을 막을 수 있겠는가?

바로 여기에서, 룩셈부르크가 전 세계 마르크스주의자들이 널리 지지했던 폴란드 독립 강령에 대해 이데올로기적으로 강한 반감을 가졌던 핵심 이유를 확인할 수 있다. 국제주의자였던 로자 룩셈부르크는 폴란드 독립 요구가 — 당시에도, 그리고 후대의 관점에서도 러시아 제국에 맞서는 중요한 방어막으로 여겨졌음에도 불구하고 — 유럽 전역에 거대한 민족주의 물결을 불러일으킬 것을 우려했던 것이다.[11]

폴란드 문제는 로자 룩셈부르크가 틀렸음을 역사가 증명한 핵심 쟁점이다. 그녀는 민족 문화의 역할을 깊이 이해하고 있었으며, 특히 어린 나이에 망명 생활을 시작한 처지 때문에 더욱 그러했다. 로자는 레오에게 보낸 편지에서 이렇게 썼다. "유일하게 강한 인상으로 남아 있는 것은 전에도 편지에서 썼던 그것뿐이야. 곡식이 자라는 들판과 폴란드의 풍경."[12] 레오에게 보낸 다른 편지에서는 자신이 진짜 폴란드 속담을 많이 인용할 수 있지만, "이런 순수한 폴란드 말은 당신이 절대 이해하지 못할 거라 걱정될 뿐"이라고 쓰기도 했다.[13]

세 개의 고국을 지닌 이 여성은 폴란드에 대한 애정을 끝까지 간직했지만, 폴란드 독립에 반대하는 입장은 흔들림 없이 고수했다. 그러나 그녀의 이런 입장은 전술적으로나, 이데올로기적으로나, 이론적으로나 모두 문제를 안고 있었다.

로자는 마르크스와 엥겔스가 직접 옹호했던 입장과 반대되는 입장에서 제2인터내셔널에 참여했다. 마르크스는 민주적 폴란드가 독일과 러시아를 분리해 더 많은 혁명의 기회를 만들어낼 뿐만 아니라, 반러시아 운동을 촉진하는 데도 기여할 것이라 보았다.[14] 하지만 로자는 이런 견해를 받아들이지 않았다. 또한 그녀는 사회주의와 민족 문제를 결합해야 한다고 생각하는 베른슈타인 같은 사회주의적 애국주의자들에게도 반대했다.[15]

실제로 개량주의에 반대하는 로자의 투쟁은 민족주의에 반대하는 투쟁과 밀접하게 맞물려 있었다.[16] 그런 열정 때문에 러시아의 혁명적 잠재력을 과대평가한 것이기도 했지만[17], "최종 목표"에 대한 그녀의 강조는 무엇보다 국제주의에 대한 강조와 직결되어 있었다.[18]

로자는 민족국가가 자본주의의 산물이라고 생각했으며, 따라서 민족주의에 뿌리를 둔 모든 것은 부르주아 계급이 만들어 낸 개념적 산물이라고 결론지었다.[19] 흥미롭게도, 로자의 여성 권리에 대한 입장과 민족자결권에 대한 입장은 서로 통하는 지점이 있다.

> 예컨대 프롤레타리아 계급 정당이 사회 및 정치 영역에서 성의 평등을 위해 투쟁하는 것이 부르주아 여성해방론자들이 말하는 어떤 특별한 "여성의 권리"에서 비롯되는 것이 아닌 것처럼, 민족 억압에 반대하고 투쟁해야 하는 프롤레타리아 계급 정당의 책무는 어떤 특별한 "민족의 권리"에서 나오는 것이 아니다. 이 책무는 오직 계급질서와 모든 형태의 사회적 불평등 및 지배에 대한 전반적인 반대로부터, 즉 사회주의의 기본 입장으로부터 나오는 것이다.[20]

보편적 참정권에 대한 평생의 신념을 비롯한 모든 권리 개념은 오로지 사회경제적 권리와 자유에서 비롯된다. 로자에게 민족적 권리에 대한 신념은 계급투쟁과 결코 양립할 수 없는 긴장 관계에 있었다.

새로운 세기는 악명 높은 로자 — 이제는 룩셈부르크 박사가 된 — 에게 많은 변화를 가져왔다. 그녀가 제2인터내셔널에서 빠르게 두각을 드러내던 동안, 양친 모두 세상을 떠났다. 두 사람 모두 그녀가 서른이 되는 것을 보지 못했다. 리나 로벤슈타인은 1897년 9월에, 엘리아스는 1900년 9월에 죽었다. 그 시기에 로자는 폴란드에 없었다.

1905년 레오에게 보낸 편지에서 그녀는 이렇게 회상했다. "나는 엄마와 아빠가 마지막으로 보낸 편지들과, 같은 시기의 안지아와 요지오의 편지들이 담긴 상자를 꺼냈어. 그 편지들을 다 읽고, 눈이 퉁퉁 부을 때까지 엉엉 울었어. 그리고 다시는 깨어나고 싶지 않다는 생각을 하며 잠들었어."[21]

로자는 대의의 요구 때문에 가족들의 편지에 늦게 답장할 수밖에 없었다고 한탄했지만, 가족에 대한 사랑은 결코 줄어들지 않았다. 위험한 급진주의자인 막내 동생과 가까이 지내는 것은 부담스러운 일이었지만, 로자와 형제자매들은 여전히 친밀했다.

새로운 세기의 도래와 함께, 1900년 파리에서 열린 대회는 이전 대회들에서도 논의되었지만 이제는 국제적으로 절실해진 몇 가지 문제들의 긴급성이 더욱 커졌다는 것을 보여주었다. 조직 구조 측면에서 1900년 대회의 가장 중요한 성과는 국제사회주의국(International Socialist Bureau)의 창설이었다. 이 기구의 목적은 회원국들 사이에서 사회주의를 표방하고, 다양한 역량과 기풍을 가진 서로 다른 노동운동들을 체계적으로 조율하려는 것이었다.

인터내셔널에서 개량주의와 혁명의 문제가 중심적으로 떠오르면서 독일 사민당이 차지하는 위상이 더욱 높아졌다. 1900년 대회에서는 룩셈부르크의 활동을 관통하는 두 가지 중요 문제가 광범위하게 논의되었다. 하나는 제국주의 문제였고,

다른 하나는 개량주의 대 혁명의 문제였다. 민족과 사회주의 문제 역시 대회에서 계속 논쟁을 불러일으켰다.

이 모든 논의의 근간에는 하나의 일관된 흐름이 존재했다. 즉, 노동조합 및 대중적인 노동운동과 결합한 사회민주주의 정당들이 선거에서 표를 얻고 제도적 권력을 획득하기 위해 타협해야 할 것인가, 아니면 주류가 되기 어렵더라도 혁명적 경향을 유지할 것인가의 딜레마가 수면 위로 떠오른 것이다.

룩셈부르크의 시야는 인터내셔널과 새로운 세기 초의 혁명적 흐름에 참여하면서 넓어지기 시작했다. 1902년의 한 짧은 기사는 룩셈부르크가 세계에 대한 통합적인 인식으로 나아가는 과정을 보여준다. 이 글에는 국제주의, 모든 기회주의에 대한 반대, 세계 전체에 대한 관심이 결합되어 있다.

「마르티니크」라는 제목이 기사에서 그녀는 환경주의적인 관점을 명확히 드러낸다. 이 글은 1902년 5월에 마르티니크 섬의 펠레 화산*이 폭발하여 3만 명에 이르는 주민이 희생된 사건을 다루면서, 그 전까지 마르티니크 섬과 그 주민들에게 아무 관심을 두지 않았던 러시아 차르와 독일, 네덜란드, 영국의 기회주의를 강력하게 비판한다. 영국 제국주의에 대한 로자의 비판은 자연을 인간의 능력으로 통제할 수 없다는 인식과

---

* 1902년 5월 8일, 카리브 해 프랑스령 마르티니크 섬 북부에 있는 펠레 화산이 폭발해 인근의 생피에르 시를 파괴하고 약 3만 명의 주민이 사망했다. 20세기 초 가장 치명적인 화산 폭발 중 하나로 꼽힌다.

결합한다.

> 인간이 필요로 하든 말든 펄펄 끓어오르고 있는 화산은 피로 물든 가식적인 문화 전체를 지표면에서 쓸어버릴 것이다. 오직 그 폐허 위에서만 이 민족들은 진정한 인류로 하나 되어, 맹목적이고 무정한 자연이라는 단 하나의 치명적인 적을 마주하게 될 것이다.[22]

로자는 같은 해 비슷한 시기에 벨기에에서 일어난 총파업도 면밀히 살펴보고 있었다. 이 파업은 결국 패배로 끝났지만, 독일 동지들과 달리 로자는 그 원인을 파업이라는 전술 자체에서 찾기보다 파업이 발생한 구조적 조건에서 찾았다.*[23] 그녀는 《노이에 차이트》에 벨기에 총파업에 관한 기사를 두 편 썼고, 이는 파업이 혁명적 실천의 핵심이라는 그녀의 포괄적 분석으로 이어졌다.

인터내셔널 내에서 로자의 높아진 위상은 전국적, 국제적 연단에서 연설가로서 능력에 자신감을 심어주었다.

---

* 1902년 4월 벨기에 총파업은 보통선거권 쟁취를 요구하며 약 30만 명의 노동자들이 참여한 대규모 파업이었다. 제2인터내셔널은 이를 지지했지만, 실질적인 연대에는 소극적이었다. 당시 총파업(general strike)은 주로 아나키스트의 전술로 간주되었고, 마르크스주의자들은 파업보다 선거와 정치적 시위를 더 선호했기 때문이었다.

지금까지 대중 집회에서 연설을 시도해본 것이 나에게 얼마나 큰 도움을 줬는지 당신은 모를 거야. 원래 이런 일에는 전혀 자신이 없었지만, 용기를 내어 얼음판 위로 나아가야 했지. 이제 확신해. 반년 뒤면 나는 당에서 손꼽히는 연설가가 되어 있을 거야.[24]

그녀는 점점 더 유명해지고 있었다. 1899년의 한 편지에서 로자는 어떤 동지의 아내가 자신을 만나 본 후에 "로자 룩셈부르크는 꽤나 인간적이야"라고 했다고 썼다.[25] 1900년에 쓴 편지에서는 그 동지들이 자신에 대해 "크고 뚱뚱하다"라는 잘못된 이미지를 갖고 있었지만, 이제는 작별 인사를 할 때마다 "우리는 동지를 너무 사랑해요!"라고 외친다고 말했다.[26]

그녀는 1902년 라이헨바흐에 강연하러 갔던 일을 회상했는데, 그곳 청중들은 그녀가 너무 젊어서 깜짝 놀랐다.[27] 그 모임에서 그녀는 임신한 여성들이 젊은 남성들과 공장에서 함께 일하는 문제에 대해 토론을 했는데, 누군가 수치스러운 일이라고 말하자 한 청중은 "그건 잘못된 도덕관념입니다! 오늘 여기 로자 룩셈부르크 동지가 임신 하신 채로 강연을 하셨다고 생각해봐요! 그럼 나는 이 분을 훨씬 더 좋아할 거예요."라고 대답했다.[28]

그녀는 레오에게 이 일화를 이야기하면서 "다음번에 라이헨바흐에 갈 때는 임신을 하려고 노력해야"겠다고 썼다. 모임이 끝난 뒤에, 아까 그렇게 말한 젊은이가 그녀에게 "현대의 결혼은 왜곡된 제도인데도 결혼을 해야 할까요?"라고 질문했다. 로자는 결혼하라고 대답했는데, 다행히도 그의 약혼녀가 바로 "그가 훨씬 좋아하는 상태"*에 있었기 때문에 매우 합당한 조언이 되었다.[29]

로자는 사람들의 예상과는 다른 사람이었다. 『개량이냐 혁명이냐』의 저자로도, 연설가로도 명성을 얻었고, 기대에 찬 청중들이 추앙의 뜻으로 그녀의 사진을 간직하기도 했지만, 그녀는 언제나 남자들의 세계에 끼어 든 여성이었다. 그녀가 결코 고민 상담을 해주는 사람이 아니었는데도 급속히 변하는 젠더 관계 속에서 젊은 남성들은 그녀에게 조언을 기대했던 것이다.

1903년 4월 4일, 로자는 뤼벡과 정식으로 이혼했다.[30] 이 무렵 그녀는 1900년에 독일에 도착한 레오와 함께 살면서 베를린에서 조직 활동을 하고 있었다. 이 시기부터 그녀의 평생을 관통하는 삶의 양식이 형성되기 시작했다. 그녀는 사랑과 섹스에서 자유로운 생각들을 실천했지만, 이를 결코 공적인 무대로 끌어들이지 않았다. 공적인 영역에서 자기주장을 펼치는 데 두려움이 없었고, 감정적인 삶에는 열정을 다했지만, 그녀는 이런 측면이 동지들에게 드러나지 않도록 조심했다. 대중의

---

* 이 젊은 노동자가 앞서 한 말로 보았을 때, 여자 친구가 임신한 상태라는 뜻이라는 것을 알 수 있다.

1904년 암스테르담에서 열린 제2인터내셔널 대회에서의 모습. 로자는 커다란 리본을 달고 있어 쉽게 눈에 띈다. 훗날 한나 아렌트는 그녀에 대해 "스스로를 명확히 여성으로 인식한 여성"이라고 썼다.

눈에 드러난 여성에게 따르는 투쟁들은 그녀를 평생 붙어 다녔다.

로자가 보인 많은 모순들 가운데 두 가지는 주목할 만하다. 그녀의 편지들을 보면 레오에게 금전적으로 의존하고 있었다는 사실이 분명히 알 수 있다. 또 하나는 그녀가 하녀들을 고용하고 있었다는 사실이다. 로자는 부르주아 페미니즘과 그 가식성을 혐오하면서도, 부르주아적 생활 방식을 지키려 애썼다. 친구들이나 재능 있는 음악가였던 조카 안니(Annie)와 함께 베를린에서 연극이나 음악 공연을 즐기곤 했던 그녀의 모습은, 지금 우리에게 익숙한 "붉은 로자"라는 악명 높은 이미지와는 전혀 다른 인상을 당시 베를린 사람들에게 주었을 것이다.

1903년, 로자는 국제사회주의국의 일원이 되었다. 1904년에 그녀는 또 하나의 성취를 이루었다. 제2인터내셔널에서 독일 사민당과 폴란드 사민당을 함께 대표하게 된 것이다. 1904년 인터내셔널 대회의 한 사진 속에서 우리는 제2인터내셔널에서 점점 더 중요한 역할을 맡아가던 로자 룩셈부르크의 모습과 함께 그 내부의 모순도 엿볼 수 있다. 사진은 온통 검은 양복 일색이다. 평생토록 로자는 그 속에서 커다란 리본처럼 눈에 띄는 홍일점으로 존재했던 것이다.[31]

로자는 마르크스주의와 자유를 하나로 결합된 신념으로 굳게 지켰다. 1903년, 칼 마르크스 사후 20주년을 기념하며 쓴 글에서 그녀는 다음과 같이 말했다.

> 엥겔스의 말을 빌리자면, 필연의 왕국에서 자유의 왕국으로의 최종 도약은 사회 전체적으로는 오직 사회주의 혁명만이 실현할 수 있지만, 이 도약은 이미 기존 질서 내에서도 일어나고 있다. 사회민주주의 정치라는 형태로 말이다. … 따라서 마르크스 이론 가운데 기존 사회 질서에 가장 위험한 부분은 머지않아 "지양"될 것이다. 하지만 단지 기존 사회질서와 함께 그럴 것이다.[32]

같은 해에 쓴 다른 글은 이 모순을 명확히 설명하고 있다.

2. 혁명의 최종 리허설

> 노동계급이 현존 조건에서 해방될 때에야 비로소 마르크스주의 연구 방법은 다른 생산 수단들과 함께 사회화되어, 인류 전체의 이익을 위해 온전히 활용될 수 있고, 그 기능적 능력의 최대치까지 발전할 수 있을 것이다.[33]

로자의 삶의 이 시기에 그녀의 저술과 활동 전반을 관통하는 원칙들이 더욱 굳건해지는 모습을 볼 수 있다. 이 원칙들이란 마르크스주의 전통 안에서 민주주의와 자유에 대한 강조, 혁명을 불러일으킬 역사의 동력에 대한 확고한 믿음, 이론과 실천의 통일 등이다.

1904년은 로자의 삶뿐만 아니라 제2인터내셔널의 역사에서도 전환점이 되는 해였다. 제2인터내셔널은 여러 나라에서 수많은 혁명적 변화들을 촉진시켰지만, 이 변화들은 이제 분열의 기로에 봉착하고 있었다. 그러나 변화의 바람이 동쪽에서 불고 있었다. 그곳에서는 자유주의 부르주아의 역할과 사회주의자의 전술을 둘러싸고 논쟁이 벌어지고 있었으며, 이 속에서 러시아는 20세기 초 가장 큰 혁명적 사건의 무대가 될 준비를 하고 있었다. 바로 그 해, 로자의 정치 생활 내내 계속될 대화와 논쟁이 시작되었다.

러시아 혁명가 블라디미르 일리치 울리야노프는 가명인 레닌으로 더 잘 알려져 있는 정치인으로, 그의 삶과 활동은 룩셈

클라라 체트킨과 로자 룩셈부르크가 사회주의자 동료인 네덜란드의 피터르 옐러스 트룰스트라와 벨기에의 에밀 반데르벨데와 함께 마차를 타고 있는 모습. (1907년)

부르크와 서로 큰 영향을 주고받았다. 두 사람의 길은 자주 엮였고 서로를 존중했지만, 레닌과 러시아 사회민주노동당(RSDLP)을 상대로 로자가 평생 지속한 논쟁은 이념적, 구조적, 정치적 차원을 가진 복잡하고 깊은 문제였다.

폴란드 사회민주주의노동당과 러시아 사회민주노동당이 어떤 조직적 관계를 맺을 것인가의 문제는 폴란드 독립에 대한 로자의 입장을 다시 소환했다. 러시아 동지들은 폴란드 독립을 지지하는 고전적인 마르크스주의 입장을 가지고 있었는데, 이는 제2인터내셔널에서 그녀와 싸우고 있던 논적들의 입장과 유사했다. 이런 근본적인 차이에도 불구하고, 러시아 동지들이 혁명적 사회주의를 지지하고 개량주의를 반대하고 있었기 때문에, 로자는 그들과 기꺼이 손잡을 의향이 있었다.[34]

하지만 이 논쟁은 로자의 국제적 입장 뿐 아니라 그녀의 성격에 대해서도 알려주는 바가 있다. 그녀는 논쟁에서 격렬하게 싸우면서도, 조레스와의 관계처럼 논적들과 따뜻한 우정을 나눌 수 있는 사람이었다. 로자는 프랑스어를 독일어로 통역할 사람이 아무도 없었을 때, 자신의 입장을 정면으로 비판하는 조레스의 연설을 직접 통역해 준 적도 있었다.[35] 레닌과 룩셈부르크는 역사의 진행 과정에 따라 다양한 사안을 두고 논쟁을 펼쳤고, 어떤 때는 레닌이 옳고 로자가 틀리기도 했고, 어떤 때는 로자가 옳고 레닌이 틀리기도 했다.

로자는 1904년 《노이에 차이트》에 발표한 「러시아 사회민주당의 조직 문제」라는 소논문을 통해 독일과 러시아의 구체적인 상황을 비교하며 민주주의에서 기층 조직의 자발성 문제를 논의한다. 룩셈부르크는 같은 해 레닌이 발간한 『한 걸음 앞으로, 두 걸음 뒤로』*에 응답하며, 레닌주의적 중앙집권주의와 대중의 실천 속에 구체화되는 혁명적 마르크스주의는 충돌을 일으킨다고 지적한다.

그녀는 레닌이 주장한 중앙집권주의에서 두 가지 원리를

---

* 1903년 러시아 사회민주노동당의 실질적인 창당 대회였던 2차 당 대회에서 볼셰비키(다수파)와 멘셰비키(소수파)로 분열하자, 레닌이 해외에서 출간한 저작으로 중앙집권적 당 노선을 옹호하며 멘셰비키를 분파주의로 비판한 책이다. "우리의 당의 위기"라는 부제를 달았다.

뽑아내는데, 이는 첫째 모든 당 활동가들은 세세한 사항까지 당 중앙에 맹목적으로 복종해야 하며 당 중앙만이 모든 것을 사고하고 결정하고 지도한다, 둘째 혁명가들로 구성된 조직 핵심과 사회 혁명적 의식을 가진 당의 주변부는 엄격히 구별되어야 한다는 것이다. 반면 룩셈부르크에게 사회민주주의는 프롤레타리아트와 결합해야 하는 어떤 것이 아니라, 그 자체로 프롤레타리아트이다. 사회민주주의적 중앙집권주의를 진정으로 실현하기 위해서는 노동계급 의식이 계급투쟁에 깊이 뿌리 내려야 하며, 노동자들은 당의 공적 활동에 직접적인 영향력을 행사함으로써 자신들의 정치 활동을 발전시킬 조직적 수단을 가져야만 한다.

> 많은 수족이 달린 신체가 의지와 사고 없이 지휘에 따라 기계적으로 움직이는 것과 사회계급이 의식적인 정치 활동을 자발적으로 조율한다는 상반되는 두 개념, 다시 말해 억압된 계급의 맹목적인 복종과 자기해방을 위해 투쟁하는 계급의 조직된 반란이라는 두 개념을 똑같이 "규율"이라고 지칭하는 것은 이 단어를 오용하는 것에 불과하다. 프롤레타리아가 새로운 규율, 즉 사회민주주의적인 자발적 자기 규율을 교육받을 수 있는 것은, 자본주의 국가가 프롤레타리아에게 주입한 규율의 지휘권을 사회민주당 위원회가 부르주아지로부터 그대로 이어받는다고 되는 게 아니라, 오직 노예근성적인 규

율을 거부하고 뿌리 뽑으려는 정신을 통해서만 가능하다.[36]

룩셈부르크가 볼 때, 아래에서부터의 민주주의와 노동계급의 전위가 되고자 하는 중간계급 출신 지식인 사이에는 긴장이 존재했다. 실제로 그녀는 기회주의와 "지식인들" 사이에 연관성이 있다고 지적한다.[37] 그녀는 기회주의적 음모와 개인적 야망을 견제하는 최선의 보장책은 프롤레타리아트의 독자적인 혁명적 활동이라고 주장했으며, 이는 노동자들에게 책임감과 자신감을 심어줄 것이다.

> 거대한 대중과 기존 질서를 넘어서는 목표의 통일, 일상적인 투쟁과 혁명적 전복의 통일은 사회민주주의 운동의 변증법

아우구스트 베벨과 로자 룩셈부르크(1904년). 룩셈부르크는 평생 남성들로부터 성차별을 당했으며, 여기에는 저 유명한 『여성론』의 저자도 예외는 아니었다.

적 모순을 이룬다. 이 운동은 전체 발전 과정에서 필연적으로 대중성의 상실과 최종 목표의 포기라는 두 가지 위험 사이에서, 즉 종파로 회귀하거나 부르주아 개량 운동으로 전락하는 것 사이에서 앞으로 나아가야 한다.[38]

룩셈부르크는 이렇게 해석의 방법인 동시에 세계를 바라보는 시각인 변증법과 역사적 유물론을 활용하여 자신을 둘러싼 사회적, 정치적 지형의 급속한 변화를 정교하면서도 탄탄하게 해석할 수 있었다. 이는 대중의 의식을 혁명적으로 변화시키고 행동으로 이끌려는 그녀의 헌신에서 비롯된 것이다. 룩셈부르크의 비판은 역사에 의해 옳은 것으로 입증되었지만, 「러시아 사회민주당의 조직문제」에서 그녀는 러시아에서 벌어진 문제들만큼이나 자기 주위에서 일어나는 일들에서 많은 것을 끌어왔다.

룩셈부르크의 저작에는 "대중"이라는 개념이 자주 등장한다. 이 개념은 모호하지만, 그렇기에 효과적인 분석 도구로 작용한다. "대중"이 정확히 누구를 의미하는지는 분명치 않으며, 이러한 모호함 덕분에 그녀는 국가 차원의 분석과 국제주의적 신념을 효과적으로 결합할 수 있었다. 룩셈부르크는 이 개념을 마르크스의 "프롤레타리아트" 개념과 구별되는 방식으로 사용한다. 이 개념이 분석적·개념적으로 명확하지 않다는 점은 또한 혁명적 사회주의를 가능한 한 널리 확산시키려는 포괄적 목표에도 기여할 수 있었다. 행동은 특정한 방향으로 나아가지만, 그 주체는 미리 규정되지 않는다.

역사의 변증법은 로자의 삶을 극적으로 변화시켰다. 1904년 8월 26일, 그녀는 독일 황제를 모독한 혐의로 구속되었다.[39] 반항적인 시를 쓰던 소녀는 이제 공적인 영역에서의 혁명적 활동에 대해 책임을 추궁당하는 처지가 되었다. 그녀는 대중을 선동한 혐의로 기소되었고, 극히 위험한 인물로 간주되었다. 이에 대해 그녀는 다음과 같이 응수했다.

> 검찰 측은 내가 격앙된 어조를 사용한 것이 중대한 고려 대상이 되어야 한다고 주장합니다. 하지만 어조는 분명 개인 기질의 문제입니다. 어떤 사람은 아주 격앙된 어조로 말하면서도 엄격하게 과학적인 개념을 제시할 수도 있고, 어떤 사람은 아주 조용한 어조로 말하면서도 매우 조잡하고 비과학적이며 위험한 개념을 제시할 수도 있지 않습니까? 총파업 문제에 대한 나의 관점을 말하자면, 나는 혁명이나 거대하고 중대한 총파업은 인위적인 방식으로 만들어지거나 촉발될 수 없다는 견해를 갖고 있습니다.

로자 룩셈부르크는 어떤 것도 단지 냉정한 분석에만 머무르는 경우가 없었다. 이는 검사 앞에서 자신의 주장을 다시 펼칠 때도 마찬가지였다. 그녀의 분석과 웅변을 이끄는 힘은 열

정이었으며, 자신에 대한 검사의 비난을 오히려 훈장처럼 받아들였다.[40]

그녀는 정치범이었기 때문에 책과 옷과 편지를 받을 권리가 있었다. 카우츠키 부부에게 보낸 편지에는 단호한 결의가 드러난다. "내가 그 이야기에서 얻은 교훈은 우리가 해야 할 일이 엄청나게 많고, 무엇보다 엄청나게 공부해야 한다는 거예요. 즉, 각국의 운동을 연구해야 한다는 말이에요."[41]

감옥에서 로자는 실러의 시를 읽고[42], 사색하며, 매일 뜨거운 태양 아래에서 산책하는 일상을 지켰다.[43] 석방되고 사흘 뒤, 그녀는 친구 헨리에테 롤란트 홀스트*에게 보낸 편지에서 이렇게 썼다. "고독 속에서 나는 다시 나 자신을 찾고, '폴란드 경제'처럼 뒤죽박죽인 내 정신세계를 잘 정리된 상태로 가다듬습니다."[44] 로자는 자신의 삶의 방식을 정립해 놓고 있었다.

> 우리의 지침은 가장 적은 노력으로 최대의 성과를 이루는 것이 되어야 해요. 나는 이미 여기서 이 지침을 지키고 있습니다. 전혀 신경을 곤두세우는 일 없이 모든 것을 차분하고 가볍게, 어떤 것에도 과도하게 몰두하지 않는 것, 그게 내 방식이에요.[45]

---

* 헨리에테 롤란트 홀스트(Henriette Roland Holst, 1869~1952)는 네덜란드 시인이자 사회주의자로, 제2인터내셔널 활동을 통해 룩셈부르크와 교류했다. 제1차 세계대전 이후에는 좌익 공산주의자로 활동했으며, 말년에는 기독교 평화주의자가 되었다.

루이제 카우츠키와 로자(1905년). 오른쪽은 그녀가 카우츠키 가족(미나와 루이제)에게 보낸 편지.

룩셈부르크의 정신은 끊임없이 움직이고 있었다. 그녀는 여러 억압 체계에 항상 주의를 기울였으며, 글로벌 자본주의에 대해 사유할 때처럼 자신을 둘러싼 바깥 세계 뿐 아니라, 자신의 감정 깊은 곳을 들여다보며 내면의 문제도 깊이 탐구했다. 그녀는 자신의 감정 세계를 "폴란드 경제"에 비유했는데, 그처럼 그것은 바람 잘 날 없이 출렁였다. 이 여인은 예측 불가능한 역사의 행진에 이끌려 매순간 그것에 동참했고, 언제나 운동에 헌신했다.

1905년은 밖으로 크게 드러나진 않았지만 로자의 "폴란드 경제"에 중요한 혁명적 변화가 일어난 해였다. 이 해에 그녀는 레오 요기헤스와 연애를 끝냈다. 이 결별은 그녀의 국제적 위상이 급속히 높아진 것과 밀접한 관련이 있었다. 그녀는 거의 이름 없는 박사과정 학생으로 레오를 만나기 시작해서, 그와 헤어질 때는 국제 좌파 운동의 저명하고도 악명 높은 지도자가 되어 있었다.

일찍이 1900년 4월 24일에 쓴 편지에서 로자는 레오에게 이렇게 걱정을 털어놓았다. "당신은 더 이상 나를 사랑하지 않는 것 같아. 어쩌면 당신한테 이미 다른 사람이 있을 지도 모르지. 어쨌든 나는 이제 이 생에선 당신을 행복하게 해줄 수 있는 사람이 아니게 된 것 같아. 혹시라도 그게 가능한 일이라도 말이야."[46]

편지에서 로자는 자신이 겪고 있는 변화와 그녀에게 가해진 새로운 압박에 대해 솔직하게 이야기하고 있다.

> 우리 관계가 정상적이 되려면, 내가 당신 없이도 잘 지낼 수 있다는 걸 당신이 알아야 한다고 수도 없이 말했던 걸 기억해야 해 … 여기에선 누구와도 상의할 수 없고, 누구에게도 의지할 수 없고, 내 의심을 누구에게도 털어놓을 수 없다는 게 얼마나 자주 나를 힘들게 하는지 당신이 알았다면 … 당신이 원했다면, 우리가 얼마나 멋지게 함께 살며 같이 일할 수 있었을지![47]

세월이 흐른 뒤, 클라라 체트킨은 로자 룩셈부르크처럼 강한 개성을 가진 여성을 견디려면 강한 남자만이 가능하다고 말했다.[48] 로자 룩셈부르크는 공적 삶과 사적 삶 사이에서 분열을 경험한 첫 번째 여성도, 마지막 여성도 아니다. 그녀의 동지이자 제2인터내셔널 창립에 주도적으로 기여했던 엘리노어 마르크스는 1886년에 이렇게 썼다. "여성의 삶은 남성과 다르다. 여성과 남성의 삶은 서로 다른 길을 간다. 많은 경우에 서로 만나는 일조차 없다. 그로 인해 인류의 발전은 저해된다."[49]

로자는 성별로 인한 현실의 장벽을 몸소 경험하고 있었으며, 국제 혁명운동의 세계에서 아무리 빠르게 높은 위치에 오른다 해도 여성으로서 살아가는 데는 그 나름의 고유한 어려움이 따른다는 사실을 깨닫고 있었다.

공적으로 로자의 위상은 점점 더 확고해져 가고 있었던 반면, 레오와의 관계는 새로운 도전에 직면했다.

> 나는 당신이 필요해! 우리는 서로가 필요해! 우리처럼 서로를 온전한 인간으로 만들어주는 사명을 가진 한 쌍은 이 세상에 정말로 없어. 내가 한 걸음 내디딜 때마다 나는 그렇게 느끼고, 그래서 우리의 이별이 그 어느 때보다도 더 가슴 아파.[50]

1905년 10월에 쓴 편지에 나타나듯이 로자는 점점 더 바

빠졌고, 그들의 관계도 점차 소원해졌다. "어제는 내가 당신 편지를 받지 못했고, 오늘은 당신이 내 편지를 받지 못할 거야. 그렇지만 복수하려고 그런 건 아니야. 오늘 하루 종일 '손님'이 끊이지 않았거든."[51]

이 무렵 로자 룩셈부르크는 자기 인생의 사명과 나아갈 길에 대해 놀라우리만큼 뚜렷한 전망을 갖고 있었다. 그녀는 자신이 선택한 위치로 인해 많은 다른 여성들이 결코 맞닥뜨리지 않아도 될 난관들을 앞두게 되리라는 사실을 점점 깨닫고 있었다.

> 언젠가는 분명 (필자로서) 양심의 의무를 지지 않고, 모든 일을 제때 처리하는 사람이 어떤 삶을 사는지 그 경험을 온전히 누릴 수도 있겠지. 하지만 나는 그런 경험을 절대 못하고 죽을 게 틀림없어. 디킨스 소설에 나오는 일이 끝나는 걸 보지 못하고 죽은 유명한 여자*처럼 말이야. 당신이 (여기 있어서 우리가) 함께 체계적으로 일을 하고 있다면, 나한테 영향을 줄지도 몰라. 어떻게 생각해?[52]

애인과 친한 친구들과의 만남, 혁명가로서 충실한 삶, 그리고 끊임없는 글쓰기 사이에서 균형을 맞추는 일이 로자에게

---

* 찰스 디킨스의 소설 『황폐한 집』에 등장하는 미스 플라이트를 가리키는 것으로 보인다. 미스 플라이트는 평생 재산을 둘러싼 끝없는 소송에 집착하지만, 결국 재판이 끝나는 것을 보지 못하고 죽는다.

점점 더 어려워지고 있었다. 그런데도 그녀의 따뜻함과 너그러움은 곳곳에서 빛을 발했다. 예컨대 조카 안니는 매혹적인 파란 블라우스를 로자 고모에게 선물했을 때, 고모가 "정말 너무 행복해"라며 기뻐하며 받아주었다고 전한다.[53] 로자의 내면과 "평범한 삶"에 대한 갈망은, 레오와의 관계가 격동적이었던 것만큼이나 혁명적 대의에 대한 헌신으로 인해 끊임없이 방해받고 있었다.

성과 권력은 위험한 조합이지만, 결코 분리될 수 없는 것이다. 로자는 이를 레오와 관계를 통해 배웠다. 그녀의 인생에서 다른 연애관계들은 결코 그 정도의 감정적 깊이에 도달하지 못했다. 로자의 첫사랑은 영원히 레오였으며, 그녀는 그와 함께 국제무대에 입성했다. 하지만 관계에 대한 스트레스는 점점 더 커져갔고, 결국 결정적인 파국에 이르게 되었다.

두 사람이 주고받은 편지의 분위기는 연애 초기의 달콤함에서 점점 변해갔다. 서로에 대한 욕망과 갈망은 건조한 계획과 혁명 소식들로 대체되었다. 로자의 열정적인 사랑은 정치적 협력과 삶의 다른 모든 영역에서 벌어지고 있던 역동적인 변화들과 긴밀하게 얽혀있었다. 그리고 서른세 살의 로자는 이제 열혈 혁명가와 사랑에 빠졌던 열여덟 소녀가 아니었다.

친구인 헨리에테 롤란트 홀스트에게 보낸 편지에서 이야기했던 것처럼, 로자 룩셈부르크는 1904년 10월 25일에 예정

일보다 한 달 앞서 갑자기 예기치 않게 석방되었다.[54] 수감 생활 이후 20세기 초는 로자에게 계속되는 여행의 시기였다. 독일에서 강연 여행들과 인터내셔널 회의 참석 등으로 로자는 한 곳에 머무는 일이 드물었다. 빈혈, 과민성 위장, 과로로 인한 잦은 피로, 반복되는 우울증 등 건강 문제는 평생 그녀를 괴롭혔다. 자신의 사명을 수행하는 그녀의 강인함은 이런 신체적 연약함과 비교할 때 더욱 인상적이다.

이런 다사다난한 상황 속에서도, 1905년은 혁명이라는 개념을 삶의 버팀목으로 삼는 여성에게 극히 중요한 해가 될 것이었다. 러시아 제국에서는 낡은 체제를 무너뜨릴 씨앗들이 확고히 뿌려지고 있었고, 로자는 그곳에서 자신의 이론들이 현실에서 실험되는 과정을 지켜볼 수 있었다. "나는 국제적인 정서를 강화시키는 것 자체가 기회주의의 많은 부분이 의존하고 있는 무지와 편견에 맞서 싸우는 수단이라고 생각해요."[55]

혁명 활동은 역사의 진보를 가속화시키고 있었다. '1905년 혁명'은 1904년 말부터 1907년 여름까지의 사건을 통칭하며, 상트페테르부르크에서 일어난 대규모 파업으로 시작되었다. 이 파업은 러시아 민중에게 엄청난 영향을 미쳤다. 382개 공장에서 15만 명의 노동자가 파업에 동참했고, 계속되는 노동자들의 동요는 결국 겨울궁전으로의 행진으로 이어졌다. "피의 일요일"로 잘 알려진 1905년 1월 22일, 차르에게 호소하기 위해 행진하던 파업 노동자들은 가혹한 폭력과 총격의 표적이 되

었다. 그 결과 수백 명의 공장 노동자들이 러시아 군인들에게 학살당했다.[56]

1905년 혁명에 대한 저술에서 로자는 자신의 이론적 초점을 분명히 드러냈다 그녀는 역사의 진군에 실질적인 의의가 있을 때만 글쓰기에 몰두했다.[57] 동시에 로자는 혁명의 개념에 감정적으로 깊이 몰입해 있었고, 혁명의 한복판에 살며, 그 대가가 무엇이든 어떠한 혼란과 균열도 마다하지 않았다. 본인 스스로 "나는 폭풍 속에서 행복하게 산다."고 말했듯이 말이다.[58]

1905년 혁명은 폴란드 운동 진영에도 변화의 기폭제가 되었다. 폴란드-리투아니아 사회민주당 당원은 2만 5천 명에서 4만 명으로 증가했고, 당은 폴란드어, 이디시어, 독일어 신문을 발간했다.[59] 바야흐로 로자에게 유리한 시기가 열린 것 같았다. 하지만 그녀는 이 시기에 더욱 고립되었다. 폴란드 민족 문제는 다시 도전받았고, (조국에서의 오랜 숙적인) 폴란드 사회당은 분열되어 그 좌파(PPS-Left)에는 폴란드의 민족자결권을 반대하는 입장에 동조하는 움직임이 생겨났다. 그러나 이 당은 사회민주당과 통합하지 않았고, 이데올로기의 차이는 여전히 존재했다.[60]

폴란드 사회당은 폴란드-리투아니아 사민당보다 조직력이 뛰어났고, 두 당의 대립은 계속되었다.[61] 로자는 폴란드의 민족 문제를 다시 논의하면서 이렇게 단언했다. "다시 말해, 혁명이 발발했을 때 민족주의에 남은 것은 **오직 반동뿐**이었다. 무장봉기를 통한 민족독립이라는 슬로건이 자랑하던 **겉보기에** 혁명적인 측면은 혁명의 첫 물결이 닥치자마자 사라져서 다시는 보이지 않았다."[62]

프롤레타리아트의 주도적 역할을 강조한 그녀는 부르주아 자유주의자들뿐만 아니라 농민이나 민족주의자들과의 동맹도 거부했다. 레닌도 유사한 입장을 취했으나 다른 결론을 내렸다. 그는 부르주아 민주주의를 선동하는 자유주의자들과의 동맹을 거부하면서도, 혁명적 대의를 전략적으로 전진시킬 수 있는 동맹은 지지했다.[63]

이런 이데올로기적 차이들은 지속적으로 이어지던 동맹, 충성, 분열의 과정들을 더욱 심화시켰다. 그중 하나가 분트(Bund)의 성장이었다. 분트는 유대인 정체성을 바탕으로 유대인 노동자들을 단결시키려 한 단체로, 문화적 자치를 요구하다가 1903년 러시아 사회민주노동당에서 분리되었다. 로자 룩셈부르크와 레오 요기헤스는 분트에 가입하거나 그들의 대의를 지지하라는 요청을 줄곧 거부했다. 1904년 암스테르담 대회를 앞두고 룩셈부르크는 알렉산더 N. 포트레소프*에게 보낸 편지에서, 분트가 연방주의라는 명목으로 분열을 초래하고 있다고 주장했다.

---

* 알렉산더 N. 포트레소프(Alexander N. Potresov, 1869~1934)는 레닌, 마르토프와 함께 정치신문 《이스크라》를 발간하며 러시아 사회민주노동당 건설을 추동했다. 1903년 당의 분열 이후, 레닌과 결별하고 멘셰비키에서 활동했다

그럼에도 불구하고 분트는 다른 폴란드 마르크스주의자들보다는 룩셈부르크와 요기헤스를 더 선호했으며, 룩셈부르크는 1899년 분트의 신문 《데어 이디셰르 아르베터(Der Yiddischer Arbeter)》에 여러 기사를 게재하기도 했다. 로자 룩셈부르크의 전기 작가인 J. P.네틀에 따르면, 분트의 창립자 중 한 사람인 존 밀(John Mill)은 룩셈부르크와 요기헤스가 자신의 호소에 반감을 가졌으며, 별도의 유대인 사회주의 운동에 관여하기를 단호히 거부했다고 말했다. 그렇지만 그는 두 사람을 정치적으로나 개인적으로 우호적이지는 않더라도 최소한 중립적인 시선으로 바라보았다.[64]

로자는 결코 자신의 유대인성을 부정하진 않았지만, 그녀의 유대인 뿌리와의 관계는 그녀의 성격처럼 독특했다. 나중에 쓴 편지에서 그녀는 이렇게 말했다.

> "유대인의 특별한 고통" 같은 주제에 대체 뭘 바라는 거야? 나는 푸투마요 고무 플랜테이션에서 고통 받는 불쌍한 사람들이나 유럽인들이 그들의 시체를 갖고 노는 아프리카의 흑인들도 똑같이 걱정해. … 내 마음 속에는 (유대인) 게토를 위한 특별한 자리가 없어. 나는 구름과 새와 인간의 눈물이 있는 곳이라면 전 세계 어디에서든 편안함을 느껴.[65]

로자가 유대인이라는 사실은 언제나 그녀에게 국외자의 시

1910년경의 로자. "나는 구름과 새와 인간의 눈물이 있는 곳이라면 전 세계 어디에서든 편안함을 느껴."

선을 부여했다. 그러나 그녀는 이러한 관점을 바탕으로 문화적이거나 종교적인 결속을 형성하는 것을 경계했다. 그녀는 유대인 동포들과 함께 조직할 필요성을 느끼지 않았고, 유대인으로서 문화적 자치를 추구할 생각은 더더욱 없었다. 로자 룩셈부르크는 유대인으로만 규정될 수 없었다. 그녀가 세상을 바라보는 기준은 인류였고, 행동의 원칙은 혁명이었다.

로자 룩셈부르크의 러시아 혁명에 관한 글은 독일 언론에 연재되었고, 그녀의 사상과 문체가 확립되는 과정을 보여주었다. 그녀는 선동의 형식으로 글을 썼으며, 그녀의 국제주의는 단순한 이론적 토대가 아니라 글쓰기라는 실천 속에서도 구현되었다. 로자의 기사들은 혁명의 전개에 대한 흥분을 드러내며, 구체적인 사건과 이슈들을 다루었다. 다른 많은 혁명들처럼, 1905년 혁명 역시 여성들에게 중요한 의미를 가졌다.

로자는 기본적으로 혁명적 사회주의에 대한 신념에서 여성 문제에 접근했지만, 그녀의 분석은 사회에서 여성의 위치 변화에 대해 정확성과 확신을 보여준다. 그녀는 「투쟁하는 러시아 여성 노동자들」이라는 제목의 글에서 다음과 같이 힘차게 서술한다. "여성들도 남성들과 똑같이 최고 수준의 시민권과 가장 고귀한 시민적 미덕을 경험할 수 있다는 사실을 아직 확신하지 못하는 사람들은, 농노제가 폐지된 이후 러시아를 뒤흔든 해방 투쟁의 역사를 살펴보는 것이 도움이 될 것이다."[66]

로자 룩셈부르크는 (훗날 그녀를 따라다니게 될 '피비린내

나는 로자'라는 고정관념과는 달리) 격화되는 폭력의 희생자들에게 깊이 공감했다. 특히 혁명 기간에 점점 심화되는 반유대주의 폭력에 대해 글을 썼다. 그녀의 글에는 몇 가지 주제가 반복적으로 등장했다. 8시간 노동제에 대한 강조는 러시아에서 벌어진 사건들을 제2인터내셔널의 핵심 의제와 연결하며, 이론과 실천 모두에서 국제주의에 대한 로자의 헌신을 보여준다. 혁명 과정에서 양심수를 석방하고 사상의 자유를 보장해야 한다는 주장도 많은 글들에 나타난다. 로자에게 자유는 혁명 과정 그 자체에 필수적이었으며, 해방은 혁명이 끝난 후 시작되는 것이 아니라, 혁명 과정 속에서 실현되어야 하는 것이었다.

로자 룩셈부르크는 기사 곳곳마다 마르크스를 인용하며, (부르주아 혁명에 관한 것을 비롯한) 마르크스의 글과 이 혁명 사이에 연속성을 보여준다. 노동계급이 스스로 해방되어야 한다는 점에 대한 강조는 기사들 전반에 걸쳐 나타난다. 이 혁명적 시기에 로자의 폴란드에 대한 애정도 엿볼 수 있다.

> 우리나라의 사회민주주의는 러시아에서와 마찬가지로 ― 모든 진정한 혁명적 대중 운동에서 보통 그렇듯 ― 대중의 폭발적인 감정과 욕망을 따라잡고 표현하기에 어려움을 겪었다.[67]

1905년 레오 요기헤스에게 보낸 편지에서 그녀는 이렇게 썼다. "나는 조국에서 우리 민중들이 하고 있는 일들이 정말 기뻐."[68] 삼중의 민족성을 가진 여인은 혁명을 통해 마침내 세 민족이 하나로 뭉친 모습을 보았다. 로자는 한 글에서 무게감 있게 선언했다. "러시아에서, 세계 모든 곳에서 자유와 사회진보의 대의는 이제 계급의식적인 프롤레타리아트에게 달려 있다. 그 대의는 믿음직한 손에 맡겨져 있는 것이다!"[69]

먼 곳에서 매일 기사를 쓴 덕분에, 룩셈부르크는 혁명의 사건들을 깊이 있게 분석할 수 있었다. 그녀는 혁명을 상징하는 것으로 노동계급의 파업과 행동에 대해, 국제주의와 전쟁 반대 운동의 필요성에 대해, 승리와 패배를 인간 주체와 역사 사이의 변증법적인 필연성으로 바라봐야 한다는 것에 대해, 그리고 해방이 혁명 과정 전체와 어떻게 불가분의 관계로 얽혀 있는지에 대해 글을 썼다. 활기차게 미래를 전망하며 그녀는 이렇게 썼다.

> 1906년은 전적인 헌신을 요구하는 동시에 많은 희생자를 양산할 폭풍과 전투가 모자라지 않을 것이다. 우리는 독일 사회민주당이 이런 투쟁의 선봉에서 세계사적 의무를 수행할 방법을 알게 될 것이라는 희망에 의지할 수밖에 없다. 그러므로 나는 말한다. **일하자, 새로운 전투를 향해 나아가자!**[70]

1905년 12월 28일 아침, 로자 룩셈부르크는 안나 마츠케

(Anna Matschke)라는 가명으로 위장한 채, 국경을 넘어 러시아 영토로 들어갔다.[71] 혁명의 마지막 단계를 관찰하고 현장에서 기사를 쓰기 위해서였다. 카우츠키와 몇 사람이 베를린의 프리드리히스트라세 역에서 그녀를 배웅했다.[72] 하지만 철도 파업 때문에 동프로이센을 경유해야 했고, 프로이센에서 처음으로 경험한 일은 맛있는 슈니첼 요리 뿐이었다. 거기서 그녀는 다른 기차로 갈아탔는데, 그 기차에 탑승한 유일한 여성이자 민간인이었다.[73] 로자는 생애 첫 번째 혁명을 목격하기 위해 러시아에 왔지만, 그것은 여행만큼이나 기대에 미치지 못하는 경험이었다.

그녀는 혁명의 절정기를 놓쳤고, 1905년 혁명은 승리하지 못했다. 하지만 그것은 매우 중요한 의미를 갖고 있었다. 로자는 「'백 개 민족들'의 문제」라는 글에서 현재 벌어지고 있는 프롤레타리아의 혁명적 봉기가 "차르 제국 치하의 민족들 간에 우정이 형성되는 첫 번째 막"이 될 것이라고 이야기했지만, 1905년 혁명은 첫 번째 막이라기보다는 최종 리허설에 더 가까웠다.[74]

모든 최종 리허설이 다 그런 것처럼, 이 역사의 리허설 무대에서도 강렬한 열기를 느낄 수 있었다. 그녀는 이제 진짜 공연의 막이 오르는 것을 준비하고 있었다. 「혁명의 모닥불 빛 속에서」라는 다른 글에서 로자는 가장 중요한 구호는 "준비되어 있는 것이 모든 것이다!"라고 주장했다.[75] 로자 룩셈부르크는 역사의 다음 장으로 나아갈 준비를 하고 있었다. 이는 1906년에 명확해 질 것이었다.

3. 최후의 독일 사회민주주의자

세기가 바뀔 무렵 베를린에 도착한 로자 룩셈부르크는, 동지인 클라라 체트킨과 함께 산책을 하다 이야기에 빠져, 독일 사회민주당 창립자 아우구스트 베벨의 집에서 열리는 만찬에 늦었던 일을 회상했다. 가는 길에 두 사람은 장난스럽게 자신들의 묘비명을 지어보았다. "여기 독일 사회민주주의 최후의 2인이 잠들다."

독일 사회민주주의 "최후의 2인" 중 한 명인 로자 룩셈부르크는, 1906년 러시아 혁명이 막바지에 이르렀을 때 바르샤바에서 다시 투옥되었다. 혁명 활동에 가담했다는 혐의였으며, 바로 위의 오빠인 요제프가 3,000루블을 보석금으로 내고 그녀를 석방시켜주었다.[1] 로자는 열악한 감방 환경에서 비롯된 스트레스와 단식 투쟁, 여타 감금 생활의 온갖 고통으로 인해 건강이 악화되고 극도로 쇠약해져 있었다.

1906년 8월, 그녀는 수감 생활의 여파에서 회복을 위해 핀란드의 쿠오칼라(Kuokkala)로 가서 1905년 혁명의 주역인 레닌과 트로츠키와 함께 지냈다. 그곳에서 그녀는 빠르게 심신의 안정을 되찾았다. 공동 감방에서는 글을 쓸 수 없었지만, 새롭게 얻은 토론과 사색의 자유 덕분에 그녀는 1905년 혁명의 경험과 교훈을 글로 남길 수 있었다. 특유의 날카로운 입담을 되찾은 그녀는 카우츠키에게 이렇게 편지를 썼다. "맹세코, 혁명은 위대하고 강력합니다. 사회민주당만 그것을 망쳐놓지 않는다면 말이죠."[2]

1905년 혁명은 로자 룩셈부르크에게 결정적인 사건이었다. 그녀는 함부르크 지방당의 요청을 받아 혁명에 대한 보고와 함께, 1905년 혁명에서 배운 교훈과 그 역사적 의미를 자신만의 독창적인 시각으로 담아낸 중요한 저작을 집필했다. 『대중파업, 정당, 노동조합』*은 독일 노동자들에게 1905~6년의 사건을 해석하고, 독일 계급투쟁의 미래를 전망하는 것을 목표로 한 책이었다.[3] 당시 독일의 노동조합 조합원 수는 약 150만 명으로, 이는 독일 노동계급의 10분의 1에 해당하는 규모였다.[4]

---

* 독일어 "Massenstreik"는 보통 대중파업으로 번역되지만, 그 기원과 맥락을 이해할 필요가 있다. 19세기 말~20세기 초 유럽 노동운동에서 총파업은 주로 아나키스트들이 주장하는 전략적 개념이었고, 이에 대해 엥겔스는 모든 노동자가 동시에 파업에 들어갈 수 있다면 차라리 혁명을 하는 게 낫다며 회의적인 입장을 취했다. 이를 계승한 제2인터내셔널의 마르크스주의자들 역시 총파업 개념에 부정적이었다. 때문에 다양한 사업장의 많은 노동자들이 참여하는 파업을 가리키는 말로 "Massenstreik"라는 용어가 등장했는데, 로자 룩셈부르크에게 이를 보다 느슨하고 유기적이며, 자발성이 강조된 대규모 파업으로 재정의했다. 여기서는 맥락에 따라 "mass strike"를 대규모 파업이라고 번역하기도 했다.

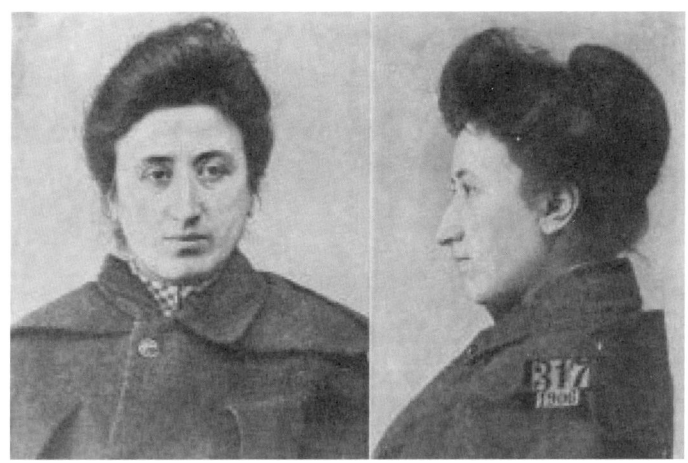

1905년 혁명 직후, 1906년 바르샤바에서 촬영된 로자의 머그샷. 그녀는 1904년 처음 투옥된 이후, 정부 정책에 반대했다는 이유로 여러 차례 투옥되었다. 아이러니하게도 그녀가 속한 독일 사민당은 그녀를 감옥에 가게 만든 정책들을 지지하는 경우가 많았다.

러시아에서 대규모 파업의 힘에 깊은 감명을 받은 로자의 글은, 대규모 파업 전술을 반대했던 독일 사회민주당 및 노동조합 지도부의 입장과 극명한 대비를 이루었다. 1905년 예나 당 대회는 대규모 파업을 공식적인 수단으로까지는 인정하지 않는 미온적인 결의안을 채택했고, 이후 열린 당 대회에서는 대규모 파업에 대한 이론적 논의조차 아예 금지되었다. 예나 결의안은 "정부가 참정권 요구를 거부할 경우에만 대규모 파업을 고려할 수 있다"는 입장이었지만, 1906년 말 결국 철회되었다.

이로써 예나 결의안은 완전히 사장되었고, 이는 로자 룩셈부르크가 대규모 파업을 혁명이론의 중심 개념으로 놓게 되는 정치적 배경이 되었다. 그녀가 『개량이냐 혁명이냐』에서 "시시포스의 노동"이라는 개념을 사용했을 때, 노동조합 지도자들은 강하게 반발했지만, 1908년 칼 카우츠키가 『권력으로 가는 길』에서 똑같은 개념을 사용했을 때는 찬사를 보냈다. 이는 한 저자의 주장이 어떻게 받아들여지는지가 그 내용이 아니라, 그 주장을 누가 했느냐에 달려 있음을 보여주는 대표적인 사례였다.

로자 룩셈부르크는 1905년 혁명에서 대규모 파업이 결정적인 역할을 한다는 것을 확인했다. 그녀의 핵심 주장은 대규모 파업이 위로부터 인위적으로 만들어진 것이 아니라, 프롤레타리아트가 계급의식을 만들어가는 과정이라는 점이었다. 메리-앨리스 워터스*가 이 저작을 소개하는 글에서 인용했듯이, 그것은 "프롤레타리아 투쟁의 효과를 높이기 위해 머리로 짜낸 교묘한 방법이 아니라, 프롤레타리아 대중이 스스로 만들어낸 운동 방식이며, 혁명 과정에서 나타난 프롤레타리아 투쟁의 현상 형태이다."[5]

룩셈부르크의 주장은 단순한 이념적 선언이 아니라, 그녀가 가장 강력한 적대자로 간주하게 된 독일 노동조합 지도자

---

* 메리-앨리스 워터스(Mary-Alice Waters, 1942-)는 미국의 트로츠키주의 계열 사회주의 활동가이자 언론인, 출판인이다. 많은 책을 저술했으며, "Rosa Luxemburg Speaks"라는 제목으로 로자 룩셈부르크의 글들을 묶은 선집을 편집했다.

들에 맞선 정치적 개입이었다. 그녀는 노동조합이 대규모 파업을 지지하지 않는 논거가 근본적으로 모순된다고 지적한다. 즉, 노동자들이 (준비와 자원의 측면에서) 대규모 파업을 감당할 만한 역사적 단계에 도달하지 못했다는 주장과, 노동자들에게는 애초에 파업이 필요 없다는 주장이 혼재되어 있다는 것이다.

결과적으로 룩셈부르크는 파업을 그 자체로 목적으로 삼는 아나키스트의 이론과 1905년 이전에 사회민주주의자들이 취했던 파업에 대한 보수적 해석 사이에 자신의 주장을 위치시킨다. 이론과 실천이 결합해야 한다는 그녀의 신념은 여기서 명확하게 드러난다. 파업은 역사적 변증법의 일부로서 혁명에 반드시 필요하다. 파업은 아나키스트들이 주장하듯 그 과정 외부에 존재하는, 그 자체로 목표인 것이 아니며, 오히려 사회민주주의 과정에 필수적인 것이다. 『대중파업, 정당, 노동조합』에서 룩셈부르크는 예나 대회를 둘러싼 정치적 논쟁과 각 정당의 움직임을 분석하며, 자신이 이론적 결론에 도달한 과정을 설명한다.

룩셈부르크는 다양한 유형의 파업, 특히 경제파업과 정치파업의 구분을 논의하고, 제2인터내셔널의 핵심 의제였던 하루 8시간 노동제 투쟁에 대해서도 이야기한다. 그리고 파업의 몇 가지 실제적 측면, 예컨대 파업의 연속성, 경제적·정치적 요인과 층위들의 결합, 파업과 혁명적 투쟁의 불가분성에 초점을 맞춘다. "모든 거대한 대중파업은 러시아 대중파업의 전체 역사를 작은 규모로 되풀이한다.(국역 192)" "경제투쟁은 하나의 정치적 초점과 다른 정치적 초점들 사이에 전달자 역할을 하고, 정치투쟁은 경제투쟁을 위한 토양을 주기적으로 비옥하게 한다."[6]

러시아에서 벌어진 사건들은 대규모 파업이 혁명과 분리될 수 없음을 보여주었다. 논증이 절정에 이르렀을 때, 룩셈부르크는 이렇게 말했다.

> 대중파업은 프롤레타리아트의 모든 위대한 혁명 투쟁의 초기에 자연스럽고 충동적으로 나타나는 투쟁형태이다. 자본과 노동이 대립이 격렬해질수록, 대규모 파업은 더욱 효과적이고 결정적인 것이 된다.[7]

룩셈부르크의 글은 혁명 과정이 노동계급의 의식 발전에 어떤 역할을 하는지에 대한 깊은 이해를 보여줄 뿐 아니라, 아래로부터, 즉 대중들로부터 시작하는 사회주의 개념 속에서 대규모 파업이 차지하는 중심적 역할을 조명하고 있다.

로자와 그녀의 동지들은 러시아 혁명이 부르주아 민주주의 혁명이라는 데 동의했다. 레닌은 1905년 혁명에 대한 어느 강연에서, 룩셈부르크와 아주 비슷하게 대규모 파업의 중심에서 경제파업과 정치파업의 결합을 강조해야 한다고 주장했다.[8] 레닌은 노동자들이 자기 힘을 과대평가하고 있다는 주장을 반박하며, 혁명의 성과는 그것이 노동계급뿐만 아니라 사회 전체에 이익을 가져올 때야 비로소 실제화 되는 것이라고 제기했다. 또한 레닌은 노동계급의 이해에 전적으로 부합하는 경제적 요구들과 정치적 요구들이 융합되면서 국가 질서의 붕괴를 일으켰다고 인식했다. 이와 달리, 로자에게 대중파업과 그것이 중심이 되는 혁명은 언제나 노동계급의 혁명적 행동 자체로 발생하는 것이다.

『대중파업, 정당, 노동조합』은 룩셈부르크의 국제주의적 관점, 그녀 특유의 이론과 역사 논의의 융합, 동시대 투쟁 속에서 마르크스 변증법을 적용하는 방식, 그리고 무엇보다도 혁명을 실천하는 데 평생을 헌신한 모습을 보여주는 훌륭한 예시이다. 박사 논문을 기초로 한 첫 번째 단독 저작 이래, 룩셈부르크가 참고한 모든 자료와 그녀의 저작에서 내린 결론들은 공통적으로 혁명은 단일 국가를 넘어선 국제적 활동 없이는 성공할 수 없다는 전제를 깔고 있었다. 사상가이자 활동가로서 성장해 나가면서, 그녀는 이러한 신념을 더욱 공고히 하고 확장해 나갔다. 1921년, 마르크스주의자 카를 라데크*는 1905년 러시아 혁명에 대한 룩셈부르크의 글이야말로 독일 공산주의 운동의

---

* 카를 라데크(Karl Radek, 1885~1939)는 폴란드 출신의 마르크스주의 혁명가이자 언론인이다. 로자 룩셈부르크와 함께 폴란드·리투아니아 사민당에서 활동했으며, 이후 독일 사민당과 스파르타쿠스 동맹에도 관여했다. 러시아 혁명 후에 소련 정권에 합류했지만, 1930년대 스탈린 체제에서 숙청당했다.

로자 룩셈부르크가 노동조합학교에 있을 때의 모습(1911년). 그녀는 뒤 쪽에 보인다. 로자 룩셈부르크는 예리한 지성을 지닌 사랑 받는 교사였으며, 이 때가 생애에서 가장 생산적인 시기 중 하나였다.

출발점이 된 문서라고 평가했다.[9]

러시아 혁명의 독특한 점은 절대주의 국가를 타도하는 운동이 노동계급 운동의 성장과 동시에 이루어졌다는 점이었다. 실천 속에서 민주주의와 정치 교육에 대한 강조는 이미 길어진 로자의 역할 목록에 새로운 시도를 추가하게 만들었다. 그녀는 베를린에 신설된 노동조합학교에 강사직을 제안 받고, 처음에는 별로 흥미를 느끼지 못했다. "전반적으로 학교에 큰 관심은 없어. 나는 교사 체질은 아닌 것 같아."[10] 그러나 정기적인 수입이 보장되었기 때문에, 결국 이를 받아들일 수밖에 없었다.

이 일은 로자의 지적 발전뿐만 아니라 사회적, 정치적 삶에도 중요한 역할을 했다. 그녀는 (학교 설립 1년 후인) 1907년부터 1914년까지 가르쳤으며, 강사진 가운데 유일한 여성이었다. 그녀의 업무량은 상당했다. 그녀는 매주 5일, 하루 2시간씩 강의했으며, 그 외에도 많은 시간을 들여 학생들을 도왔다.[11] 더욱이, 로자는 가르치는 과정에서 자신의 생각을 더욱 명확히 정리할 수 있음을 깨닫게 되었다. 그녀는 독일 사민당 학교에서도 역사, 경제학, 사회이론을 강의했는데, 이 학교는 노동계급을 대상으로 한 교육 기관으로, 점점 커져 가는 당의 영향력을 보여주는 사례이기도 했다.

어려운 경제 및 정치이론과 복잡한 사안들에 대한 그녀의 설명은 셰익스피어와 도스토옙스키부터 물리학에 이르는 다양한 문학적·문화적 예시들을 활용하며 이루어졌고, 이는 그녀의 지적 창조성을 잘 보여주었다. 학교에서의 일은 그녀가 평생토록 해온 활동의 맥락 속에서 구현되었다. "대중에게 부족한 것은 바로 전반적인 계몽, 즉 냉혹한 현실을 체계화하여 우리의 적들에 맞설 치명적인 무기로 벼릴 기회를 주는 이론"이다.[12] 로자는 자신의 교육 철학을 이렇게 요약했다.

> 우리는 학생들에게 … 계속 배워야 하고, 평생 배우게 될 것이라는 것을 분명히 하려고 했습니다. … 대중에게 부족한 것은 바로 전반적인 계몽, 즉 냉혹한 현실을 체계화하여 우

리의 적들에 맞설 치명적인 무기로 벼릴 기회를 주는 이론입
니다.13

로자 룩셈부르크의 제자였던 로지 볼프슈타인은 언젠가 이
렇게 회고했다.

> 어떻게 그녀는 우리가 사회민주주의 문제들에 대해 비판적
> 으로 성찰하고 독립적으로 탐구하게 만들었는가? 질문을 통
> 해서였다! "그녀는 우리 지식의 벽을 톡톡 두드리면서, 우리
> 스스로 어디서 어떻게 텅 빈 소리가 울리는지 들을 수 있게
> 했다. 그녀는 논증을 검토하며 우리 스스로 타당성을 확인하
> 게 했다. 그리고 우리가 오류를 주저하지 않고 인정할 수 있
> 게 격려했으며, 그렇게 해서 빈틈없는 해답에 이르도록 이끌
> 어 주었다.14

볼프슈타인이 가장 중요하게 기억하는 것은 "그녀를 그토
록 위대한 연설가로 만들고, 누구나 이 여인의 박학다식함에
놀라 전율하게 했던" 탁월한 언변이 아니라, "핵심을 끄집어내
는" 그녀의 분석적인 명료함이었다.15

학교에서의 강의와 토론을 바탕으로 로자는 책을 쓰기로
결심했고, 이는 결국 『정치경제학 입문』이라는 저작으로 이어
졌다. 로자는 1907년 말부터 책을 위한 연구를 시작했으며,
1908년 여름 무렵에는 이미 인쇄를 위한 원고를 준비하고 있

었다.[16]

클라라 체트킨에게 보낸 편지에서 로자는 『정치경제학 입문』이 "당신이 생각한 것 같은 경제사가 아니라, 정치경제, 즉 자본주의 생산양식에 대한 간략한 분석"이라고 말했다.[17] 이 책은 룩셈부르크가 교사로 일하던 시기에 쓴 다른 글들과 함께, 그녀의 폭넓고 깊은 지식과 명료한 분석을 잘 보여준다. 또한 마르크스주의 전통 안에서 작업하면서도, 자신의 독자적인 목소리를 단호히 내세우는 정신적 독립성을 명확히 드러낸다.

로자는 개념을 추상적으로 다루기보다는, 상품 형태와 가치 생산을 통해 자본주의 생산 과정이 형성되는 데 기여한 요소들을 논의하는 엄밀하게 역사적인 접근 방식을 취한다. 하지만 그녀의 목표는 단순히 자본주의의 역사를 서술하는 것이 아니라, 역사적 접근 방식을 통해 마르크스의 자본 개념의 핵심 범주들을 탐구하는 것이었다. 교사 로자는 이런 명석함과 독창성을 교실에 불어넣었다. 다른 곳에서 그녀는 이렇게 썼다.

> 한마디로 나는 하이네*가 말했듯 '위대한 무언가를 말해야 할' 필요를 느끼고 있어 … 내 안에서 기존의 공식과 틀을 버리고, 깨뜨리는 완전히 새롭고 독창적인 형태가 자라나고 있는 게 느껴져. … 나는 그것이 실제로 존재하며, 언젠가 태어

---

* 로자 룩셈부르크의 취리히 대학 동창인 브와디스라프 하이네(Władysław Heine)를 가리킨다.

날 것이라고 절대적으로 확신해.[18]

로자 룩셈부르크는 당대 사람들의 기준에 맞추거나, 마르크스의 사상에 충실해야 한다는 제약을 일관되게 거부했다. 그녀의 사유는 형식과 내용 모두에서 독창적이었다. 이 책의 논지는 시종일관 명확하게 펼쳐지며, "정치경제학이란 무엇인가?" "이 개념적 영역 자체는 어떤 의미를 지니는가?" 같은 근본적인 질문들을 통해 학생들이 그녀와 함께 나아갈 수 있도록 한다.

로자는 정치경제학이 "기묘한 학문"이며, "이 학문의 대상"을 명확히 구획 짓기가 어렵다고 주장하며 책을 시작한다.[19] 이어서 이어 '국민경제' 개념에 대한 "전문가"들의 논의가 얼마나 시야가 좁고 개념적으로 혼란스러운지를 보여준다. 그녀는 책 전반에 걸쳐 '국민경제'라는 용어가 '정치경제'와 혼용되지만, 두 용어 모두 명확히 정의되지 않는다는 점을 지적한다.

"국민경제학이라는 것을 무엇이라고 이해하게 되는가? 바로 국민경제에 대한 학설이라고 이해하게 된다. 뿔테 안경이란 무엇인가? 뿔로 된 테에 둘러싸인 안경이다."[20] 로자의 날카로운 분석, 권위를 거부하는 태도, 재치 있는 유머를 고려하면, 그녀의 학생들은 때로 의견이 달랐을지라도 결코 지루해하지 않고 수업을 따라갔으리라 짐작할 수 있다.

룩셈부르크는 자신이 비판하는 분석틀이 근본적으로 결함

을 가지고 있으며 순환 논증에 빠져 있음을 드러내는 개념적 편향에 대해 논의한다. 로자는 자본주의 내부의 위기가 자본주의의 국제적 팽창을 추동한다는 점, 그 속에서 자본주의는 새로운 위기를 만들어내면서 환멸과 각성의 가능성도 형성한다는 점을 이해하는 데 집중했다.

자본주의는 역사적 현상일 뿐, 영원히 지속될 필연적인 체제는 아니다. 로자는 독자들이 사회 변혁의 주체임을 깨닫고, 자본주의에 개입하여 그것을 해체하기 위해 무엇을 할 수 있는지를 이해하도록 했다.

> 자본주의 생산양식의 성립, 발전, 확산의 법칙을 밝히는 것이 정치경제학의 과제이며 대상이라면, 그로부터 나오는 부정할 수 없는 결론이란 정치경제학은 더 나아가 자본주의 쇠퇴의 법칙, 곧 자본주의가 이전의 경제형태들과 마찬가지로 영원히 지속되는 것이 아니라 하나의 일시적인 역사 단계일 뿐이며 사회발전의 끝없는 사다리의 하나의 가로장일 뿐이라는 법칙 또한 폭로해야 한다는 것이다. 자본주의 대두에 대한 학설은 이처럼 논리적으로 자본주의 몰락의 학설로 전환된다.[21]

로자는 계속해서 이렇게 말했다. "정치경제학의 위대한 창시자들은 모든 것이 상품이며 모든 것이 거래를 위해 생산되는 오늘날의 자본주의 사회질서가 인류가 지구에 사는 한 지속되는 유일하게 가능하고 영원한 사회질서라는 확고한 생각을 지닌 채 살았다."[22] 룩셈부르크에게 주된 관심은 글쓰기를 통해 자본주의를 해체하는 것이었다.

이 책의 가장 중요한 기여는 국민경제라는 개념을 어떤 형태로든 확고히 기각했다는 점이다. 룩셈부르크는 부르주아 경제학자들의 비마르크스주의적 정치경제학 해석에서도 "국민경제", 즉 국가 안에 한정될 수 있는 경제라는 개념을 전제하고 있음을 논증을 통해 입증해 보였다.

룩셈부르크는 이러한 생각을 단호하게 거부했다. "물론 한 가지는 분명하다. 앞에서 인용한 부르주아 전문가들의 모든 정의가 언제나 '국민경제'에 대해 이야기하고 있다는 점이 그것이다."[23] 로자 룩셈부르크는 그 입장에 강력히 반대했다.

그 대신 룩셈부르크는 세계경제에서 상품, 노동, 생산의 상호의존성을 보여주었다.[24] 그녀는 명확하게 주장했다.

> 이렇게 상호 교환이 엄청나게 발전했는데 어떻게 어떤 국민의 "경제"와 다른 국민의 경제 사이에 경계를 그을 수 있으며, 또한 수많은 "국민경제"가 경제적으로 완전히 개별적으로 고려되는 영역이라고 말할 수 있는가?[25]

왜냐하면 사회주의는 결코 일국에서만 존재할 수 없기 때문이다. 어떤 정치경제도 고립된 상태로 존재할 수 없다. 더욱이 이 개념적 문제는 정치적인 무게를 지닌다. 논의는 매우 빠르게 '국민'이라는 용어가 제국주의와 식민주의와 자주 결부되어 사용된다는 점을 보여준다. 하지만 로자의 논의는 다음 단계로 넘어간다.

> 자본주의적 생산은 각각의 유럽 공업국 내부에서는 소규모 영업, 수공업, 소규모 농업 따위를 멈추지 않고 몰아낸다. 이와 동시에 자본주의적 생산은 낙후한 유럽 나라들과 아메리카, 아시아, 아프리카, 오스트레일리아에 있는 모든 나라를 세계경제로 끌어들인다. 이는 세계무역과 식민지 정복이라는 두 가지 방식으로 진행된다.[26]

가부장적 자본주의는 무정부적이고 국제적이다. 따라서 그것을 근본적으로 비판하려면 그 비판 또한 무정부적이고 국제적이어야 한다. "국민경제" 개념에 대해 글을 쓰는 것은 아무 소용없는 일이다. 그러므로 로자 당대의 이론에서 정치경제가 국민경제와 혼용되었음을 고려할 때, 정치경제학이 그 자체로 여전히 분석적·개념적 힘을 발휘한다고 전제하기는 어려울 것이다.

『정치경제학 입문』은 지금에 와서는 별로 읽혀지지 않는, 소홀히 다루어지는 저작이다. 하지만 이 책은 두 가지 중요한 논리적 결함을 보여준다. 첫째, 사유 재산의 창출에 관련한 순환 논증은 논의의 명확성을 떨어뜨린다. 로자의 역사적 논의 속에서 무엇이 선행하는지, 즉 사유 재산이 일반화된 상품 교환의 결과로 발생하는지, 아니면 그 반대인지가 불분명하다. 둘째, 이 책 전반에 나타나는 결함은 룩셈부르크가 자본주의를 무정부적인 것으로, 사회주의를 국가조직으로 보는 관점 사이에서 해결할 수 없는 긴장을 야기하고 있다는 것이다.

로자는 노동조합학교에서 교사로 일한 기간에 인생에서 가장 중요한 친구 하나를 얻게 되었다. 이 네 발 달린 친구는 앞으로 로자의 모든 굴곡진 길을 함께 갈 존재가 되었다. 미미는 어느 날 수업이 끝난 후 로자가 발견한 상처 입은 작은 새끼고양이로, 그 이름은 오페라를 사랑하는 로자가 푸치니의 《라 보엠》 속 여주인공을 따서 붙였음이 분명하다. 로자와 미미의 관계는 그녀의 모순을 잘 보여준다.

로자는 어릴 적부터 동물을 사랑했지만, 룩셈부르크 집안에서 키웠던 몇몇 반려동물들은 미미만큼 오랫동안 사랑받지 못했다. 로자는 아파트에서 토끼를 키운 적이 있었는데, 새 입주민을 그다지 반기지 않는 이웃들이 별로 좋아하지 않았다. 로자는 치과에 갈 때마다 보게 되는 염소에게 비싼 흰 빵을 주곤 했다.[27] 하지만 미미의 위상은 차원이 달랐다.

미미는 곧 로자의 "폴란드 경제"에서 가장 중요한 존재가

로자 룩셈부르크가 사랑하는 고양이 미미를 안고 걷고 있다. 함께 걷는 사람은 체코의 사회주의자 안토닌 녜메츠(Antonín Němec, 1858~1926)이다.

되었다. 로자의 친구 마틸데 야콥은 로자가 자신을 초대하며 이렇게 말했다고 회상했다. "언제 한 번 우리 집에 꼭 와야 해. 무엇보다 미미 때문에, 둘째는 내 그림을 보러, 셋째로는 나를 즐겁게 해줘야 하니까."[28] 이후로 미미는 언제나 로자의 든든한 말벗이 되었고, 로자는 이 고양이 친구에게 변함없는 사랑과 헌신을 쏟았다.

1906년 이후 몇 년간, 로자의 삶에는 많은 혁명과 격변이 찾아왔다. 첫사랑이자 동지였던 레오 요기헤스 이후, 또 다른 남자가 그녀의 삶에 들어왔다. 그녀보다 열네 살 연하인 콘스탄틴 '코스챠'* 체트킨은 로자의 가장 가까운 여성 친구이자 동지인 클라라 체트킨의 아들이었으며, 로자의 연인이자 신뢰하는 조언자가 되었다.

이 관계는 처음부터 레오와는 전혀 다른 방식으로 전개되었다. 서른다섯 살의 로자는 확신에 차 있었고, 자신감 넘치며, 국제적으로 인정받는 인물이었다. 코스챠는 경제학자와 사상가로서 그녀의 조언과 지도를 받았으며, 로자의 추천으로 노동조합학교의 상근자로 일하게 되었다. 로자가 새로운 연애는 첫 번째 연인의 격렬한 분노를 불러일으켰다.

레오는 나를 가게 하지 않을 것이고, 차라리 나를 죽이겠다

---

* 한국에 나온 번역서들 대부분은 "Kostja"를 코스티아로 표기하고 있으나, 실제 독일 사람들은 코스챠로 발음한다.

고 선언했어. 나보고 병원에 들어가게 되더라도 여기 있으라는 거야 … 우리는 (버스에서 내려서) 곧장 내 오빠가 나랑 저녁을 먹으려고 기다리고 있는 우아한 레스토랑으로 갔어. 발코니에서는 멋진 오케스트라가 《카르멘》의 마지막 장면에 나오는 음악을 연주하고 있었지. 음악이 연주되는 동안, 레오는 내게 조그맣게 속삭였어. "차라리 널 죽이고 말거야."[29]

둘이 같이 살지 않게 된 후에도 (그것은 레오의 결정이었다), 레오는 자기가 가진 아파트 열쇠를 돌려주지 않았다. 그래서 로자는 호신용으로 총을 구입했다.[30] 오페라의 주인공 카르멘은 돈 호세에게 "지금 당장 나를 죽이시오. 아니라면 가게 해주오"라고 호소하지만, 로자는 카르멘이 아니었다.

그녀는 자유가 자신에게 가장 소중한 가치라는 것을 누구보다 잘 알고 있었다. 심리적, 감정적, 신체적 학대는 그녀에게 흉터를 남겼다. "나는 여기서 그에게 도망칠 수도 없을뿐더러, 내 안의 모든 것이 노예처럼 몰래 도망가는 것에 대해서는 반발하고 있어."[31]

로자에게 자유는 삶의 동기였고, 이는 행동으로 명확히 표현되었다. 하지만 여성의 정신에 깊이 새겨진 상흔들은 쉽게 지워지지 않는다. 레오는 그녀에게 반복해서 폭력을 행사했다. 그는 로자의 주변을 단속하고, 그녀를 위협했으며, 하녀에게서 로자의 집 열쇠를 빼앗고, 그녀를 스토킹했다.

독립적인 지성과 혁명에 기꺼이 한 몸 던질 각오가 되어 있는 강인한 성격의 소유자에게 친밀한 관계에서의 폭력은 아주 다른 어두운 감정을 불러일으켰다.

하지만 레오의 위협에도 불구하고, 그리고 두 사람이 함께 일하는 많은 사람들에게 관계를 숨겨야 했음에도 불구하고, 로자와 코스챠의 관계는 계속되었다. 코스챠는 꽃을 보내면, 로자는 오페라에 대한 이야기로 답을 했다.

편지 속에서 고양이 미미는 로자가 결코 가져 본 적 없는 아이의 역할을 했다. 로자는 편지에 "R과 M(로자와 미미)"이라고 서명하는 경우가 많았고, 고양이의 행실과 재밌는 행동을 자주 묘사했다. "미미는 냥아치야. 나한테 펄쩍 날아올라 날 물려고 했어. 키스를 보낼게. 미미도."[32]

로자는 코스챠와 함께 스위스로 등산여행을 가고 싶다는 소망을 얘기했고, 글쓰기에 관해 조언했으며, 둘 다 활동하고 있는 단체들에 대해 논평하기도 했다. 하지만 두 사람의 편지는 그녀가 레오와 나눈 편지에서 나타나는 성적인 동시에 정서적인 강렬함이 부족하다.

로자는 감정의 폭이 넓은 사람이었지만, 그녀의 글에는 늘 생동감과 재치가 담겨 있다. "자기야, 위험한 짓은 절대 하지 마! 내가 절벽 위를 계속 왔다 갔다 하고 있다는 걸 당신이 알게 된다면 (어떤 기분일지) 잘 생각해 봐."[33]

로자 자신이야말로 삶의 모든 영역에서 늘 백척간두에 서 있었다. 그러나 그녀의 회복력은 비범했다. "나는 앞으로 기쁨과 사랑으로 일할 것이며, 삶을 더 엄격하고, 명확하고, 순수하게 만들기로 결심했어. 삶에 대한 이런 생각은 당신과 사귀면서 성숙해졌으니, 당신에게도 전해 주는 게 적절할 거야."[34]

"사랑은 길들지 않는 새(L'amour est un oiseau rebelle)*라고 카르멘은 노래한다. 사랑과 섹스와 행복은 결코 단순하지 않으며, 결코 통제할 수 없는 것들이다. 마르크스 이후 가장 뛰어난 지성으로 불린 로자 룩셈부르크에게도 그것은 마찬가지였다.

로자의 다채로운 정신과 미술에 대한 평생의 열정은 소묘와 회화를 독학하며 새로운 표현방식을 찾았다. 이 시기에 그녀는 점점 더 진지하게 미술에 몰두했고, 친구들과 대화 상대들에게 자신이 그린 스케치와 그림을 자랑스럽게 보여주었다.

그녀는 코스챠를 모델로 많은 스케치를 그렸으며, 풍경화는 물론 몇 점의 자화상과 기차에서 일하는 노동자들의 모습을 그리기도 했다. 로자의 인생에서 단순히 취미로 그친 분야는 존재하지 않았다. 그녀는 다른 모든 관심 분야와 마찬가지로 그림에 대해서도 똑같은 열정과 헌신을 쏟아 부었다.

봄의 런던은 그 나름의 특별한 매력을 지니고 있지만, 로자는 그다지 감흥을 느끼지 않았던 듯하다. 그녀는 1907년 초,

---

*《카르멘》의 유명한 아리아 "하바네라"(Habanera)의 첫소절 가사이다.

로자 룩셈부르크와 콘스탄틴(코스챠) 체트킨이 룩셈부르크가 그린 초상화를 들고 있는 모습(1907년). 로자는 재능 있는 아마추어 화가였으며, 자신의 그림을 가까운 친구들과 동지들에게 나눠주곤 했다.

러시아 사회민주노동당 제5차 대회에 참석하기 위해 런던을 찾았다. 1905년 러시아 혁명의 주역들과 그 결과를 논의하고, 앞으로의 전략을 모색하는 자리였다.

로자는 골드허스트 테라스 66번지의 아름다운 빅토리아풍 주택에 머물렀지만, 도시의 소음과 번잡함에 대해 불평했다. 하지만 비와 음울한 날씨, 그리고 막 움트기 시작한 봄의 기운은 피기 전에 싹이 잘려버린 혁명을 논의하기에 어쩌면 더없이 적절한 배경이었을지도 모른다.[35]

부르주아 민주주의 혁명에서 프롤레타리아트의 과제에 대한 논의는 멘셰비키와 볼셰비키 간의 분열을 더욱 선명하게 드러냈다. 주요 쟁점은 차르에 맞서 무장 봉기를 시작할 것인지, 그리고 노동조합을 어떻게 다룰 것인지였다.

멘셰비키는 노동자 대회를 통해 점진적인 변화를 추구하여 러시아 사회민주노동당을 서구식 사회민주당으로 전환해야 한다고 주장했지만, 볼셰비키는 보다 혁명적인 노선을 견지했다. 레닌은 이에 대해 "우리의 오래된 논쟁들, 이론적 차이들, 특히 전술적 차이들은 혁명의 과정 속에서 끊임없이 가장 철저한 실천적 차이로 전환되고 있"다고 연설했다.*

여기서도 로자는 혁명적인 입장의 편에 선 것으로 기록되었다. 대회에 참석한 젊은 대표자 이오시프 스탈린은 이렇게 전했다.

> 특히 인상적이었던 것은 로자 룩셈부르크 동지의 연설이었다. 그녀는 독일 사회민주당을 대표하여 대회에 축사를 전하고, 우리의 의견 차이에 대한 독일 동지들의 견해를 설명했다.[36]

로자는 이 논쟁에서 볼셰비키를 지지했다. 그러나 파업에

---

* 레닌, 러시아 사회민주노동당 5차 당대회(런던, 4월 30일~5월 19일) 중앙위원회 활동 보고에 대한 연설(5월 4일), https://www.marxists.org

대한 논의 이후 룩셈부르크와 볼셰비키의 차이는 명확해져 있었다.*

로자와 레닌은 때로 격렬히 대립하기도 했지만, 1911년 코스챠 체트킨에게 보낸 편지에서 드러나듯이 따뜻한 관계를 유지했다.

> 미미는 계속해서 '크릉' 하고 울고 있어! 미미는 레닌에게 큰 감명을 주었어. 레닌은 이런 멋진 존재는 시베리아에서만 본 적이 있다면서, 미미가 "바르스키 코트(귀족 고양이)"라고 말했어. 미미는 레닌에게 추파를 던지며, 몸을 뒤집고 유혹하는 행동을 했지만, 막상 그가 다가가자 발로 찰싹 때리며 호랑이처럼 으르렁거리는 거야.37

여성 친구들과 여성 동지들과의 관계는 로자에게 평생 정서적인 버팀목이자 정치적인 자양분이 되었으며 개인적으로도 격려가 되었다. 물론 모든 문제에 대해 의견이 다 일치하진 않았고, 까다로운 성격 탓에 자주 싸우거나 말다툼을 하긴 했지만, 마음은 너그러웠고 다정했기 때문에 소중한 사람들과는 결국 화해하고 관계를 회복할 수 있었다.

클라라 체트킨, 루이제 카우츠키, 조피 리프크네히트, 마틸

---

* 대중파업을 노동자 대중의 아래로부터 자발적인 행동으로 보는 로자 룩셈부르크와 혁명정당의 의식적 지도를 강조하는 레닌과 볼셰비키의 관점 차이를 지적하는 것으로 보인다.

국제사회주의국 단체 사진(1907년 슈투트가르트). 룩셈부르크가 앞열에, 레닌은 맨 뒷열에 보인다. 많은 입장 차이에도 불구하고 두 사람은 서로를 존중했다.

데 야콥은 로자 룩셈부르크의 삶을 함께 한 그런 여성들 가운데 일부에 지나지 않는다. 로자의 내면을 이해하는 데 그녀들과의 관계는 연인이나 동지들과의 관계만큼이나 중요했다. 야콥은 로자에게 깊이 헌신하며, 그녀의 든든한 오른 팔이 되어주었다. 로자에 관한 많은 자료들과 기억들이 친구의 유산을 보존하려는 야콥의 노력과 기록 작업 덕분에 남아있지만, 정작 야콥 자신은 역사에서 잊혀졌다.

체트킨은 특히 선구적인 사회주의 페미니스트로 기억될 것이다. 엘리노어 마르크스가 영어로 번역한 1889년 파리 인터내셔널 대회에서 체트킨의 연설은 사회주의 내 여성 문제를 둘러싼 논쟁의 틀을 마련했다. 1910년 체트킨은 사회주의 여성

로자 룩셈부르크와 클라라 체트킨(1910년). 같은 해, 체트킨과 루이제 치츠는 국제 여성의 날을 창립했다. 로자는 여성 동지들과 긴밀히 협력했으며, 그녀의 여성관에 대한 논의는 공식 정치와 개인적 관계의 경계를 언제나 흐릿하게 만들었던 이런 협력의 맥락 속에서 읽혀야 한다.

회의에서 '국제 여성의 날'을 제정하자는 루이제 치츠의 제안을 지지했다. 1910년의 한 사진에서는 클라라와 로자가 함께 걷고 있는 모습이 담겨 있는데, 여기서 로자는 평소와 달리 화려한 체크무늬 치마에 우아한 모자를 쓰고 있다.

반면, 루이제 카우츠키는 로자의 장난기 많고 삶을 즐기는 면모를 끌어냈을지도 모른다. "내가 당신을 사랑하는 이유가 바로 이거예요. 당신과 같이 있으면 언제든 한 잔 한 것 같은 기분이 되는 덕분에, 손이 짜릿할 정도로 들떠서 어떤 바보짓도 할 수 있기 때문이죠."[38]

이런 관계들 속에서 친밀한 로자, 충실하고 사랑스러운 친구의 모습이 드러난다. 로자는 여러 가지 이유로 성차별의 대상이 되는 세상에서, 여성 동지들이 운동에서 든든한 버팀목이 될 수 있음을 점점 더 깨닫고 있었다.

삶은 갈수록 혼란스러워졌지만 그래도 그녀는 될 수 있는 한 가족과 인연을 유지하려 애썼다. 특히 재능 있는 음악가인 조카 안니는 고모와 예술에 대한 취향을 공유하며, 자주 로자의 집에 찾아왔다. 안니는 로자와 함께 연주회와 연극을 보러 다녔고, 로자가 동지들을 데려갈 수 있도록 저렴한 티켓을 구해주기도 했다.

로자 룩셈부르크는 당대 사회주의 논쟁에서 중요한 위치를 차지했고, 동지애와 토론뿐만 아니라 적대와 증오도 불러일으켰다. 그녀는 기본적으로 나이 든 남성들로 구성된 독일 사

1907년 제2인터내셔널 슈투트가르트 대회에서 로자 룩셈부르크가 대회장 밖에 운집한 군중에게 연설하고 있다.

민당의 핵심부에는 결코 끼지 못했다.[39] 오스트리아의 사회주의자이자 노동운동 지도자 빅토르 아들러는 독일 사민당 의장 아우구스트 베벨에게 이렇게 썼다. "저 독한 년은 앞으로도 많은 해를 끼칠 거요. 게다가 겁나게 똑똑하기(blitzgescheit) 때문에 더더욱 그럴 겁니다. 반면에 책임감이라고는 눈곱만치도 없고, 동기라고는 자기를 정당화하는 거의 강박적인 욕망뿐이에요."[40]

그녀의 전투적인 태도는 동지들을 당황하게 만들었으며, 이는 그녀가 수정주의 논쟁에 개입했을 때 노동조합 지도자들의 반응에서도 확인할 수 있다. "숙녀에게 항상 정중해야 하지만, 로자 룩셈부르크 동지는 정치 문제에서 결코 벨벳 장갑을 요구하지 않을 것이다."[41]

로자가 이데올로기적인 정직성을 고집한 것은 성차별에 맞서는 그녀 나름의 방식이기도 했다. 심지어 그녀가 죽은 뒤, 독일 공산당 내에서조차 그녀는 "코민테른의 매독"이라는 비난을 당했다.[42] 동료 사회주의자 로자 레비네-마이어는 남편인 오이겐 레비네가 거리에서 로자 룩셈부르크를 보고 했던 말을 회상한다. "저기 정말 비상한 머리를 가진 여자가 가고 있네. 나는 저 여자가 **무서워**."[43]

로자는 평생 다리를 절며 걸었던 장애인 여성이었다. 그녀는 젠더와 억압의 다차원적인 본질에 대해 인식하고 있었으며, 부르주아 페미니스트들과는 달리 젠더의 관점으로만 세상을 보지 않았다. 이는 아마 그녀가 스스로 억압을 다층적으로 경험했다는 사실과 관련이 있을 것이다.

그녀의 저작에서 장애에 관한 내용은 아주 드물게 나타나지만, 자본주의로 인해 불공정하게 피해를 입는 모든 이들에게 항상 세심한 관심을 기울였다. 동시에, 그녀는 한 가지 정체성으로 단순하게 규정되는 것을 늘 거부했다.

로자가 유대인이라는 사실은 1910년의 한 편지에서 밝힌 것처럼 자신과 주변에 대한 공격의 빌미가 되었다.

부르주아 언론 전체가 우리를 상대로 모든 수단을 동원하고 있어. 그 과정에서 — 이게 제일 주목해야 할 부분인데 — 우리를 향한 공격은 무엇보다 이른바 진보적인 언론에서 나왔다는 거야 … 그리고 중요한 점은 이 〈자유사상〉이라는 간행물이 뜬금없이 '유대인은 물러가라'는 구호로 우리를 공격하기 시작했다는 거지 — 그러면서 자유주의적이고 진보적인 언론 전체가 반유대주의 광란에 빠져들었어. 사회주의자들은 '유대인'이고, 우리가 발행하는 〈뭐트(młot. 망치)〉는 '유대인 조직'의 기관지이며, 우리 모두는 '유대인 세력'의 첩자라는 거야. 진보 언론은 인신공격과 혐오 기사로 넘쳐났어.[44]

로자는 성차별과 반유대주의 양쪽 모두로부터 공격 받았지만, 그녀는 결코 자신이 가진 가장 예리한 무기인 '지성'으로 싸우는 것을 포기하지 않았다. 억압의 복잡성을 인식하는 것이 결코 그녀의 실천 능력을 줄이지는 않았다. 오히려 그런 인식이야 말로 그녀의 생각과 실천을 이끌었으며, 억압의 복잡성은 그녀가 하는 작업의 초점에 근간을 이루고 있었다. 특히 생애의 이 시기에 그것은 더욱 명확해졌고, 그녀는 억압의 어떤 층위도 간과하지 않았다.

1912년, 로자는 독일 사민당을 중심으로 조직 활동을 했고, 이론적 작업과 선동 활동은 주로 이곳에서 이루어졌다. 로자는 여성 참정권 문제에 대해 의견을 제시했다. 그녀의 주장은 날카롭고 시의적절했으며, 그녀의 다른 저작들처럼 보편적 투표권을 확고하게 지지했다.

> 자본주의 국가는 여성이 정치 활동의 이 모든 의무와 노력에 참여하는 것을 막을 수 없었다. 실제로 국가는 여성들에게 결사와 집회의 권리를 허용함으로써 단계적으로 이러한 가능성을 부여하고 보장할 수밖에 없었다. 여성에게 거부된 마지막 정치적 권리는 투표권뿐이다. 즉, 입법과 행정에서 인민의 대표자를 직접 결정하고, 이들 기관의 선출된 구성원이 될 권리 말이다.[45]

여기서 그녀는 당국이 변화가 "시작되기도" 전에 막으려 하고 있다고 지적한다. 그럼에도 불구하고 "현 국가는 대중 집회와 정치 결사에 프롤레타리아트 여성의 참여를 허용함으로써 그들에게 양보했다. 국가는 이를 자발적으로 허용한 것이 아니라, 떠오르는 노동계급의 압력을 억누를 수 없었기 때문에 어쩔 수 없이 허용한 것이다."[46] 일하는 여성들을 정치 활동의 소용돌이 속으로 끌어들인 것은 바로 프롤레타리아트의 계급투쟁이었다고 그녀는 주장한다.

> 프롤레타리아 여성들은 결사와 집회의 권리를 사용하여 의

회 활동과 선거 운동에 가장 적극적으로 참여했다. 이는 오늘날 수백만 명의 프롤레타리아 여성들이 당당하고 자신감 있게 **"우리에게 투표권을 달라!"**고 외치고 있는 운동의 불가피한 결론이자, 당연한 결과일 뿐이다.[47]

그녀는 여성 참정권이 목표라 할지라도, 이를 달성하기 위한 대중 운동은 여성만의 일이 아니며, 전체 노동계급, 즉 프롤레타리아트 남성과 여성 모두의 문제라고 주장했다. 언제나 혁명적 민주주의의 옹호자인 그녀는 교육에 중점을 두었고, 여성의 정치 참여를 쟁취하고 확대하며, 여성들, 그중에서도 특히 프롤레타리아 여성들의 목소리를 들릴 수 있도록 하는 데 주력했다.

로자는 중간계급 여성의 참정권을 옹호하는 부르주아 페미니스트가 아니었다. (그녀는 국가가 노동하는 여성들에게만은 절대 투표권을 주지 않으려 한다고 지적했다.)[48] 그러나 그녀에게 참정권은 더 넓은 문제, 그녀가 싸우고 있는 더 큰 억압 상태의 일부에 불과했다. 이 억압을 극복할 수 있는 수단은 교육과 운동에 참여하는 것이며, 진정한 변화를 이끌어 내려면 단지 표를 던지는 것보다 더 큰 노력이 필요할 것이다.

그녀의 주장에 따르면, 여성 프롤레타리아트야말로 보편적 투표권을 추진하고, 프롤레타리아 계급투쟁을 강화할 책임이 있는 주체이다. "부르주아 사회가 여성 참정권을 싫어하고 두려워하는 이유는 바로 이 때문이다. 우리가 그것을 원하고 반드시 이뤄야 하는 이유도 이 때문이다. 여성 참정권을 위해 투쟁하면서 우리는 또한 혁명적 프롤레타리아트의 망치가 현 사회를 무너뜨리는 순간이 더 빨리 오도록 노력할 것이다."[49]

클라라 체트킨과 사회주의 페미니즘의 개척자인 엘리노어 마르크스처럼, 로자는 여성 문제와 계급 문제를 결코 분리할 수 없었다. 그녀는 사회민주당의 모든 분야에서 일하는 여성의 역할이 커질수록, 가부장적 자본주의의 가장 깊은 곳에 뿌리내린 힘 있는 여성에 대한 두려움이 나타나는 것을 관찰했다.

카를 마르크스의 가장 중요한 저작인 『자본론』은 1867년에 출간되었다. 마르크스는 이 책에서 "현대 사회의 경제적 운동 법칙"을 밝히려 했다고 말했다.[50] 그의 목표는 역사적 변화의 일반적인 과정을 밝히고, 이를 다양한 역사 단계와 특정한 사회 유형들에 적용하는 것이었다. 인간은 특정 역사적 맥락의 산물로 존재한다. 인간은 노동하는 사회적 존재로서 노동을 통해 가치를 창출하고, 동료 인간과 연대하며 스스로를 표현한다.

마르크스의 주요 관심사는 자본주의였다. 이 체제는 그가 주로 저술 활동을 했던 빅토리아 시대 영국에서 전개되었으며, 마르크스의 해석에 따르면 인간 본연의 잠재력으로부터 인간을 소외시키는 체제였다. 마르크스는 자본을 과정으로, 가치의 운동으로 해석했다. 자본이라는 개념은 우리가 경제·사회 시스

템에서 화폐 순환을 교환 수단으로 사용하기로 한 선택과 분리해서 정의할 수 없다.[51]

노동가치론은 교환, 가격, 가치의 관계가 생산, 분배, 교환의 다양한 사회적 관계를 반영한다고 강조한다.[52] 노동자는 자신의 능력을 자본가에게 판매하고, 자본가는 이를 통해 특정 상품을 생산하는 노동으로 그 능력을 어떻게 활용할지 결정한다.[53] 노동자 자신과 그들의 노동 능력을 구분하기 위해 마르크스는 "노동력"이라는 개념을 사용했다.[54] 노동력은 노동하는 개인, 즉 인간 존재의 역량으로 존재한다.

1867년 8월 24일에 엥겔스에게 보낸 편지에서 마르크스는 이렇게 썼다: "나의 책에서 가장 훌륭한 것은 다음과 같네. (1) … 사용가치로 표현되는가 교환가치로 표현되는가에 따르는 노동의 이중성, (2) 잉여가치를 이윤, 이자, 지대 등등의 그 측수 형태들로부터 독립시켜 취급한 것."[55]

마르크스는 자본가뿐만 아니라 생산자들에게도 사회적 관계가 사람들 사이의 관계로만 나타나는 것이 아니라, 동시에 사물들 사이의 물질적 관계로 구성된다고 말한다. 이는 경험을 근거로 바로잡을 수 있는 현실에 대한 잘못된 인식이 아니라, 사회적 관계가 경제적 관계로 실현되는 상황을 어떻게 되돌릴 수 있을 것인가라는 중대한 질문을 제기한다. 마르크스의 저작에서 자본주의 사회와 비자본주의 사회의 충돌은 매우 중요한 주제다.

1912년, 룩셈부르크는 『폴란드의 산업 발전』과 『개량이냐 혁명이냐』에 이어 세 번째 저작인 『자본의 축적』(1913)을 통해 마르크스(특히 『자본론』 제2권)에 대한 가장 중요하고 포괄적인 응답을 제시했다. 이 책은 큰 논란을 일으켰고, 이에 대한 대답으로 1915년 『비판에 대한 반비판』*이 신속하게 출간되었다. 몇 년 후, 그녀는 한 편지에서 『자본의 축적』 집필 과정에 대해 이렇게 회상했다.

> 『자본의 축적』을 쓸 때가 내 인생에서 가장 행복한 시기 중에 하나였지. 나는 거의 황홀경에 빠져서, 너무나 만족스럽게 작업하고 있던 문제 외에는 아무것도 보이지도 들리지도 않았어. 막힌 문제랑 지적으로 씨름하다가 방안을 천천히 오가며 그것을 조금씩 풀어나가는 과정과 그리고 나서 그 결과를 글의 형태로 정리하는 것 중에서 어느 것이 더 즐거웠는지 잘 모르겠어. 내가 그 두꺼운 책을 다 쓰는 데 넉 달도 안 걸린 거 알아? 엄청난 업적이었지. 그리고는 원고를 다시 검토하지도 않고 바로 출판사에 넘겼어.[56]

이 책은 『정치경제학 입문』을 집필하고 있을 때 나타난 문제에서 발전했다. 여기서 그녀는 책의 거의 반을 비자본주의

---

* 『자본의 축적』의 한국어판(지식을만드는지식, 전2권)에 함께 수록되어 있다.

베를린의 집에서 책상에 앉아 있는 로자 룩셈부르크(1907년).

사회들에 할애했다. "정치경제학이란 무엇인가"라는 장에서 룩셈부르크는 비자본주의 세계로 자본주의 세계가 침투하는 문제를 다루었고, 『자본의 축적』은 이 문제에 정면으로 도전하는 책이었다.

룩셈부르크의 핵심 주장은 간명하지만 탁월하다. 자본가들이 자기들이 만든 상품을 자기들끼리 구매해서는 획득한 잉여가치를 더 많은 상품으로 교환할 수 없기 때문에, 자본주의는 그 경제 외부에서 수요를 유지해야 하며, 이를 위해 비자본주의 사회로 확장하여 그들 시장 외부에서 수요를 창출하려고 한다는 것이다.[57]

축적의 전제 조건이자 결과로서, 자본주의 생산은 점점 더 비자본주의 시장으로 확장된다. 로자의 국제주의는 이 책에서 명확히 드러나며, 그녀는 미국, 중국, 남아프리카공화국, 캐나다 등 다양한 사례를 분석한다.

마르크스를 따라, 룩셈부르크는 자신의 글을 통해 자본주의를 해체하기 위해 공황에 대한 분석에 초점을 맞추었고, 자본과 그 확장을 하나의 과정으로 해석하는 작업을 이어나갔다. 자본주의 재생산은 매우 독특한 양상을 보인다. 예컨대 다른 모든 경제 형태에서는 재생산이 외부의 폭력적인 개입이 없는 한 규칙적이고 끊임없이 진행된다.

반면에, 자본주의 재생산은 — 시스몽디의 잘 알려진 표현을 사용하면 — 단지 개별적인 나선형들의 끊임없는 행렬로 묘사된다. 이러한 나선형은 처음에는 작지만, 점점 커져서 최종적으로는 매우 거대해진다. 그런 후에 축소가 뒤따르며, 그리고 다음 나선형이, 동일한 모습의 운동을 완수하기 위해, 작은 굴곡에서 다시 시작한다.[58]

그녀는 나아가 "만약 자본주의 생산이 자신을 위한 한계가 없는 구매자라면, 즉 생산과 판매 시장이 동일하다면, 주기적 현상으로서의 공황은 전혀 설명되지 않는다"고 주장했다.[59] 마르크스는 (이름을 직접 언급하지는 않았지만) 맬서스의 발상을 차용하여, 자본가들이 잉여가치를 창출하기 위해 생산하는 잉여 상품에 대해 시장의 수요가 부족해지는 경향이 있다고 주장했다.

여기서 질문이 제기된다. 그럼 그 상품들을 구입할 수 있는 구매력은 누가 가지고 있는가? 이로 인해 경제 구조 내에서 비생산적인 소비계급이 존재할 수밖에 없다는 구조적 설명이 제시된다.[60] 룩셈부르크는 마르크스를 통해 맬서스의 주장을 이어 받아 제국주의에 대한 경제적 설명으로 발전시킨다. 즉, 제국주의가 자본주의 상품을 소비할 비자본주의 시장을 창출한다는 것이다.

룩셈부르크의 이론적 분석의 동기는 마르크스가 맬서스에게 이어 받은 난제를 해결하는 것인 동시에, 더 중요하게는 당대의 뜨거운 화두였던 제국주의 문제에 답하고자 하는 정치적인 이유에서였다.

> 제국주의는 자본의 존재를 연장하는 역사적 방식일 뿐 아니라, 자본주의라는 존재의 객관적 목적지에 가장 짧은 길로 도착하게 하는 가장 확실한 수단이기도 하다. 이러한 사실이 자본주의 최종점이 작은 일에 구애받지 않고 도달해야 한다는 것을 말하지는 않는다. 이러한 자본주의 발전의 최종 목적지로 향하는 경향은 자본주의의 최후 단계를 대재앙의 시기로 만들고 있는 형태에서 드러난다.[61]

그녀는 자본주의가 자신의 범위를 넘어 확장할 수밖에 없는 형세라고 결론짓는다. 따라서 자본주의는 확장을 보장하는 정치적 기제들을 필요로 한다.

> 자본주의는 선전 능력을 가진 최초의 경제 형태다. 자본주의는 전 지구 차원으로 확산되고, 모든 다른 경제 형태를 몰아내며, 자신 말고는 다른 경제 형태를 허용하지 않는 경향을 가진다. … 자본주의는 그 자체가 생생한 역사적 모순이며, 자본의 축적 운동은 이러한 모순을 해결하는 동시에 심화시킨다. 일정한 발전 수준에 도달하면, 이 자본의 모순은 사회주의 원칙을 적용해 해결하는 방식 외에는 다른 해결책이 존

재하지 않는다. 사회주의의 목표는 축적이 아니다. 사회주의는 전 지구적 차원에서 생산력의 발전을 통해 노동하는 인류 자신의 삶의 욕구 충족을 지향한다. 따라서 사회주의는 본질적으로 보편적이고 조화로운 세계 차원의 경제 형태다.62

자본주의는 점점 다른 모든 비자본주의 경제로 확장될 것이기 때문에, 오직 사회주의만이 자본주의를 전복할 수 있다.

룩셈부르크의 저작은 마르크스의 정전에 대한 개념적, 이론적, 방법론적, 역사적인 응답이었다. 그러나 이 저작은 반대와 분노의 소란을 마주하게 되었고, 이로 인해 그녀는 『비판에 대한 반비판』을 집필하게 되었다. 하지만 룩셈부르크는 자신의 사상에 대한 반대가 이론은 모순을 통해 발전한다고 보는 마르크스주의 전통의 일부임을 잘 알고 있었다.

"애달파하는 사람들은 '마르크스주의자들이 서로 싸우고 있다는' 것 …을 다시 한 번 한탄할 것이다. 그러나 마르크스주의는 상호간에 '전문성'의 권리를 부여하고, 신앙심이 깊은 이슬람교도 다수가 그들 앞에서 맹목적인 믿음으로 죽어 가야만 하는 대상이 아니다."63 『자본의 축적』의 주제는 그녀의 평생을 사로잡은 문제였지만, 이 책은 그녀의 주장을 가장 명확하게 드러내며, 마르크스주의 정전에 대한 그녀의 개입을 가장 분명하게 보여주는 저작이다.

이 책은 당시 대중적인 논쟁의 중심에 있었던 제국주의 문제와 그녀의 확고한 국제주의에 대한 포괄적인 응답이기도 했다. 이 속에서 로자는 세계 곳곳의 다양한 사례를 인용했다. 그녀가 든 사례 중에는 남아프리카에서 영국과 비영국인 정착민들 사이에 무력 충돌이 벌어졌던 2차 보어 전쟁이 있다.

네덜란드 계 정착민들인 "보어(네덜란드 어로 농부)"인들은 영국인이든 아프리카인이든 보어인이 아닌 사람들의 정치적 권리를 인정하지 않았다. 영국은 보다 현대적인 형태의 전쟁을 수행하며 최신무기들을 사용했고, 민간인들을 강제수용소에 가두었다. 이 전쟁에서 가장 큰 피해를 입은 것은 아프리카인들이었다. 로자는 이 전쟁과 영국군의 군사적 접근 방식 사이의 상관관계를 분석했다.

『자본의 축적』에서 로자는 "전에 자본경제의 타격을 받은 미국 농민이 인디언들을 서부로 몰아낸 것과 같이, 보어인들은 흑인들을 북쪽으로 내몰았다"고 지적했다.[64] 그리고 "이 과정에서 보어 공화국의 흑인은 아무 것도 얻지 못했을 뿐만 아니라, 이전에 영국 정부로부터 정치적 평등권을 수여받은 케이프 공화국의 흑인들도 권리를 부분적으로 상실했다."[65]

룩셈부르크의 작업은 마르크스의 저술이 가진 핵심적인 문제점에 대해 해결책을 제시하는 것이었지만, 그 핵심에는 제국주의와 식민주의에 대한 분석과 더불어 그 영향으로 가장 큰 피해를 당할 사람들에 대한 관심 — 그녀의 반제국주의와 억압받는 이들에 대한 관심 — 이 놓여 있었다.

『자본의 축적』에 대한 당시의 반응은 (프란츠 메링과 룩셈부르크의 오랜 폴란드 동지인 율리안 마르흘레프스키를 제외하면) 압도적으로 부정적이었다. (때때로 식민지에 대한 개입뿐 아니라 더 크게는 제국주의를 지지하기도 했던) 독일 사민당 우파들은 룩셈부르크의 주장을 거부했다. 그들은 제국주의를 자신들의 사회주의에 대한 전망 속에 편입시킬 수 있다고 생각했다.[66]

독일 사민당의 주요한 핵심 인사인 구스타프 에크슈타인은 이 책의 이론적 관점과 정치적 관점을 모두 공격했다. 두 비판 모두 자본주의에서 제국주의의 역할에 대한 룩셈부르크의 이론이 공황을 역사 발전의 중심적 요소로 두고 있다는 사실을 간과하고 있었다.[67]

좌파에서도 룩셈부르크는 많은 지지를 받지 못했다. 네덜란드의 마르크스주의자이자 천문학자인 안톤 판네쿡은 이 책을 조목조목 비판하는 글을 썼다. 그는 룩셈부르크의 이론적 전제들과 함께 그녀가 현대 식민주의를 17세기와 18세기의 식민주의와 같은 역사적 맥락에 두고 있다고 비판했다.

레닌은 판네쿡에게 동의했다. 그는 『자본의 축적』이 출판된 후 이렇게 썼다. "로자의 새로운 책 『자본의 축적』을 읽었다. 그녀는 충격적인 혼란에 빠져 있다. 그녀는 마르크스를 왜곡하고 있다. 판네쿡, 에크슈타인, 오토 바우어가 한목소리로 그녀를 비판하고, 1899년에 내가 나로드니키에게 했던 비판과 동일한 내용을 그녀에게도 말하고 있다는 사실이 매우 기쁘다."[68]

레닌은 『자본의 축적』에 달아놓은 주석에 이렇게 적었다. "남아프리카에서 흑인들이 당하는 고통에 대한 묘사는 시끄럽고, 화려하며, 무의미하다. 무엇보다도 '비마르크스주의적'이다."[69] 레닌이 이 저작을 읽고 있던 1913년은 두 사람의 관계가 가장 악화된 시기였다.

『자본의 축적』의 출간은 로자 룩셈부르크를 마르크스주의 전통에서 중요한 사상가로 자리매김하게 했다. 그녀는 독일 사민주의의 최후의 인물일 뿐 아니라, 마르크스주의의 여성 거인으로 여겨지게 되었다.

1913년, 그녀는 대중 파업에 관한 새로운 글에서 "역사는 자기 일을 할 것이다. 너도 너의 일을 하라"고 썼다.[70] 룩셈부르크의 삶은 활동의 소용돌이 같았다. 그녀는 확실히 자신의 일을 하고 있었고, 역사도 전혀 예상치 못한 방식으로 자기 일을 하려고 하고 있었다.

클라라와 산책을 하다가 베벨의 집에 지각한 것은 룩셈부르크가 독일 사민당에서 직면할 문제들 중에 가장 사소한 것이었다. 역사와 함께하는 그녀의 행진에서 위기의 순간이 빠르게 다가오고 있었다.

3. 최후의 독일 사회민주주의자

4. 브륀케 요새의 여백작

1908년 부활절에 로자는 카우츠키 부부와 함께 일과 여행을 겸한 휴가를 다녀왔다. 로자는 이렇게 전했다.

> 물론 겉으로는 전혀 티를 내지 않아. K와 함께 산책을 하고, 햇볕 아래 누워 있고, 그런 식이지. 하지만 마음속으로는 너무 불안해서 당장이라도 다시 여행을 떠나거나, 적어도 많이 걷고, 산을 오르고, 캠핑을 다니고 싶어. 하지만 불행히도 K는 그런 걸 전혀 하고 싶어 하지 않아. 어디에서도 걷거나 산을 오르고 싶어 하지 않고, 뭔가를 보러 가고 싶어 하지도 않아. 그냥 발코니나 잔디밭에 앉아 있고만 싶어 하는 거야.[1]

로자는 카우츠키에게 실망했고 그가 "무겁고, 둔하고, 상상력이 없다"고 생각했다. 그녀는 집중해서 열심히 일한 뒤, 활기차게 산책을 즐기는 자신의 일과를 함께 하도록 그를 설득하는 데 실패했다.[2]

로자 룩셈부르크는 독일 사민당에 완전히 동의한 적이

한 번도 없었고, 이제 그 당과 헤어질 결심을 하기 시작했다. 1910년, 로자 룩셈부르크는 1905년 혁명에 대한 카우츠키의 해석과 프로이센의 현실에는 대규모 파업이 적절하지 않다는 그의 주장에 대해 공개적으로 논쟁을 벌였다.

파업을 전술로 활용하는 문제에 관한 논쟁은 로자가 노동조합들과 당 간부들에게 반감을 드러낸 많은 사례들 중 하나였다. 이 사건은 로자와 독일 사민당 사이의 결정적인 결별로 이어졌다. 로자는 여섯 장으로 구성된 소책자를 통해 카우츠키를 강력하게 비판했다.

독일 사민당은 의석과 대중의 지지를 얻을수록 조금씩 중도성향 정당으로 변해갔다. 카우츠키는 원칙적으로 파업을 반대하지는 않았지만, 그의 마르크스주의는 변증법적이라기보다 민주주의적 수단을 통한 실천에 더 무게를 두었다. 또한 그는 보통선거권을 위한 선동을 당면한 중심 사안으로 보지 않았다. 1910년, 보통선거권을 요구하는 시위와 파업의 물결은 거리에서 혁명 정신을 드러냈다.[3] 로자는 이런 파업들이 노동계급의 의식을 더욱 강화한다고 보고 지지했다.[4]

여기서 눈여겨 봐야할 점은 카우츠키와 결별이 공공연해진 이후에도, 그의 아내 루이제 카우츠키와는 여전히 친밀한 관계를 유지했다는 것이다. 로자의 활발한 영혼, 그녀의 "폴란드 경제"는 모순을 화해시키는 능력을 가지고 있는 듯 보였다. 그녀는 한 남자와 격렬히 싸우고 있는 와중에도, 그의 아내에게는 다정한 편지를 쓰고 있었다.

두 개의 사건이 로자와 독일 사민당의 간극을 더욱 벌려 놓았다. 1911년, 현직 당의장*의 갑작스러운 사망으로 새로운 의장을 임명해야 했을 때, 독일 사민당은 중대한 선택의 기로에 섰다. 급진적 인물을 선택할 것인가, 아니면 에베르트-샤이데만 파**에 협조할 인물을 선택할 것인가가 문제가 되었던 것이다. 필리프 샤이데만과 프리드리히 에베르트 같은 인물들은 당의 우경화, 즉 사실 오랫동안 수면 아래 끓고 있던 우익의 영향에 굴복한다는 명확한 신호였다. 로자의 정치 및 당내 위치와 이제는 거리가 멀어진 후고 하제와 베벨이 공동의장으로 선출된 것은 그녀에게 큰 타격이었다.

두 번째 사건은 1912년 선거에서 독일 사민당이 의회 의석을 두 배 넘게 늘리며, 제국의회에서 원내 1당이 되었다는 것이다.[5] 이런 변화들은 로자의 동맹 관계를 재편하게 만들었다. 카우츠키와의 관계는 완전히 끝장나 되돌릴 수 없게 되었지만, 프란츠 메링이 예상치 못한 새로운 동맹이 되었다. 그는

---

* 독일 사민당 초기 지도자였던 파울 징거(Paul Singer, 1844~1911)를 가리킨다. 그는 1890년부터 1911년 1월 사망할 때까지 아우구스트 베벨과 함께 독일 사민당의 공동 의장을 지냈다

** 에베르트-샤이데만 파는 독일 사민당 내에서 제1차 세계대전 전후와 바이마르 공화국 초기 시기에 중심적인 역할을 한 온건 개혁주의 세력을 가리킨다. 프리드리히 에베르트(1871~1925)와 필리프 샤이데만(1865~1939)은 사민당의 대표적인 실용주의 정치인으로, 점진적이고 합법적인 개혁을 추구했다. 1918년 독일 혁명 이후 바이마르 공화국 수립 과정에서 핵심 역할을 했으며, 로자 룩셈부르크와 카를 리프크네히트의 죽음에 책임이 있다.

『자본의 축적』을 비판한 이들에게 로자 룩셈부르크가 응답으로 쓴 『비판에 대한 반비판』의 원고 첫 장. 『자본의 축적』은 그녀가 가장 증오했던 악, 곧 전지구적이고 인종차별적인 자본주의를 떠받치는 경제 구조에 대한 치밀한 분석적 탐구였다.

4. 브륀케 요새의 여백작

『자본의 축적』에 대한 몇 안 되는 지지자였고, 든든한 친구가 되어주었다. 클라라 체트킨은 로자의 평생동안 언제나 한결같은 동지로 남았다. 그러나 로자는 독일 사민당에서 점점 더 고립되고 있었다. 그녀는 갈림길에 서 있었고, 자신이 선택한 방향이 가져올 결과를 예상할 수 없었다.

룩셈부르크의 반군국주의는 그녀의 사상과 정치 의제에서 일관된 기조였다. 그녀는 1913년 《라이프치히 인민신문(Leipziger Volkszeitung)》에 처음 발표한 「행진하고 있는 메이데이의 사상」이란 글에서 이렇게 썼다.

> 지난 10년간 제국주의의 전체적인 발전과 경향은 국제 노동 계급으로 하여금 오직 가장 광범위한 대중의 직접적인 전진, 그들의 직접적인 정치행동, 대중시위와 대규모 파업만이 제국주의 정책의 엄청난 억압에 대한 프롤레타리아트의 올바른 응답이며, 이는 조만간 국가권력을 향한 혁명적 투쟁의 시기로 이어질 수밖에 없다는 사실을 더욱 명확하고 구체적으로 인식하게 만들었다. 군비 광기와 전쟁 광란의 이 순간에, 세계평화를 유지하고 다가오는 세계적 재앙을 막을 수 있는 것은 오직 노동 대중의 단호한 투쟁 의지와 강력한 대중 행동을 수행할 능력과 준비뿐이다.[6]

1911년, 로자는 훗날 제2차 모로코 위기로 알려질 사건을 둘러싼 논쟁에 뛰어 들었다. 독일 외무부는 프랑스와 영국의 동맹을 깨뜨릴 속셈으로 모로코의 술탄을 지지한다고 선언하여, 이를 통해 북아프리카에서 오랫동안 제국주의 경쟁을 벌여 온 두 나라를 분열시키려 했다.* 첫 번째 모로코 위기는 1905년에 발생했고, 두 번째 위기는 보통 1차 세계대전으로 비화될 긴장을 미리 보여준 것으로 평가된다.7 총회 사이에 열리는 인터내셔널 기구인 국제사회주의국은 이 문제를 내부 서신으로만 논의했다.

그러나 (폴란드에 대한 오랜 활동 속에서) 폴란드·리투아니아 사민당의 대표로 있던 로자 룩셈부르크는 이 논의를 공개해서 문제에 대한 관심을 불러일으키려 했다. 그녀는 1911년 7월에 발생한 모로코 사건이 그해 있을 선거에서 우익 정당들에 의해 이용될 것이라고 예견했다.

독일 사민당은 비판을 가라앉히기 위해 입장을 발표했는데, 글의 필자는 다름 아닌 카우츠키였다.8 로자는 이에 대해 반박문을 써서 대응했다. 이 사건으로 그녀와 베벨의 관계는 더욱 틀어졌다.

---

* 1905년 프랑스가 북아프리카의 모로코를 보호국으로 삼으려 하자, 독일은 프랑스의 식민지 확장을 견제하고 영국과 프랑스 사이를 이간질하려는 외교 전략으로 모로코의 독립을 공개 지지했다. 그러나 기대와 달리 영국은 프랑스를 지지하며 독일이 오히려 외교적으로 고립되었다. 1911년 2차 위기 때에는 프랑스가 모로코에 군대를 파견하고 독일이 군함을 파견하면서 유럽 전체가 전쟁 위기에 휩싸였으나, 독일과 프랑스 간에 타협이 이루어지며 위기는 일단락되었다. 두 차례에 걸친 모로코 위기는 유럽 열강 간 대립과 동맹 구조를 더욱 고착화시키며 제1차 세계대전의 전조가 되었다.

로자 룩셈부르크는 오직 선거 전술에만 집중하는 카우츠키의 관점이 독일 사민당을 우익에 굴종하게 만드는 위험한 행보라고 경고했다. 1911년에 발표한 글에서 그녀는 이렇게 썼다.

> 반동 세력이 모로코 문제를 자신들에게 유리하게 이용하려는 미끼로 사용할 것이라 예상한다면, 이 구호를 무력화하고 이러한 조작 시도를 좌절시키는 유일한 방법은 이 사건의 통탄할 배경과 그에 얽힌 야비한 자본주의 이해관계에 관해 대중을 가능한 한 빠르고 철저하게 계몽하는 것뿐이다.[9]

이에 덧붙여 그녀는 "우리는 평화를 지향하는 일부 자본가 파벌에 의존하는 것만으로 충분하지 않다. 우리는 오직 계몽된 대중의 저항에 의지할 수 있다."고 지적했다. 그리고 다음과 같이 글을 마무리 지었다.

> 우리는 제국의회 선거가 다가오고 있는 "멋진 정세"에 대해 너무나 많이 들었고, 동시에 신중하지 못한 행동으로 이 "정세"를 망쳐서는 안 된다고 반복해서 경고 받았다. 이 신중하지 못한 행동이란 전에는 프로이센에서 보통선거권 투쟁이었고, 지금은 모로코 소동에 대한 선동인 것이다.[10]

당의 전략을 위해 정책을 양보하라는 요구를 로자는 결코 달갑게 받아들일 수 없었다. 더욱이 역사는 점점 민족주의가 고조되는 독일의 변화와 사민당의 침묵에 대한 그녀의 우려가 옳았다는 것을 증명할 것이었다.

이런 대립과 논쟁에 대한 이론적 표명은 「평화라는 유토피아들」(1911)이라는 글로 나왔다. 여기서 룩셈부르크는 중도우파 정치인들이 내세운 평화 개념과 자신의 반군국주의 사이의 차이를 논했다.

> 우리의 출발점은 근본적으로 정반대이다. 부르주아 계급 내부의 평화 지지자들은 현 사회질서의 틀 안에서 세계 평화와 군비 축소가 실현될 수 있다고 믿는다. 반면에 우리는 역사 유물론과 과학적 사회주의에 입각하여, 군국주의가 자본가 계급 국가의 파괴를 통해서만 이 세계에서 근절될 수 있다고 확신한다.

게다가 "유럽 국가들은 이제 비유럽 국가들 없이는 경제적으로 존속할 수 없다. 식료품, 원자재, 상품의 공급원으로서, 또 그 모든 것의 소비자로서 세계 다른 지역들은 수천 가지 방식으로 유럽과 연결되어 있다."[11] 그녀는 군국주의와 식민정책 간의 밀접한 관계를 지적하며, "무장한 평화"로서 군국주의는 자본주의의 당연한 결과라고 주장했다. 로자의 주장에 따르면, 무기 없는 평화로 가는 유일한 길은 프롤레타리아 세계혁명을 통하는 것뿐이다.

이 점에서 룩셈부르크는 군국주의를 억제하기 위한 방안으로서 "유럽 합중국"이라는 구상에 반대했다. 유럽은 지리적으로는 독립된 영역이지만, 유럽 내부의 경제적 투쟁은 유럽 외부의 투쟁들과 뗄 수 없이 얽혀있다. "오늘날 유럽은 국제적 연결과 대립이 복잡하게 얽힌 사슬의 한 고리에 불과하다. 결정적으로 중요한 것은 유럽 국가들 간의 적대가 이제 유럽 대륙에서만의 문제가 아니라, 세계 모든 지역과 모든 바다에서 작동한다는 것이다."[12]

우리는 정치적 선동과 경제적 분석의 연결이 『자본의 축적』에서 잘 드러나 있다는 것을 안다. 로자에게 모든 국가는 전 지구적 맥락 속에서 활동하며, 그렇게 분석되어야 한다.

그녀는 유럽의 평화를 논하는 유럽중심의 관점에 신랄한 비판을 던졌다.

> 부르주아 정치인들이 유럽주의, 즉 유럽 국가들의 연합이라는 발상을 지지할 때마다, 그것은 노골적이든 은밀한 것이든 언제나 "황색 위험", "검은 대륙", "열등인종"을 겨냥한 불순한 의도를 품고 있었다. 요컨대 그것은 항상 제국주의의 뒤틀린 형태에 불과했다.[13]

유럽인들이 자기들만의 시간의식으로 역사를 재단하며 이

른바 "평화의 시대"를 찬양하고 축하하고 있을 때, 로자 룩셈부르크는 바로 그 시기 동안 유럽 밖에서 벌어진 전쟁과 폭력에 희생된 사람들에게로 시선을 돌린다. 여기서 우리는 대의에 대한 결단과 헌신을 요구하는 『개량이냐 혁명이냐』의 사상과 연속성을 볼 수 있다.

> 그리고 만약 사회민주주의자인 우리가 이 낡은 부대에 얼핏 혁명적으로 보이는 새 술을 부으려 한다면, 그것은 우리 쪽이 아니라 부르주아지 쪽에 득이 될 것이라고 말해야 한다. 사물은 그 자체의 객관적인 논리를 따른다. 자본주의 사회질서를 벗어나지 않는 유럽 연합이라는 해결책은 객관적으로 볼 때, 경제적으로는 단지 미국과 관세전쟁을, 정치적으로는 식민지 인종전쟁을 의미할 수밖에 없다.[14]

이것은 지금도 계속되고 있는 정치적 논쟁으로, 그녀가 오래전에 시작했지만 항상 패배하고 있던 싸움이었다. 역사 변증법의 길을 걷는 그녀는 경제적 모순이 전쟁으로 나아가는 상황에서 정치적 합의에 의해 평화를 억지로 가져올 수 없다는 사실을 잘 알고 있었다. 평생 열렬한 국제주의자였던 그녀는 자신의 문화적 배경과 출신지를 다른 곳들과 분리된 특별한 사건의 영역으로 보지 않았다. 그녀는 전 세계의 모든 사건들이 유럽에서 벌어지는 사건들과 관련을 맺으며 전개되고 있다는 사실을 이해하고 있었다.

급진적이고 국제주의적인 정치관과 달리, 로자의 문화적 취향은 유럽 중심적이고 약간은 보수적이었다. 그녀는 괴테를 읽고, 모차르트를 숭배하며, 몰리에르를 사랑하는 전형적인 문화적 유럽인이면서도, 동지들에게는 세계를 전체로 이해해야 한다고 주장했다. 그녀는 에밀 졸라를 싫어했고, 에드가 앨런 포를 즐겨 읽었다.[15]

로자는 폴란드 동포인 아담 미츠키에비치와 프리드리히 쇼팽에게 언제나 특별한 애착을 갖고 있었고[16], 독학으로 상당한 수준에 오른 예술 분야인 회화에서는 영국 화가 윌리엄 터너의 작품들을 찬양하며 빛과 풍경을 포착하는 그의 능력을 높이 평가했다.[17] 모순은 경제-정치적 영역에서만 드러난 것이 아니었다. 모순은 그녀 자신의 "폴란드 경제" 안에서도 드러났다.

1913년, 독일 사민당 의원들은 군사 예산 증액에 찬성 투표를 했다.[18] 군국주의는 이제 주류가 되었고, 사민당을 통해 독일에서 선동을 시작한 여성은 당내에서 점점 더 소외되었다. 독일 사민당에서 최초의 적수였던 에두아르트 베른슈타인은 1913년에 그녀를 당 학교에서 해고하려 시도했지만, 학생들이 단합하여 그 움직임에 반대했고, 학교는 계속 그녀를 고용했다.[19]

1914년, 로자 룩셈부르크는 마틸데 야콥을 처음 만났다. 그녀의 타이핑 능력은 로자의 작업에 꼭 필요한 것이 되었다.

두 사람이 처음 만났을 때를 야콥은 이렇게 회상했다.

> 모든 것을 꿰뚫어 보는 듯한 크고 빛나는 눈, 겸손함과 선함, 모든 아름다운 것에 대한 어린아이 같은 기쁨은 그녀를 보는 내 심장을 두근거리게 했다. 나는 회의나 토론회, 시위에 함께 가는 경우가 많았지만, 첫인상은 그대로 남아있었다. 그녀는 너무나 겸손하고 자신을 내세우지 않는 모습이라, 처음 보는 사람들은 놀라서 외쳤다. "저 사람이 로자 룩셈부르크라고?" 그러다가 그녀가 열정적으로 말을 시작하면, 그녀는 작고 여린 몸 이상으로 크게 보였고, 듣는 이들을 매료시켰다.[20]

로자 룩셈부르크를 처음 만난 사람들이 느낀 가장 큰 감정은 놀라움이었다. 그녀는 언제나 자신을 둘러싼 신화로 인해 선입견을 마주해야 했지만, 특유의 카리스마와 매력 덕분에 사람들과 쉽게 관계를 맺을 수 있었다. 그렇게 만난 많은 사람들이 빠르게 그녀의 삶의 일부가 되었다.

1913년 무렵에 로자는 독일 사민당 내의 전통주의자들이 그 어떤 혁신에도 반대하고 정통 노선을 옹호하는 것을 자신들의 역할로 생각한다는 사실을 깨달았다. 그 혁신이 우파의 것이든 좌파의 것이든 상관없이 말이다.[21] 로자는 언제나 혁명가였으며, 사회민주주의 그룹들 안에서도 특히 그러했다.

로자와 독일 사민당의 관계가 결정적인 위기를 맞은 것은 1914년이었다. 그 해 8월 4일, 리프크네히트와 베른슈타인을 포함한 독일 사민당 의원들이 제국의회에서 전쟁 공채를 승인하는 데 찬성표를 던졌다.* 그리고 모든 계급투쟁의 휴전을 의미하는 "국내평화(Burgfrieden)"가 선언되었다.[22] 노동자들은 경제적 고통을 잊으라는 강요를 받았다.

이는 독일 제국 정부가 러시아 제국, 프랑스, 영국과 벌이는 전쟁을 명백히 지지하는 행위인 동시에, 로자가 가장 두려워했던 일, 즉 서로 얽혀있는 자본주의·군국주의·제국주의의 승리가 현실로 드러났음을 의미했다. 이 소식은 로자에게 큰 충격을 주었다.

그러나 그녀는 결코 행동을 멈추지 않고, 긴급하게 독일에서 처음으로 반전 집회를 조직했다. 하지만 그것은 불법 행위였다. 정부의 정책뿐 아니라, 자신이 속한 당의 정책에 대한 반대는 이제 단순한 반대 행위에 그치는 것이 아니었다. 군국주의 반대 선동을 이어나가는 것은 법을 어기는 행위였다. 로자의 활동은 거침없고 날카로웠다.

---

* 1914년 7월 28일 1차 대전이 발발하자, 독일 정부는 전비를 대기 위해 국채를 발행하기 하고, 의회에 승인을 요청했다. 독일 사민당은 사실상 전쟁을 지지하는 이 표결에 찬성하기로 당론을 정했고, 8월 4일 표결에서 독일 사민당 의원 110명 전원이 찬성표를 던졌다. 반전 입장이던 의원들도 여론과 당의 통일성을 이유로 당론을 따라 투표했다. 그러나 같은 해 12월 2일 열린 2차 투표에서는 카를 리프크네히트가 처음으로 반대표를 던졌고, 에두아르트 베른슈타인과 후고 하제 등은 기권했다. 이후 당내 갈등이 격화되며 사민당이 분열되고, 독립사민당과 스파르타쿠스 동맹이 결성되었다.

노동자들이여! 당의 동지들이여! 민중의 여성들이여! 여러분은 이 지옥의 유령을 얼마나 더 조용히, 가만히 지켜볼 겁니까? 여러분은 얼마나 더 학살, 궁핍, 굶주림의 죄악을 침묵 속에서 견딜 겁니까? 민중이 자신의 의지를 표현하기 위해 움직이지 않는 한, 집단 학살은 멈추지 않을 것임을 알아야 합니다.[23]

제국의회 결정 이후, 선동 활동은 독일 사민당 밖에서 이루어졌다. 독일 사민당에서 분리한 그룹은 그들이 발행하는 신문 《인터내셔널(Die Internationale)》의 이름을 따서 "인터내셔널 그룹(Gruppe Internationale)"이라고 불렸다. 이들은 1916년부터 스스로를 스파르타쿠스 동맹이라고 칭하기 시작했다.

1914년 2월 13일, 로자 룩셈부르크는 독일 군을 모욕한 혐의로 법정에 서게 될 것이라는 사실을 알게 되었다. 이 평결에 대한 대응으로, 그녀는 3월 프라이부르크에서 열린 집회에서 군대 훈련과 입대식이 "고문"이며, 군대 안에 "비인간성"이 만연해 있다고 주장했다. 이로 인해 그녀는 또 다시 유죄 판결을 받았다. 이번에는 독일 장교단의 명예를 훼손했다는 혐의였다. 이 재판에는 프로이센 육군장관 에리히 폰 팔켄하인도 원고 측 공동 소송인(Nebenkläger)으로 참여했다.[24]

로자는 자신의 재판이 가지는 정치적 의미를 잘 이해하고 있었다. 재판은 위협이라기보다, 당에 정치적으로 개입할 수

1914년 로자의 재판을 풍자한 만평. 이 그림은 그녀를 피고가 아니라 권력을 쥔 인물처럼 묘사하고 있다. 로자는 생전에나 사후에나 사람들에게 존경 아니면 증오의 극단적인 반응을 불러일으켰다.

있는 기회였다. 독일 사민당은 그녀를 지지하기는커녕, 오히려 재판과정에서 그녀를 견제했으며, 게다가 갈수록 군국주의에 빠지고 있는 세계에서 위험한 세력이 되고 있었다. "생각해봐, 당신, 이게 얼마나 환상적인 일인지! 육군장관 폰 팔켄하임의 기소라고." 그녀가 파울 레비에게 보낸 편지에는 이렇게 적혀 있었다.²⁵ 역사는 자기 일을 하고 있었고, 로자는 또 다시 거침없이 자신의 일을 해나가고 있었다.

재판은 1914년 6월 29일부터 7월 3일까지 베를린에서 진행되었다. 로자와 독일 사민당의 결별은 더 이상 이론의 문제가 아니라 현실이 되었다. 그녀는 자신의 견해 때문에 박해를 받았다. 하지만 이 덕분에 그녀는 자신이 악에 공모하고 있다고 본 정치적 분위기에 강력하게 개입할 수 있었다. 그녀는 무죄를 목표로 하지 않고, 재판을 자신의 사상을 밝히는 무대로 삼았다. 1914년 3월 7일, 재판에 앞두고 프라이부르크에서 연설을 하면서 그녀는 이렇게 말했다.

> 여러분 앞에 서 있는 것은 국가가 유죄를 선고한 중죄인, 검찰이 근본 없는 자라고 묘사한 여인입니다. 동지들, 이 자리에 저와 같은 의견을 가진 많은 남녀들이 모인 것에 너무나 기쁘지만, 단 하나 안타까운 게 있다면 몇몇 분들이 보이지 않는다는 사실입니다. 바로 프랑크푸르트 법정의 판검사 양반들입니다. … 저는 분명히 어떤 프로이센 검찰보다 더 훌륭하고 단단한 근본을 가지고 있습니다.²⁶

여러 모국을 가진 로자, 자신의 정치활동 영역에서 밀려난 로자는 좋든 싫든 자신의 윤리적이고 정치적 원칙에서 굳건한 근본을 찾았다. 로자의 재판이 시작되기 전날인 6월 28일, 오스트리아 헝가리 제국의 프란츠 페르디난트 대공이 암살되었다.*

이 소식은 로자의 재판에 대한 기사를 신문 일면에서 밀어냈다. 전쟁의 참혹함과 인류 및 국제 협력의 쇠퇴에 대한 로자의 경고가 현실로 드러났지만, 그녀의 측근 가운데 어느 누구도 이를 기뻐하지 않았고, 특히나 로자는 더욱 그랬다. 재판을 통해 두 개의 대조적인 대중적 이미지가 형성되었다. 그녀는 반전 좌파에게는 박해받는 순교자이자 영웅으로, 우파에게는 교활하고 신뢰할 수 없는 위험한 적으로 여겨졌다.

재판은 그녀의 인생에 중요하게 될 또 하나의 남자도 소개해주었다. 파울 레비는 1883년 3월 11일 독일의 부르주아 가정에서 태어났다. 그의 집안은 독일 사회에 동화한 유대인 가문으로, 그에게 예술과 민주적 가치에 대한 깊은 지향을 심어주었다. 사회주의와 법에 대한 열정은 드레퓌스 재판(그는 드레퓌스를 옹호한 클레망소를 존경했다)부터 하이델베르크 대학 시절의 박사 논문 주제인 "행정에 대한 고소와 소송", 그리고 1920년대에 몰두했던 소크라테스 재판의 재해석에 이르기까지 다양한 주제로 그를 이끌었다.[27] 로자 룩셈부르크의 재판

---

* 오스트리아-헝가리 제국의 황태자 프란츠 페르디난트 대공 부부가 보스니아 사라예보에서 세르비아계 청년 가브릴로 프린치프에게 암살당한 사건은 세르비아에 대한 오스트리아-헝가리 제국의 선전포고로 이어졌고, 동맹 관계에 따라 러시아, 독일, 프랑스, 영국 등이 연쇄 참전하면서 세계대전으로 비화했다.

에서 그는 변호사로 활동했다. 두 사람은 연인이 되었다.

파울 레비는 코스챠 체트킨이나 레오 요기헤스와는 전혀 다른 사람이었다. 레비는 뛰어난 지성과 책략을 겸비한 인물이었으며, 체트킨과 요기헤스만큼 눈에 띄는 외모는 아니었지만, 로자에게 성숙한 사랑을 주었다. 그것은 레오 때와 같은 젊은 열정이나 코스챠 때와 같은 이끌어주는 관계가 아니었다.

파울과 로자 사이에 오간 편지를 보면, 그녀의 연애 관계들이 가졌던 큰 문제가 뭔지 드러난다. 바로 지적으로나 정서적으로나 자신과 동등한 상대를 찾는 데 늘 실패하면서도, 사랑에 빠질 때마다 누구보다도 열정적이었다는 점이다. 비범한 여인이었던 그녀는 자신과 동등한 상대를 찾고 있었던 것이다. "당신, 정말 멋진 일이었어. 월요일에는 당신이 프랑크푸르트에서 제국주의에 해 연설을 했고, 화요일에는 내가 샤를로텐부르크에서 연설을 했단 말이지."[28] 그래도 역사는 파울 레비를 로자 룩셈부르크와 동등한 존재로 기억하지는 않을 것이다.

다른 한 통의 편지는 많은 시간이 흘렀는데도 요기헤스와의 관계가 남긴 상처가 완전히 아물지 않았음을 보여준다. "하필이면 당신 전보가 왔을 때, 콧수염 남자(레오)가 여기 와 있었어. 본능적으로 당신에 대한 얘기는 삼갔는데, 좀 있다가 나한테 변호사가 마음에 드냐고 물어 보기에 조심해서 대답했지."[29] 또 다른 편지는 그녀가 시간문제가 된 투옥에 대비하고 있던 모습을 보여준다. "나는 이미 유쾌하지 않은 판결에 마음의 준비가 돼 있어. 로젠(펠트)를 비롯해 여기 사람들은 내가 언제든지 투옥될 수 있다고 생각해."[30]

이 용감한 여성은 자신의 윤리와 정치 원칙을 지키기 위해 독일 국가에 맞서는 것을 두려워하지 않았고, 그 대가로 감옥에 가는 것도 마다하지 않았지만, 여성에 대한 남성 폭력의 위협을 끊임없이 의식하고 있었다. 로자 룩셈부르크의 삶이 보여주는 모순들은 그녀의 이야기에서 결코 빠질 수 없는 요소이다. 이 여인은 언제나 자신 뿐 아니라 모든 사람들의 자유를 추구했지만, 구조적 젠더 폭력이 여성에게서 빼앗은 자유로 인해 큰 희생을 치렀다.

로자의 체포에서 드러난 젠더적인 요소는 그녀의 투옥에 관련된 이야기에서 결코 간과할 수 없는 부분이다. 체포될 때 그녀는 옷 입을 시간을 달라고 요구했지만 받아들여지지 않았다. 그 대신 그녀가 잠옷만 입고 있을 때, 침실 문을 강제로 열고 체포해 갔다.[31]

로자 룩셈부르크는 1915년 2월부터 1916년 2월까지 감옥에 있었다. 석방되었을 때, 그녀는 "당 지도부에게 항상 날카로운 직언을 서슴지 않았고, 당 고위층 사람들이 감옥에서 나오는 것보다 **들어가는 걸** 더 바랐을 사람이기에, 우리가 너무나 그리워한" 여성인 자신을 환영하러 나온 여성 시위대를 마주했다.[32] 클라라 체트킨과 공동으로 "국제 여성의 날"을 제정한 루이제 치츠는 로자에게 축하 전보를 보냈다. 로자는 분명 혁명적 여성들의 지도자로 존경을 받고 있었다.

그녀는 카를 리프크네히트가 체포되었을 때 현장에 있었고, "그를 '구해내려고' 온 힘을 다해 주먹을 휘둘렀다."[33] 하지만 로자의 자유로운 나날은 오래가지 못했다. 결코 멈추지 않는 그녀의 혁명적 활동에 대한 적대가 커지는 분위기에서, 로자는 1916년 7월에서 1918년 11월 8일까지 보호구금 명목으로 수감되었다.

감옥에 있는 동안, 그녀는 다른 수감자들보다 더 좋은 대우를 받았고, 면회가 가능했으며, 외부에서 음식을 넣어주는 것도 허용되었다. 그렇지만 그녀는 다른 수감자들의 고통에 주의를 기울였다. 로자는 음식과 옷을 알아서 준비해야 했다. (마틸데 야콥은 그녀에게 속옷을 가져다주었다고 썼다.) 편지를 보내고 받는 것도 허용되었는데, 이는 그녀가 수감 생활을 견딜 수 있는 가장 큰 힘이 되었다.[34]

특히, 교도소 감독관인 슈티크 부인은 특별한 수감자 로자에게 매료되어 야콥이 친구인 로자에게 꽃다발을 가져오는 걸 허락해주는 등 편의를 봐주었다. 안타깝게도, 로자의 감옥 생활은 그녀의 인생만큼이나 순탄하지 않았고, 여러 시설로 이송되는 바람에 친절을 오래 누리지는 못했다. 그녀는 베를린 바르님슈트라세 여자교도소에서 브뢴케를 거쳐 브레슬라우로 옮겨졌고, 더욱 고립된 생활을 하게 되었다.[35]

편지 쓰기는 특수한 글쓰기 형식이다. 그것은 이론적 글쓰기나 역사적 글쓰기와 다른 독립된 장르로 인정받고 있으며, 문학사에서 특별한 위치를 차지하고 있다. 라헬 바른하겐(Rahel Varnhagen)은 편지 문학에서 가장 유명한 유대인 여성으로 알려져 있다. 그녀는 평생(1771~1833) 하인리히 하이네를 비롯한 동시대 사람들에게 1,000통이 넘는 편지를 보냈다. 로자는 라헬을 알고 있었으며, 『정치경제학 입문』에서 라헬이 받은 편지를 인용하기도 했다.[36]

편지 쓰기는 자아를 탐구하는 동시에 수신자에게도 솔직한 태도를 요구하는 방식이다. 이 글쓰기 장르는 감정에 대한 정직함과 자기 고백의 능력을 요구하며, 학문적이고 이론적인 작업과는 구별된다. 여기서 로자의 "폴란드 경제"는 가장 가까운 친구들과 동지들에게 가장 진솔한 형태로 드러난다. 로자는 처음 글을 배운 다섯 살 때부터 부모와 형제자매들에게 편지를 쓰기 시작했다.[37] 1898년에 레오에게 보낸 편지에서 그녀는 편지를 부치려고 걸어가는 일이 "굉장히 즐겁다"고 썼는데, 이는 분명 그녀의 두 가지 열정 ― 걷는 것과 언어로 자신을 표현하는 것 ― 이 하나로 결합된 순간이었을 것이다.[38]

로자가 감옥에서 쓴 편지들은 내면의 다양한 측면을 비추어줄 뿐 아니라, 탁월한 글쓰기 재능을 모든 형태로 보여준다. 로자 룩셈부르크는 무슨 일에건 어중간한 법이 없다. 그녀는 정치투쟁에 뛰어든 것과 똑같은 열정으로 감정의 깊은 곳으로 뛰어든다. 하지만 그녀의 복잡한 개성은 연속성 뿐 아니라 모순도 드러낸다. 로자의 편지 쓰기는 정치적 작업과 완전히 분리되는 것은 아니지만, 그녀 자신도 그렇게 여겼듯 독자성을 가진 다른 장르로 보아야 한다.

감옥에서 친구들에게 보낸 편지들의 폭과 깊이에서 우리는 세상에 대한 로자의 사랑을 엿볼 수 있다. 대중에게 알려진 신념이 확고한 동지 룩셈부르크 박사와 자연인 로자의 간극은 그녀의 편지들을 통해 드러난다. 대중의 주목을 받는 여성으로서 그녀는 자신을 드러내는 데 신중했지만, 개인적인 관계에서는 따뜻하고 친절하며 관용적이었다.

그러나 그녀의 편지는 결코 감상적이지도 단순하지 않았고, 오히려 그녀 특유의 날카롭고 신랄한 유머가 곳곳에 배어 있었다. 그녀의 따뜻함과 배려심, 그리고 스스로를 성찰하는 능력은 언제나 정의를 향한 끊임없는 관심과 맞닿아 있었다. 탁월한 지성을 지닌 그녀는 식물학과 그림을 독학으로 연마했고, 감옥에서도 매일 산책하며 채집한 꽃과 식물을 연구하고 그림을 그렸다.

그러나 그녀는 단순한 낭만주의자가 아니었다. 그녀는 모든 불의가 서로 연결되어 있음을 깊이 통찰하고 있었다. 실제로 로자는 자연에 대한 관심을 통해 시대를 앞선 환경 정의에 대한 이해를 보여주었다. 이는 그녀 특유의 세계에 대한 유기적 사고의 일환으로, 그녀에게 세계는 결코 인간성이 결여된 기계적 시스템이 아니라, 언제나 세부적으로 얽혀 있는 하나의 유기적 전체였던 것이다.

로자는 자주 아팠고 우울증을 앓았지만, 글쓰기를 결코 멈추지 않았다.[39] 이 시기의 편지들은 그녀가 자신의 젠더, 감옥 바깥의 관계들, 그리고 그녀를 지탱해 준 것들을 어떻게 해석했는지를 잘 보여준다.

1916년 11월, 그녀는 친구인 마틸데 부름(Mathilde Wurm)에게 이렇게 썼다.

> 내가 다시 세상에 나가면, 풍악을 울리고 채찍을 휘두르며 사냥개들을 끌고 너희 개구리들의 하찮은 세상을 마음껏 사냥하고 약탈할 거야. 펜테실레이아*처럼, 이라고 말하려 했지만, 맙소사, 너희들이 아킬레우스는 아니잖아. 이제 새해 인사는 충분히 받았어? 그럼 인간답게 살도록 노력해 … 인간답게 산다는 건 말이야, 필요할 때 기꺼이 자기 인생 전부를 "운명의 저울" 위에 던질 줄 아는 것이기도 하지만, 동시에 매일의 햇살과 아름다운 구름을 즐길 줄 아는 것이기도 해. 아, 물론 인간답게 살기 위한 공식 같은 건 나도 모르지.[40]

자연에 대한 찬미와 환경에 대한 관심은 인도적인 대의를 위한 활동과 맞물려 있다. 1917년에 쓴 다른 편지에서 그녀는

---

* 전설에 따르면 펜테실레이아는 트로이 전쟁에 참전한 아마존 여왕으로, 아킬레우스와의 일대일 결투에서 치명상을 입고 전사했다고 한다.

이렇게 말했다.

> 지난 며칠간 엄청난 수의 말벌들이 내 감방 안으로 윙윙거리며 날아들었어. (나는 당연히 밤낮으로 창문을 열어 두고 있었지.) 이놈들은 먹이를 찾을 목적으로 여기에 오지. 당신도 알다시피 나는 항상 집을 열어 둬. 녀석들을 위해 작은 그릇 하나를 내놓고 온갖 먹을 것을 올려두었더니, 모두 바쁘게 자기 몫을 챙겨 가더군. 이 작은 생물들이 몇 분마다 새로운 짐을 들고 창밖으로 사라지는 모습을 보고 있으면 정말 즐겁지 뭐야. 이 놈들이 가는 곳은 저 멀리 있는 공원인데, 여기선 푸른 나무 꼭대기가 보일까 말까 해. 그런데도 녀석들은 몇 분 후면 창문으로 다시 날아 들어와 그릇으로 곧장 향한단 말이야. 한셴*, 한 번 생각해 봐. 이 바늘 끝보다도 작은 말벌들의 눈 속에 얼마나 놀라운 방향 감각이 들어 있는지, 이 녀석들이 얼마나 뛰어난 기억력을 가지고 있는지! 날마다 여기 온다는 건 밤새 창살 뒤에 있는 "근사한 부르주아의 식탁"을 잊지 않는다는 뜻이잖아! 브뢴케 감옥에 있을 때, 정원을 산책하며 매일 말벌을 관찰했어. 얘네들이 포장석 사이의 땅을 깊이 파서 길을 내고, 파낸 흙을 지면 위로 밀어 올리는 모습을 말이야.[41]

---

* 한셴(Hanschen)은 로자 룩셈부르크가 친구인 한스 디펜바흐(1884~1917)를 부르는 애칭이었다. 두 사람의 편지들을 볼 때, 깊고 정서적인 유대를 가진 사이였다는 것은 분명하지만, 그들이 연인이었는지는 확실하지 않다.

그녀의 연민은 더 넓게 확대 되었다.

난 아직도 저번에 겪었던 작은 일화를 마음에서 지울 수가 없어. 지난 봄, 시골길을 산책하고 돌아오던 길이었지. 아무도 없는 한적한 길에서 바닥에 작은 까만 점이 눈에 띄었어. 자세히 들여다보니, 소리 없는 비극이 벌어지고 있지 뭐야. 큰 딱정벌레 한 마리가 뒤집힌 채로 다리를 버둥거리고 있었고, 작은 개미 떼가 몰려들어 산 채로 딱정벌레를 갉아먹고 있는 거야! 나는 깜짝 놀라 주머니에서 얼른 손수건을 꺼내 그 작은 짐승 놈들을 쫓아내기 시작했어. 놈들은 워낙 용감하고 집요해서 다 쫓아내는 데 한참 걸렸지. 마침내 불쌍한 딱정벌레를 구해서 멀리 안전한 풀밭으로 옮겨놓았을 때는 이미 다리 두 개가 먹혀버린 뒤였어 … 나는 그 자리를 도망치듯 떠나며, 결국 내가 의미 없는 친절을 베푼 게 아닌가 싶은 기분이 들었어.[42]

대학에서 로자의 원래 전공은 자연과학이었다. 나중에 법학으로 바꾸긴 했지만, 그녀는 평생 열렬한 식물학자였다. 감옥에서 보낸 시간은 그녀가 그 관심사를 더욱 깊이 탐구할 기회를 주었다. 로자의 편지에서 발췌한 짧은 문구들은 그녀가 자연과 인간 사이의 불가분한 연관성을 이해하고 있음을 보여준다. (이는 1902년에 쓴 「마르티니크」라는 글에서도 명확하게 드러난 바 있다.) 사람들이 환경 정의와 인권의 관계에 대한

7.8.15

Liebe Gertrud,

Sie haben mir mit der kleinen Sendung viel Freude gemacht, ebenso wie mit den 3 kleinen Bildchen, die früher gekommen sind. Ich freue mich vor allem, dass sie fleissig malen u. Fortschritte machen. Von der Mappe sind drei Bilder (das blaue Stück Fluss oder Kanal, der flache Strand mit den zwei Landzungen u. die Waldpartie mit dem goldleuchtenden Himmel) sehr gut; am besten jedoch gefällt mir eins von den winzigen Bildchen: das graue mit d. Fischerbuben; ich finde es ausgezeichnet. So sehr es mir hart scheint, werde ich nächstens mal dieses Bildchen sowie vielleicht das von unserem Ingenieur an Herrn D. Diefenbach schicken (der mir neulich schrieb), um ihm einen Rippenstoss zu geben. — Aber Sie schreiben ja gar nicht was Sie trei-

로자 룩셈부르크가 1915년 8월 게르트루트 츨로트코에게 보낸 그림이 그려진 편지. 로자는 정식 교육을 받진 않았지만 재능있는 예술가였다. 그녀의 예술성은 인간의 정신과 자연이라는 세계를 전체적으로 이해하고 있음을 보여준다.

4. 브뢴케 요새의 여백작

고민을 시작하기 훨씬 전부터 그녀는 그것을 직관적으로 이해하고 있었던 것이다. 로자는 그 두 가지 모두를 위해 실천했다.

1917년 조피 리프크네히트*에게 쓴 편지에서 그녀는 "카를이 새소리에 관한 책을 찾는다니 약간 놀라운데, 새소리와 서식지 그리고 새의 일생은 모두 떨어뜨려 생각할 수 없을 만큼 밀접하게 연관되어 있어. 내개 흥미를 갖는 건 어느 한 작은 부분이 아니라 그 존재 전체야."라고 말했다.[43] 감옥에서 쓴 편지에 나타난 자연에 관한 내용들은 서로 깊이 연결돼 있는 연대, 정의, 공감의 감정을 보여준다.

다른 편지에서 그녀는 자연에 대해 느끼는 믿기지 않을 만큼의 친밀감을 고백한다. "하지만 이제는 내가 바로 솔로몬처럼 새들과 동물들의 이야기를 듣는걸."[44] 로자의 공감은 인간적 환경 너머까지 확장되었다. 그녀는 생명들이 잔인하게 다뤄지는 것을 보고도 가만히 있는 것, 즉 개입하지 않기로 선택하는 것이 사회 전체적으로 공감 능력을 약화시킬 수 있다는 것을 이해하고 있었다.

로자는 베를린에서 편안함을 느낀 적이 없었지만, 문화 애

---

* 조피 리프크네히트(1884~1964)는 카를 리프크네히트의 부인이었다. 1차 대전에 명확히 반대한 몇 안 되는 독일 사민당 국회의원이었던 카를 리프크네히트(Karl Liebknecht, 1871~1919)는 사민당 창건자인 빌헬름 리프크네히트의 아들로, 당대에는 로자 룩셈부르크보다 더 잘 알려진 인물이었다. 그는 반전 운동을 하면서 로자 룩셈부르크의 가장 가까운 동지 중 하나가 되었고, 로자가 수감되어 있던 시기에 그 또한 감옥에 있었다. 이 기간 로자는 그의 아내인 조피 리프크네히트와 많은 편지를 주고 받았으며, 그녀를 조니치카라는 애칭으로 부르며 친밀하게 대했다.

호가로서 오페라 관람이나 다른 예술적 탐방을 즐길 기회를 잃은 것을 아쉬워했다. 그녀는 친구와 동지들이 주는 다양한 선물을 기쁘게 받았다. (생일 선물로 감방을 꾸밀 새끼 고양이 두 마리와 코끼리 모양의 작은 장식물을 보내준 옛 제자 로지 볼프슈타인에게 감사를 표하기도 했다.)[45] 그리고 언제나 그들의 안녕을 걱정했다. 언제나 꿋꿋하고 창의적인 그녀의 정신은 감옥에서 누릴 수 없는 문화생활을 대신할 유용한 대안을 찾아내 루이제 카우츠키에게 매우 즐겁게 이야기했다.

로자가 감옥에 있을 때 심은 나무.

박새들은 창밖에서 성실하게 참석하고 있어. 이 애들은 이미 내 목소리를 정확히 알고 있는 모양이야. 내가 노래를 부르면 좋아하는 것 같던 걸. 얼마 전에 〈피가로의 결혼〉에 백작 부인의 아리아를 불렀더니, 대여섯 마리가 창문 앞 관목 위에 앉아서 끝까지 가만히 듣고 있더라고. 정말 재밌는 광경이었어. 그리고 매일 내가 부르면 대답하는 검은지빠귀 두 마리도 있어. 이렇게 순한 새들은 처음 봤어. 새들은 창가에 놓아둔 금속 접시에서 모이를 먹어. 4월 1일(만우절)에는 이 작은 친구들을 위한 공연도 하나 준비했어. 꽤 멋진 행사가 될 거야. 이 작은 친구들을 위해 해바라기 씨를 좀 보내줄 수 있겠어?[46]

로자는 고양이 미미를 감옥에 같이 데려오지 않기로 결정했다.[47] "그 작은 생물은 활기차고 생기 넘치는 곳에 너무나 익숙한 데다, 내가 노래하고 웃고 같이 집안을 뛰어다니는 걸 좋아하잖아. 여기 오면 분명 이곳의 우울한 분위기에 전염될 거야."[48] 그녀는 자연에 대한 감정이 공감의 입장이지 공허한 낭만주의가 아니라고 분명히 말한다. "이건 영혼이 빈곤해진 많은 정치가들처럼 내가 자연에서 피난처와 휴식처를 찾기 때문이 아니야. 오히려 반대로 나는 자연에서 매번 너무나 많은 잔인함을 봐서 너무 힘들어."[49]

동물들의 삶에 대한 연민, 반군국주의, 정의를 향한 추구가

로자가 《노이에 차이트》 종이 위에 잉크로 그린 새. 그녀는 인간이 자연을 대하는 태도와 동료 인간을 대하는 태도가 결코 분리될 수 없다는 사실을 잘 알고 있었다. "나는 구름과 새와 인간의 눈물이 있는 곳이라면 전 세계 어디에서든 편안함을 느껴."

하나의 지점에서 만난 사례는 여느 날처럼 감옥 마당을 산책할 때 벌어졌다. 그녀는 루마니아에서 온 들소가 낡은 군복 외투를 한 무더기 가득 실은 수레를 끌고 있는 광경을 마주했다. 이 군복 외투들은 전선에서 가져온 것으로 피가 묻어 있는 것도 많았고, 여성 수감자들이 수선해 다음 전투에 투입될 병사들에게 보낼 것들이었다. 로자는 짐을 너무 많이 실어서 들소들이 앞으로 가지 못하고 있는 것을 보았다. 담당 병사에게 동물이 불쌍하지도 않냐고 하자, 그는 "우리 인간들을 불쌍하게 생각하는 사람도 없소"라고 대답했다.

게르트루트 츨로트코 (로자의 하녀)로 추정되는 여인이 고양이 미미를 안고 있는 사진. 이 사진은 로자가 감옥에서 쓴 편지들과 메모들 사이에 있었다. 사랑스러운 고양이 친구를 그리워하던 로자가 소중하게 간직하던 사진이었다.

"짐을 내릴 동안, 짐승들은 모두 지쳐서 꼼짝도 하지 않고 서 있었어. 아까 피 흘리던 녀석은 검은 얼굴과 온화한 검은 눈에 매 맞은 아이 같은 표정을 하고서 제 앞의 허공을 바라보고 있었어."50 짐승에게든 인간에게든 가혹한 짓을 해서는 안 된다. 상처 입은 들소를 불쌍하게 여기지 않았던 그 병사는 동료 인간 역시 아무 거리낌 없이 죽일 것이기 때문이다.

자신을 둘러싼 모든 사람과 모든 것에 대한 로자의 깊은 공감 능력은 그녀의 삶에서 가장 중요한 도전 과제를 만들어냈다. 그것은 바로 인간이 되는 것, 즉 자신을 둘러싼 모든 것이 아름다운 선과 끔찍한 악의 선명한 대비로 괴로워하고 있다는 사실을 직시하는 것이다.

> 당신이 물었지. "어떻게 하면 선한 사람이 될까요?" "어떻게 하면 자기 안의 '작은 악마'를 잠재울 수 있을까요?" 조니치카[51], 나는 그 방법을 몰라. 다만 삶의 기쁨과 아름다움에 연결되는 것, 그것이 항상 우리 주변에 있으며, 단지 눈과 귀를 제대로 사용하는 방법만 안다면, 내면의 균형을 이루고 모든 사소하고 짜증나는 것들을 초월하는 길밖에 없다고 생각해.[52]

다른 여자 친구 마르타 로젠바움에게 보낸 편지에서 썼던 것처럼, 로자는 역사와 시간에 대한 생각을 바꾸지 않았다. "사랑하는 친구, 역사는 언제나 무엇을 해야 할지 가장 잘 알고 있어. 설령 상황이 가장 절망적으로 보일 때조차도 말이야."[53]

감옥이라는 제약된 공간 속에서 룩셈부르크는 자신의 내면을 깊이 성찰했고, 연구 작업을 계속했으며, 바깥에서 벌어지고 있는 일들에 대해서도 예의 주시하고 있었다. 그녀는 계속 글을 쓰면서 자신의 정치경제적 이론과 실천을 발전시켜 나갔지만, 삶의 속도가 느려진 덕분에 자기 "내부의 폴란드 경제"의 영역을 돌아보며 사유를 더 깊이 발전시킬 수 있는 여유도 생겼다.

그녀가 가장 사랑하는 사람들과 멀리 떨어져 있으면서도

국제적 조직 활동에 변함없이 헌신할 수 있었다는 점은, 자기 분석과 자기성찰이라는 그녀의 타고난 장점과 함께 투쟁에 대한 확고한 헌신을 소홀히 하지 않으면서도 자기 내면의 목소리에 세심하게 귀 기울일 수 있는 능력을 보여준다. 로자는 혼자 있는 것을 좋아했고, 엄격한 규율 아래에서 방해받지 않고 일하는 것을 선호했다. 하지만 그녀에게는 편지로 자신의 말을 주의 깊게 들어주고 조언해 주는 사람이 늘 필요했으며, 감옥에서 그 필요성은 더욱 절실했다.

로자는 수감 생활을 통해 세상의 옳고 그름과 억압이 가진 구조적 본질과 혁명으로 나아가는 방법을 더 깊이 이해하게 되었다. 그녀의 선구적인 사상은 환경 문제를 피억압자 및 장애인의 권리와 연결시키는 초기적인 문제의식을 담고 있었다. 인권에 대한 그녀의 폭넓은 이해는 그녀가 "가장 내밀한 본질"이라 부른 자신의 존재를 탐구하도록 이끌었다.

로자의 네 번째 책이 될 원고, 즉 다음으로 할 큰 프로젝트는 앞의 세 책과는 성격이 완전히 달랐다. 그녀는 감옥에 있는 동안 블라디미르 코롤렌코의 『나의 동시대인의 역사』를 번역하고 편집하는 작업에 몰두 했다.

이 책은 전기이자 역사 논픽션 장르의 뛰어난 작품이면서도, 로자의 저작에 나타나는 중심적인 생각들을 많이 담고 있다. 로자의 내면은 편지, (분석적 사고가 가장 정밀하게 드러난) 경제학 관련 저술들, (언어를 통해 힘을 불어넣는 열정과 능력을 보여준) 정치적인 글과 연설 등 그녀가 구사한 다양한 스타일의 글쓰기에 드러나 있다.

1918년에 발표한 「코롤렌코의 생애」는 『나의 동시대인의 역사』 번역판의 서문으로 쓴 글이다. 이 글은 그녀의 문화적인 감수성과 함께, 문화가 정치적·사회적 변화와 긴밀한 관계를 맺고 있다는 것을 보여준다.

로자는 훨씬 이전의 글(「마르크스주의의 정체와 진보」, 1903)에서 항상 그랬듯이 변증법적인 사고를 보여주며 이렇게 쓴 바 있다. "프롤레타리아트는 매우 다른 처지에 있다. 무산계급으로서 프롤레타리아트는 부르주아 사회의 틀 안에 머물러 있는 한, 아무리 자신의 지위를 향상시키려고 투쟁하더라도 자생적으로 그 자신의 독자적인 정신문화를 형성할 수 없다."[54] 이 글은 문화와 관련하여 노동계급과 지식인 사이의 변증법적 관계를 분석한다.

> 모든 계급 사회에서 지적 문화(학문과 예술)는 지배계급에 의해 창조되며, 이 문화의 목적은 한편으로는 사회 체제 유지에 필요한 요구를 직접 충족시키고, 한편으로는 지배계급 구성원들의 정신적 욕구를 만족시키는 데 있다 … 노동계급은 현재의 계급적 처지에서 완전히 해방될 때까지 자신을 위한 독자적인 학문과 예술을 창조할 수 있는 처지에 있지 못할 것이다.

이런 예리한 통찰은 로자가 혁명이 자생적으로 일어나지 않을 것이라는 점을 이해하고 있었다는 사실을 보여준다. 오히려 혁명은 역사 자체의 내적 논리와 발전 과정 속에서 발생한다. 즉, 모든 과정은 혁명을 향해 전개되고, 변화는 역사 자체의 논리 안에서 생겨나는 것이다.

룩셈부르크가 인용하는 고전 작품들은 다양하지만, 그녀의 정치 성향을 고려하면 상당히 보수적이라 놀랍게 느껴질 수도 있다. 그녀의 글에는 실러, 셰익스피어, 세르반테스, 디킨스, 터너, 미츠키에비치, 포, , 고리키, 몰리에르가 모두 나온다. 괴테는 로자에게 특별히 중요했다.

> 마음이 평화로워진 건 언어의 음악과 시의 신기한 마술 덕택이야. 왜 그런지 잘 모르겠지만 아름다운 시, 특히 괴테의 시는 감동을 줘. 이 감동은 육체에까지 영향을 미쳐서 마치 영혼을 시원하게 해주는 감미로운 생명수처럼 바싹 마른 입술을 적셔주고 내 몸과 영혼을 치유해주지.[55]

룩셈부르크는 형식에 주의를 기울였으며, 미적·정치적 변화와 관련된 문화적·역사적 맥락에도 깊은 관심을 가졌다. 룩셈부르크는 작품과 작가를 분리하는 것은 불가능하다고 보았다. 따라서 문화에 관해 쓴 로자의 글도 그녀 자신의 정신세계의 지형 속에서 살펴보는 것이 필요하다.

「코롤렌코의 생애」는 강렬한 인용문으로 시작된다. "삼중의 민족성을 가진 내 영혼이 마침내 고향을 찾았다. 그 무엇보다도 러시아 문학에서."56 이어서 로자는 러시아 문화에서 일어난 갑작스러운 단절을 논한다. "어둠과 야만"에서 "기적 같은" 변화로, 러시아 문학이 갑자기 꽃을 피운 현상을 묘사하며, 그녀는 러시아 문학이 "유피테르의 머리에서 태어난 미네르바처럼 화려한 갑옷을 입고" 불쑥 솟아났다고 표현한다. 로자는 새로운 러시아 문학의 거장들을 유럽의 여러 중요한 문학가들과 비교하는데, 셰익스피어, 바이런, 레싱 등을 거론하면서 마지막에는 그녀가 가장 사랑했던 괴테의 이름을 덧붙인다.

로자는 순수문학에서 당대의 사실주의 저널리즘까지 다양한 장르를 아우르는 이 새로운 문학이 "러시아 차르 체제에 대한 저항, 투쟁의 정신에서" 탄생했다고 주장한다.57 이 관계는 일방적인 것이 아니다. 혁명적 시기에 새로운 예술이 탄생할 수도 있지만, 동시에 예술이 혁명적 감정을 불러일으킬 수도 있다. 로자 룩셈부르크는 다음과 같이 썼다. "(러시아 문학은) 19세기 초, 태동한 첫날부터 단 한순간도 사회적 책임을 외면한 적이 없으며, 사회 비판적 태도를 잊지 않았다."58

그녀는 예술을 선전의 도구로 축소시키지 않았지만, 그녀를 정치활동으로 이끈 원칙인 타인 및 세계에 대한 공감과 정치 현실에 대한 비판적으로 사고하는 능력은 문화를 고찰하는 데도 중심이 되었다. "러시아 사회는 격렬한 흥분에 휩싸였고,

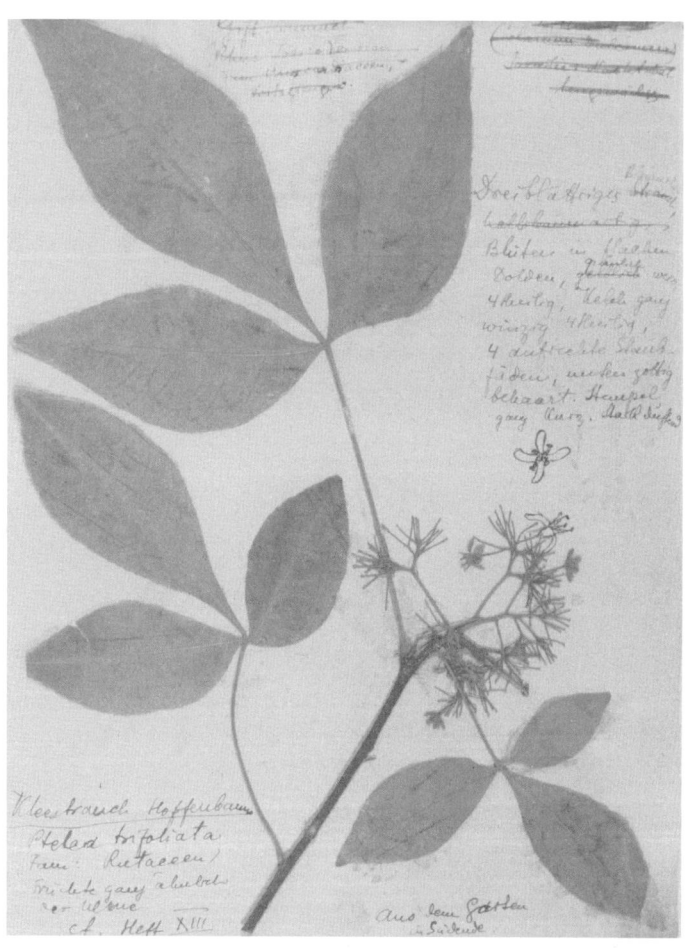

로자의 식물표본집의 한 페이지. 인간과 자연이 하나라는 로자의 인식은 그녀의 세계관의 일부였다. 그녀는 "종달새는 러시아에서도 독일 못지않게 아름답게 지저 귄다"고 썼다.

작가들은 경종을 울렸다."[59]

국제주의자인 로자의 흔적이 이 글 전반에 드러나 있다. "투르게네프는 우연히 자신이 베를린 근처 어딘가에 있을 때에야 처음으로 종달새 노래 소리를 온전히 즐길 수 있었다는 사실을 깨달았다. 무심결에 한 이 발언은 매우 의미심장해 보인다. 종달새는 독일 못지않게 러시아에서도 아름답게 지저귀기 때문이다." 그녀는 이렇게 말한다.

> 투르게네프가 자기 나라에서 자연의 아름다움을 즐기지 못한 것은 다름 아닌 사회적 관계의 고통스러운 부조화, 즉 자신의 힘으로는 제거할 수 없는 포학한 사회적·정치적 환경에 대한 책임감을 항시 느끼고 있었기 때문이다. 그것이 그의 내면 깊이 파고들어 한 시도 완전히 자신을 잊을 수 없었던 것이다.

로자에게 이 세계와 새들의 노래, 정치적 변화, 도덕적 책임은 모두 연결된 것이다. 그녀는 다음과 같이 주장한다. "바로 이러한 사회적 공감이 러시아 문학의 독창성과 예술적 광채를 가능하게 한 원동력이다."[60] 예술은 사람들로부터 깊은 공감을 이끌어내며, 이는 작품의 미적 가치를 형성한다. 로자는 이렇게 썼다. "회색의 일상을 배경으로 엉뚱하게 불거져 나온 예외적인 사람과 상황이 아니라, 삶 그 자체, 평범한 사람과 그의 비참함이 사회적 불의를 감각적으로 강렬하게 인식하고 있는 러시아 작가들의 깊은 관심을 불러일으킨다."[61]

코롤렌코는 한 단편에서 정직한 사람의 행복은 언제나 인간의 영혼을 고양시키며, 인간은 행복해질 의무가 있다고 썼다. 그 자신이 "행복해지고 싶어하는 빌어먹을 욕망에 사로잡혀" 있다고 고백한 바 있는 로자 역시 이 말을 깊이 이해하고 있었다. 그녀는 이렇게 덧붙인다. "행복은 인간을 정신적으로 건강하고 순수하게 만든다. 마치 드넓은 바다 위를 비추는 햇빛이 효과적으로 물을 소독하는 것처럼 말이다."

또한 "지속적인 억압, 불안정, 빈곤과 종속과 함께 노동 분업으로 인해 발생하는 일면적인 전문화는 인간을 특정한 방식으로 찍어낸다. 이는 억압자와 피억압자 모두에게 해당한다."[62] 이런 로자의 분석에서 우리는 언제나 행복을 추구하는 그녀의 지칠 줄 모르는 정신을 볼 수 있다. 그녀는 자신의 정신세계를 "폴란드 경제"라 부르며 질서를 잡으려 노력했을 뿐 아니라, 주변 사람들의 행복도 바라 마지않았다.

룩셈부르크는 사형제를 격렬히 반대하는 코롤렌코의 입장을 자세히 논의했다. 톨스토이는 사형 문제에 대한 코롤렌코의 개입을 높이 평가하며 이렇게 썼다.

> 방금 사형제에 관한 당신을 글을 낭독하는 것을 들었습니다.
> 애써 참으려 했지만, 눈물을 멈출 수 없었습니다. 표현, 사

상, 감정이 모두 탁월한 이 작품에 대해 감사와 사랑을 어떻게 표현해야 할지 모르겠습니다. 이 글은 반드시 수백만 부를 인쇄하여 배포해야 합니다. 어떤 두마 연설도, 논설도, 희곡도, 소설도 이 작품만큼 큰 영향을 미칠 수는 없을 것입니다.[63]

룩셈부르크도 사형제에 맹렬히 반대했으며, 이 문제의 중대성을 인식하고 있었다. 그녀는 이렇게 썼다.

> 기근과 전염병에 관한 (코롤렌코의) 기사들과 마찬가지로, 이 글에는 상투적인 미사여구도, 공허한 감상도 없다. 전반적으로 담백하고 사실적이지만, 인간의 고통에 대한 연민과 상처받은 마음에 대한 깊은 이해가 돋보인다. 사형선고 하나하나에 내포된 사회의 범죄를 폭로하는 이 짧은 글은, 따뜻함과 최고의 윤리를 담고 있으면서도 가장 가슴을 휘젓는 고발이 되었다.

룩셈부르크는 1918년 8월, 「사형제에 반대하며」라는 글을 썼다.

> 리프크네히트와 나는 얼마 전까지 우리가 머물렀던 그 '환대의 공간'을 떠나며, 그는 머리를 민 감방 동료들에게, 나는 함께 3년 반을 보냈던 친애해 마지않는 가엾은 매춘부와 절

도범들에게 작별을 고했다. 그들의 슬프고 그리움 어린 눈빛
이 우리를 배웅할 때, 우리는 그들에게 진심으로 약속했다.
우리는 결코 당신들을 잊지 않겠노라고![64]

이 글은 감옥 제도에 내재된 잔혹성과 사형제의 비인간성을 깊이 인식하는 강력한 논증이다. "사형제는 극히 반동적인 독일 법전의 가장 큰 수치이며, 즉각 폐지되어야 한다."[65]

이 선언은 로자의 시대와 오늘날의 우리가 공유하는 또 하나의 입장이다. 사형제는 이 글이 쓰인 지 백 년이 지난 지금까지도 여전히 우리의 의제에서 중요한 문제로 남아 있다. 룩셈부르크는 인류 전체와의 연대를 위해 사형제에 저항하는 것이 얼마나 중요한지를 보여주었다.

연민은 개인의 고통에서 비롯되는 것이 아니라, 타인의 입장에서 서는 능력, 즉 타인의 눈으로 보고, 타인의 처지에서 행동해 보는 능력에서 나온다. 사회가 가장 취약한 존재들에게 가하는 잔혹함은 그 사회가 품고 있는 은밀한 폭력의 구조를 적나라하게 드러낸다. 로자 룩셈부르크는 이를 깊이 이해하고 있었다.

그녀는 이렇게 썼다. "세상은 뒤집혀야 한다. 그러나 흘리지 않아도 될 눈물이 흐를 때, 그것은 하나의 고발이다. 잔혹한 무심함으로 가엾은 지렁이를 짓밟는 자는 범죄를 저지르는 것이다."[66] 딱정벌레와 들소를 향한 것이든, 사회의 그늘진 곳으

로 내몰려 사형을 선고 받은 사람들을 향한 것이든 모든 폭력에 대한 저항이야 말로 로자 룩셈부르크가 이해한 정의의 핵심이었다.

로자가 코롤렌코의 맹인 악사에 관심을 기울인 것은 특히 매혹적이다. 평생 다리를 절면서도 걷기에 열중했던 그녀는 자신의 장애에 대해 거의 언급하지 않았다. 하지만 이 글에서 로자의 문장은 많은 것을 드러낸다. 우리는 로자의 깊은 연민과 함께 그녀가 자신을 이해하지 못하는 사람들을 어떻게 생각하는지도 알 수 있다. "불구자로 태어나는 것은 많은 갈등의 이유가 될 수 있다. 하지만 불구 자체는 인간이 어쩔 수 있는 것도, 죄나 응보 때문인 것도 아니다."[67]

장애가 있다고 해서 룩셈부르크가 특별한 대우를 받은 것은 아니었다. 그러나 그녀는 다른 사람들의 이야기 속에서 장애가 생략되고 있다는 점을 알아차렸다.

> 문학과 예술에서 신체적 결함은 단편적으로 언급되거나 피상적으로 다루어질 뿐이다. 예컨대 호메로스의 테르시테스나 몰리에르와 보마르셰의 희극에 등장하는 말을 더듬는 판사들처럼 추한 인물을 더욱 혐오스럽게 보이도록 하는 방식으로 활용되거나, 네덜란드 르네상스 시대의 장르화, 특히 코넬리우스 두사르트(Cornelius Dussart)의 불구자를 그린 스케치처럼 악의 없는 해학의 대상으로만 그려져 왔다. 그러

나 코롤렌코는 다르다. 그는 선천적으로 앞을 보지 못한 채, 빛을 향한 불가항력적인 갈망에 시달리는 한 인간의 고통을 이야기의 중심에 놓는다.[68]

로자는 코롤렌코의 맹인 악사의 목소리에 기꺼이 귀를 기울일 준비가 되어 있었다. 더 넓게는 어둠 속에 남겨지거나 침묵을 강요당한 다중들의 목소리도 마찬가지였다. 다음 같은 구절은 그녀가 장애를 어떻게 바라보았는지 짐작케 한다. "오늘 모이를 먹으러 온 참새들 중에 다리를 다친 녀석이 한 마리 있었어. 그래도 날 수는 있더라고. 녀석이 너무 안쓰러웠어! 우리 모두 너에게 키스를 보낼게. N[69]. M. 그리고 참새들도."[70]

다른 글에서 로자의 친구이자 조력자인 마틸데 야콥은 로자가 상처 입은 비둘기를 보살펴 준 일화를 전한다.

1917~1918년 겨울, 지친 비둘기 한 마리가 로자 룩셈부르크의 감방 창가에 내려앉았다. 날개를 다쳐서 날 수 없었기 때문이었다. 로자는 비둘기의 상처를 씻어주고, 다시 날 수 있을 때까지 정성껏 돌보았다. 1918년 6월, 그녀는 야콥에게 보낸 편지에 이렇게 썼다. "지난번 겨울에 내 감방에서 돌봐준 다친 비둘기, 그 갈색 비둘기가 내 친절을 기억하는 것 같아. 오후에 내가 마당을 산책하고 있을 때, 나를 본 뒤로 매일 오후가 되면 어김없이 나를 기다리고 있어. 내 옆으

로 와서 조약돌이 깔린 바닥에 몸을 부풀리고 앉아 있거나, 내가 마당을 빙빙 돌고 있으면 나를 따라 오는 거야. 이 조용한 우정을 보고 있으면 우습기도 해.[71]

로자가 동물 세계에 보인 친근함은 자연과 인간이 얽혀 있다는 그녀의 인식에서 비롯된 것이다. 이는 특히 그녀 자신이 장애인이었기 때문이기도 했고, 또 인간이든 비인간이든 자유와 평등을 향한 길에서 더 많은 도움이 필요한 이들에게 그녀가 세심한 관심을 갖고 있었기 때문이기도 했을 것이다. 우리는 이러한 관심을 장애인 권리에 대한 인식이 막 싹트기 시작한 것으로 볼 수 있다. 로자에게 정의와 공감은 언제나 하나였다.

코롤렌코의 책은 그의 유년 시절을 인상적으로 펼쳐 보인다. 부모에 대한 인상, 당대 역사적 격변의 묘사, 교육에 대한 성찰, "전제국가 러시아"에 대한 정치적 평가, 그리고 상트페테르부르크와 모스크바의 문화적 풍경에 대한 생각들이 담겨 있다. 그는 자신의 체포와 이어진 유배 생활을 자세히 서술하며, 마지막에는 인민주의에 대한 이야기로 끝을 맺는다. 이 치밀한 작품은 한 개인의 삶을 담은 동시에, 관찰자의 시선으로 알렉산드르 2세의 치세를 기록하고 있다.

로자는 『나의 동시대인의 역사』의 서문에서 이런 결론을 내린다. "인간의 비참함에 대한 사회적 손길과 연대는 개인뿐만 아니라 대중에게도 구원과 계몽을 의미한다." 이 뒤에서 그녀는 "동유럽에서 민중의 까다로운 성질을 달래기 위해 가장 흔히 이용된 대상은 언제나 유대인이었다. 그리고 그 역할이 끝났는지는 지금도 여전히 의문스럽다."고 지적한다.[72]

로자는 1913년 한 살인사건의 재판을 앞두고 코롤렌코가 그녀의 민족인 유대인과 연대했던 일을 힘주어 강조하는데, 이 사건에서 러시아 유대인인 메나헴 베일리스는 키이우에서 제의 의식을 위해 살인을 저질렀다는 혐의로 기소되었다. 이 대목은 룩셈부르크가 자신의 유대인성과 맺었던 관계를 다시금 되돌아보게 한다.

코롤렌코가 자신의 민족에게 연대의 손길을 내밀었던 것을 높이 평가했던 것처럼, 그녀도 세계 반대편에 살고 있는, 한 번도 가본 적 없는 나라들이지만 불의로 인해 가장 고통 받는 이들이라는 사실을 알고 있는 사람들에게 연대의 손길을 내밀었던 것이다.

어쩌면 인간 내면의 깊숙한 곳은 예기치 못한 충격을 받았을 때 가장 잘 드러나는 것일지도 모른다. 스물일곱 살 난 폴란드 출신의 유대인 이민자로 독일 좌파의 거물급 인사들에게 도선하는 것을 전혀 두려워하지 않았던 패기만만한 로자 룩셈부르크는 20년 가까운 세월이 흐른 뒤 자기 자신의 인간성의 한계와 인간 사회가 그녀에게 베푼 관대함의 한도에 관해 가장 쓰라린 교훈을 배우게 되었다. 그것은 가장 끔찍한 방식으로 그녀의 옳음이 입증된 순간이었다.

한쉔, 그녀가 사랑한 한스 디펜바흐, 주로 편지로 사랑을 나누었던 그가 1차 대전에서 목숨을 잃고, 전장에서 피 묻은 외투만 돌아온 이들 가운데 하나가 되었던 것이다. 독일 사민당을 지지한 의사인 디펜바흐는 1917년 33세의 나이로 전사했다. 로자의 슬픔은 깊었다. 그녀는 이렇게 회상했다. "한스는 어린아이처럼 눈물을 글썽이며, 전쟁에 나가고 싶지 않다고, 나가서는 안 된다고 우리에게 항의했어요. 돌아오지 못할 것 같은 예감이 든다고 말했죠. 나는 그를 작은 아이처럼 달래 주어야만 했어요."[73]

로자는 평생 군국주의와 전쟁으로 인해 사랑하는 이를 잃는 사람이 없도록 투쟁해 왔다. 그리고 이제 그녀는 그 혹독한 감정적 대가를 치르고 있었다. "사실 나는 지금 그가 죽지 않은 꿈의 세계에서 살고 있는 것 같아. 내게 그는 계속 살아 있고, 나는 자주 그를 떠올리면서 미소 짓곤 해."[74]

로자는 늘 현실주의적 이상가였으며, 현실에서 결코 도피하는 법이 없었다. 하지만 이번만큼은 현실을 견디기 어려웠다. 그녀는 전쟁에 반대한 대가로 감옥에 갇혔다. 그리고 그 전쟁은 그녀가 사랑하는 한스의 목숨을 앗아 갔다. 그럼에도 불구하고, 이런 가장 어두운 시기에도 그녀의 너른 마음은 무너지지 않았다. "내 안에 그는 계속 살아있단 말이야."[75]

로자 룩셈부르크와 그녀의 동지들은 1916년 스파르타쿠스 동맹이 공식적으로 창립되기 훨씬 전에 이미 기존 사회민주당과 결별한 상태였다. 그러나 조직이 건설되면서 로자와 공동 창립자인 클라라 체트킨, 프란츠 메링, 카를 리프크네히트는 사실상의 지도부가 되었다. 이들은 당시 그녀와 가장 밀접하게 결속한 동지들이었다. 다른 주요 구성원으로는 율리안 마르흘레프스키, 빌헬름 피크, 베르타 탈하이머 등이 있었다.

스파르타쿠스 동맹의 공식 창립은 로자를 좌파 내의 변방적 존재에서 지도자로 변모시켰다. 그녀의 가장 유명한 저작 중 하나인 「유니우스 팸플릿」*은 1915년 익명으로 집필된 글로, 전쟁의 복잡하고 영속적인 영향을 비판하는 폭풍 같은 외침이었다. 전쟁 기간 동안 그녀가 쓴 글은 절박했고, 폭발적이었으며, 통렬했다.

「유니우스 팸플릿」은 당시의 다른 저작들과 함께 읽어야 한다. 1915년 〈디 인터내치오날레〉에 발표한 또 다른 글 「인터내셔널의 재건」에서 룩셈부르크는 제1차 세계대전의 발발을 인터내셔널의 붕괴와 연결지었다. (1914년 그녀는 한 편지에서 "당과 인터내셔널은 산산조각 났다"[76]라고 썼고, 다른 편지에서는 "인터내셔널의 붕괴는 그만큼 철저하고도 참혹하나!"[77]라고 썼다.)

---

* 유럽을 기반으로 한 공산주의 조직인 '국제공산주의흐름(ICC)'에서 한국어 번역본을 제공하고 있다. https://ko.internationalism.org/junius

나아가 그녀는 사회주의 정당들의 "재앙적인 자기기만"을 분석하고, 그 결과 사회주의 인터내셔널은 "허구이자 위선"이 되어버렸다고 비판했다.[78] 로자는 이제 선택지는 명확하다고 강조했다. 그것은 곧 "사회주의냐 제국주의냐"였다. 독일 사회민주당은 전장에서 제국주의를 받아들였다. 그녀는 전선에서 싸우는 남성들의 지원에 나선 사회민주당 여성들을 비판했다. 로자에게 여성 문제는 언제나 더 거대한 사회 문제와 맞물려 있는 것이었다. 그녀는 전시에도 국제연대의 중요성을 계속 주장했고, 인터내셔널이 봉착한 딜레마를 다음과 같이 명확히 제시했다.

> 둘 중의 하나다. 계급투쟁은 프롤레타리아트 존재의 최고 법칙이며, 당 관료들이 전시에 그 대신 계급 조화를 주장하는 것이 프롤레타리아의 가장 중대한 이해를 침해하는 것이든지, 전시든 평시든 상관없이 계급투쟁이 "국익"과 "조국의 안전"을 침해하는 것이든지.

그녀는 "평화에 대한 유일한 실질적 보장은 프롤레타리아트가 이 모든 제국주의 폭풍 속에서도 계급 정치와 국제적 연대에 충실하겠다는 결의를 유지하는 데 달려 있다"라고 결론지었다.[79] 결국 이 명제는 "제국주의냐 사회주의냐"의 문제로 귀결된다. 인터내셔널의 힘을 유지하기 위해서는 "결의안들로 포장되지 않은" 그렇지만 명확히 "평화로 가는 길"을 선택해야 한다.

「유니우스 팸플릿」은 로자가 민족 자결권에 대한 입장에서 흥미로운 변화를 보인 저술로, 전쟁이든 평화든 오직 사회주의만이 민족 자결을 실현할 수 있다고 주장했다. 이는 민족주의에 대한 입장을 완전히 양보한 것은 아니었지만, 민족주의를 어느 정도 사회주의 전술 내로 받아들인 것으로 볼 수 있다. 그럼에도 불구하고, 이는 그녀가 역사의 발전에 뒤처진 것처럼 보이는 부분이다. 결국 1860년대 마르크스와 엥겔스의 입장으로 돌아간 셈이기 때문이다.[80]

1914년은 로자 룩셈부르크의 철학이 크게 흔들린 해였지만, 또한 레닌과 카우츠키 같은 당대의 주요 마르크스주의자들과 그녀의 차이가 구체화되어 나타난 해이기도 하다. 1914년까지 민족 문제에 대한 마르크스주의적인 해석에서 최고 권위자였던 카우츠키[81]는 민족의 이해를 프롤레타리아트의 이해와 동일시했다. 즉 민족해방의 쟁취는 노동계급에게도 이익이 된다는 것이다. 그러나 룩셈부르크는 하나를 다른 것에 종속시킨다. 다시 말해, 그녀에게는 혁명이 언제나 행동의 최우선 목표일 뿐, 민족해방은 그렇지 않았던 것이다.[82]

1915년 말, 로자 룩셈부르크는 「국제 사회민주주의의 임무에 대한 테제」를 집필했다. 여기서 그녀는 세계대전의 발발과 지도부의 배신으로 인해 지난 40년간 유럽 사회주의가 쌓

아온 성과가 어떻게 붕괴되었는지 추적했다. 제국주의가 본격화된 시대에 민족 전쟁이란 존재할 수 없었으며, 이제 하나의 국가 수준에서 자유와 독립을 쟁취하는 것은 불가능해졌다. 세계 평화는 유토피아적인 기획이나 자본주의 외교관들의 반동적 책략으로는 나오지 않을 것이다. 룩셈부르크는 『자본의 축적』에서 제시했던 주장으로 돌아가, 제국주의는 자본의 확장에서 비롯되며 따라서 프롤레타리아트의 적이라는 점을 다시금 강조했다.

여기서 우리는 로자가 이룬 이론과 실천의 완벽한 결합을 볼 수 있다. 그녀는 인터내셔널이 행동의 중심이며, 그것이 우선권을 가져야만 한다고 단언한다. 민족주의는 부르주아 계급의 영향이 드러나는 방식이며, 사회주의의 임무는 프롤레타리아트가 그 굴레에서 정신적으로 해방될 수 있게 하는 것이다.[83] 노동자의 조국은 사회주의 인터내셔널이다.

「유니우스 팸플릿」은 18세기 영국 정부가 시민들에게 부과한 의무와 시민권 침해에 관해 비판한 익명의 필자가 사용한 필명인 유니우스*에서 이름을 따왔다. 룩셈부르크는 국제적인 사회 상황의 변화를 논하면서 글을 연다. 세계 전쟁은 전 지구적 비극이었다. 이런 극적 분위기는 그녀의 가장 강렬한 문장

---

* 유니우스(Junius)는 1769~1772년 영국 신문에 '유니우스의 편지'를 익명으로 게재하며 토리당 권력자의 부패를 신랄히 비판하고 언론 및 시민의 자유를 옹호한 18세기 정치 평론가의 필명이다.

중 하나에 생생하게 표현된다.

> 모욕당하고 명예가 손상된 채, 피에 잠기고 진탕에 빠진 채 그렇게 부르주아 사회가 서 있다. 이것이 부르주아 사회이다. 깨끗하고 정숙하게 문화, 철학과 윤리, 질서, 평화와 법치국가를 연기하던 때의 부르주아 사회가 아니다. 찢어발기는 야수로서, 무질서의 대혼란으로서, 문화와 인류에 대한 독기운으로서 그렇게 부르주아 사회는 벌거벗은 실체를 드러내고 있다.[84]

이 글에서 눈길을 끄는 것은 로자의 문체가 새로운 정점에 도달했으며, 그녀의 절박함이 더욱 극적인 화법으로 표현되고 있다는 점이다.

핵심 주장은 초반부터 나타난다. 룩셈부르크는 사회민주주의가 항복했다고 선언한다. 그녀의 모든 글에서 그렇듯, 초점은 프롤레타리아트의 계급의식이 역사의 다음 단계로 나아갈 수 있는가에 맞춰져 있다. "국제 프롤레타리아트가 이러한 전락의 깊이를 가늠하고 그로부터 배우려 하지 않을 때, 사회주의가 패배하는 것은 오직 그 때뿐이다."[85]

인류에게 가장 암울한 시기 가운데 하나를 통과하면서도, 이어진 분석에서 보여주듯이, 룩셈부르크는 대중 의식의 변화에서 희망을 찾았다. 국제 투쟁의 정점이자, 동시에 항복의 가장 극명한 사례는 독일 사회민주주의였다. 따라서 그녀의 분석은 독일 사회민주주의의 몰락에서 시작된다. 위기를 극복하는 길은 위기의 전개 과정과 앞으로의 가능성이 현실화 되는 과정에 개입하여 대중에게 새로운 의식을 형성하는 것이다. 이것이 바로 로자 룩셈부르크의 활동에서 핵심 목표였다.

> 부르주아 사회가 그 피의 광란 때문에 수치와 불명예 속에서 파멸을 향해 계속 질주하는 동안, 국제 프롤레타리아트는 정신을 수습하여 세계대전의 사나운 소용돌이 속에서 한 순간의 혼미와 나약함 때문에 바닥에 떨어뜨린 그 황금의 보물들을 다시 건져내야만 하고 또 그렇게 할 것이다.[86]

세계대전은 전환점이었으며, 프롤레타리아트의 입장을 강하게 밀어붙일 수 있는 기회였다.

룩셈부르크는 여기서 역사적 필연성과 인간의 주체적 실천 사이의 변증법을 명확히 제시한다. "과학적 사회주의는 역사 발전의 객관적 법칙을 파악하도록 우리에게 가르쳤다. 인간은 자신의 뜻대로 역사를 만들어가지는 못하지만, 그럼에도 불구하고 역사를 만들어간다."[87]

이는 마르크스가 『루이 보나파르트의 브뤼메르 18일』에서 "인간은 자신의 역사를 만들어가지만, 자신이 바라는 대로 역사를 만들어 가는 것은 아니다"라고 한 말을 직접 참조한 것이지만, 룩셈부르크가 변증법적 사유를 얼마나 명확히 받아들이고 있는지 잘 보여준다. 그녀의 사회주의 대의에 대한 신념은 확고부동했다.

> 프롤레타리아트의 행동은 사회 발전의 성숙도에 따라 좌우되지만, 사회 발전은 프롤레타리아트와 무관하게 진행되는 것이 아니다. 프롤레타리아트는 사회 발전의 원동력이자 원인이며, 동시에 그 결과이자 산물이기도 하다. 그 행동 자체가 역사의 일부를 결정짓는다. 인간이 자신의 그림자를 뛰어넘을 수 없듯이 우리가 역사적 발전을 건너뛸 수는 없지만, 그것을 가속하거나 지연시키는 것은 가능하다.

우리는 역사가 행진하는 방향을 바꿀 수 없지만, 우리 각자가 대중의 일부로서 — 역사의 행진을 밀어 나가는 거대한 원동력으로서 — 자신의 역할을 다하는 것은 우리에게 달려 있다. "사회주의는 인간의 사회적 행동 속에 의식적 의미, 계획된 사고, 그리고 이를 통해 자유의지를 불어넣는 것을 목표로 삼은 세계 역사상 최초의 대중운동이다."

로자는 프리드리히 엥겔스가 언젠가 부르주아 사회는 사회주의로 이행하느냐, 야만으로 퇴행하느냐의 기로에 서 있다고 말했다고 주장한다.[88] 룩셈부르크는 이 역사적 기로를 자신의 시대에 맞게 재구성하여 설명했다. 역사와 독일 사회민주주의 행진은 사회주의냐, 제국주의냐의 기로에 놓여 있다는 것이다. 그녀는 이렇게 썼다. "우리는 정말로 모세가 광야로 이끈 유대인들과도 같다. 그러나 우리는 길을 잃지 않았으며, 배우는 법을 잊지 않는다면 반드시 승리할 것이다."[89]

행진을 결코 멈추는 법이 없었던 이 유대 여자의 끈기와 불굴의 정신, 사람들의 의식을 변화시키고 행동을 촉구하는 끝없는 열정은 『유니우스 팸플릿』과 그녀의 전 생애를 관통하는 붉은 실이었다. 사회주의라는 약속의 땅은 그것을 향해 끊임없이 나아가는 이들을 기다리고 있었다.

사회민주주의가 군국주의에 양보한 것은 현재의 위기 상황으로 접어드는 중요한 계기가 되었다. 그녀의 정교한 이론적 분석은 곧바로 정치적 외침으로 이어졌다. 룩셈부르크는 정부가 반대파 언론을 강제로 굴복시키는 것을 맹렬히 비판했다. 언론 자유의 억압은 노동계급 투쟁에 대한 양보와 밀접하게 연관되어 있었다. 이는 "국내 평화"라는 미명 아래 전쟁을 강화하는 결과를 낳았다. 여기서 우리는 다시금 마르크스주의와 민주주의라는 로자 룩셈부르크 저작의 두 기둥을 발견할 수 있다.

이 글은 다양한 비판의 시각들을 집대성하고 있다. 반군국주의, 반제국주의, 반식민주의, (농경지의 황폐화를 인간에 대한 폭력과 연결된 문제로 이해하는) 자연의 파괴, 그리고 당연히 빠져서는 안 될 이 모든 것의 근본 구조인 사회주의까지 모두 망라된다. 이 범주들을 분석적으로 구분하여, 각 비판의 논점들이 어떻게 서로 공명하며 로자가 촉구하는 행동의 시급성을 부각하는지를 살펴보는 것이 중요하다.

또한 이 글은 모든 억압에 대해 선후를 따지는 것이 아니라 동시에 저항해야 한다는 것을 보여준다. 여기서 우리는 전쟁터에서 피 묻은 옷을 싣고 돌아오는 들소의 고통에 연민을 느꼈던 여인, 그리고 억압을 개별적으로 나누어 볼 수 없다는 사실을 본능적으로 이해했던 여인에게로 다시 돌아온다. 고통받는 들소에게, 나아가 부르주아지의 손에 떠밀려 피 흘리며 죽어간 수많은 병사들에게 느낀 연민이 그녀를 행동을 촉구하는 절박한 외침으로 이끌었던 것이다.

> 지배 인종만을 인류로, 지배 계급만을 민족으로 보는 부르주아 정치가만이 식민지 국가들에서 '민족 자결'이라는 말을 거론할 수 있을 것이다. 사회주의적 의미에서 볼 때, 다른 민족의 예속 위에 존재하는 국가는 결코 자유로운 민족일 수 없다. 식민지 민족 또한 민족이며, 국가를 구성하는 일원으로 간주되어야 하기 때문이다. 국제 사회주의는 자유롭고, 독립적이며, 평등한 민족의 권리를 인정하지만, 오직 사회주의만이 그런 민족을 탄생시킬 수 있으며, 오직 사회주의만이 민족자결권을 실현할 수 있다.[90]

로자 룩셈부르크에 따르면, 제국주의가 존재하는 한 전시든 평시든 "민족 자결"은 불가능하다. 자본주의는 국제적인 체제이며, 따라서 이에 맞서는 저항 또한 국제적이어야 한다. 유럽 자본주의 내에서 스스로를 피억압자로 여기는 이들은 사실 제국주의 체제 안에서는 억압자의 위치에 있다. 민족자결권은 오직 제국주의 전쟁에 반대하는 맥락에서만 요구되어야 한다.

룩셈부르크의 동기는 언제나 행동의 촉구였다. "혁명은 '만들어지는' 것이 아니며, 거대한 민중운동은 당 지도자들의 주머니 속에 있는 기술적인 묘책에 따라 이루어지는 것이 아니다."[91] 그녀는 1906년에 자신이 쓴 『대중파업, 정당, 노동조합』의 일부를 인용하며 자생적 봉기와 조직화 사이의 변증법적 관계를 명확히 제시한다. 행동과 역사의 구체적 서사는 항상 변증법적으로 상호작용한다.

> 우리 당의 용기 있는 목소리는 국수주의의 광란과 혼미한 상태에 빠진 대중들에게 강력한 제동을 걸었을 것이며, 깨어 있는 민중을 광기의 나락으로부터 지켜냈을 것이다. 또한, 제국주의자들이 민중을 독으로 물들이고 우둔하게 만드는 것이 훨씬 더 어려워졌을 것이다.

제국주의는 촉매제이며, 사회민주주의는 위기에 처한 객체다. 하지만 대중은 언제나 사회민주주의를 다음 단계로 나아가게 할 수 있는 주체다. 대중은 사회민주주의의 일부이면서도,

언제나 변화를 이끄는 행위자다. 시민적·민주적 자유가 침해당하는 가운데, 피로 물든 전장의 한가운데에서 새로운 계급적 연대가 솟아오르고 있다.

『유니우스 팸플릿』은 미래를 위한 조직화를 촉구하는 말로 끝난다. 당면한 전쟁의 승패에 관한 논의를 떠나, 룩셈부르크는 단호하게 주장한다. "오늘날의 전쟁에서 계급의식을 가진 프롤레타리아는 어떤 군사 진영과도 자신의 입장을 동일시할 수 없다."

변증법은 역사의 행진을 다음 단계로 나아가게 만든다. 프롤레타리아트의 힘을 더욱 강화해야 한다는 것, 그것이야말로 이 글이 전달하는 메시지이며, 동시에 로자의 필생의 과업이었다. "오늘날의 세계대전은 역사에서 하나의 전환점이다. 지금 처음으로, 자본주의적 유럽이 세계의 다른 모든 지역으로 풀어놓았던 맹수들이 단숨에 유럽 한복판으로 덮쳐 들어왔다."

룩셈부르크는, 유럽 국가들이 이른바 "세계대전" 벌어지기 전까지 헤레로 족과 칼라하리 사막, 중국, 트리폴리, 푸투마요 강에서 벌어진 참상들을 벌어진 참상을 방관해 왔다고 비판했다. 로자의 국제주의는 보편적 연민에 기초하고 있었으며, 모든 이의 운명이 서로 밀접하게 연결되어 있고, 따라서 인류 전체의 운명 또한 하나로 묶여 있다고 보았다.

피 묻은 옷을 잔뜩 싣고 가는 들소를 보고서 세계대전이 초래한 엄청난 참혹함을 직관적으로 꿰뚫어 본 그녀는 공감이야말로 인간의 상상력이 만들어낸 강력한 힘이라는 사실을 깨닫고 있었다. 상상력은 선동을 통해 해방되어야 한다. 이 글의 마지막 부분은 로자보다 오래 살아남을 이들에게 전하는 처절한 경고로 읽힌다. 그녀는 "도이칠란트, 도이칠란트 위버 알레스 (Deutschland, Deutschland über alles, 독일, 그 무엇보다 독일)"*라는 민족주의의 외침을 경계해야 한다고 주장한다.[92] 1906년 혁명이 끝난 후, 룩셈부르크는 말했다. "혁명은 위대하고, 나머지 모든 것은 쓰레기다."[93]**

역사의 흐름은 그녀조차도 예측할 수 없는 방향으로 흘러갔다. 그럼에도 불구하고, 『유니우스 팸플릿』의 끝에서 룩셈부르크는 여전히 선동하고, 여전히 더 나은 미래를 꿈꾸며, 마르크스의 외침을 다시 한 번 반복한다. "만국의 프롤레타리아여, 단결하라!"

---

* 독일 국가 1절의 가사이다. 나치는 이 구절을 독일의 우월성을 드러내는 국수주의적인 의미로 선전했고, 그 때문에 나치 독일 패망 이후에는 3절만 공식 국가로 사용되고 있다.

** 원문은 "Die Revolution ist großartig, alles andere ist Quark." 유명한 문구지만 출처가 불확실하다. 자료에 따라 친구인 마틸데 부름 부부에게 보낸 편지에 나온다고도 하고, 독일 사민당 연설에서 한 말이라고도 한다.

5. 마지막 혁명의 임무

"유럽 전체가 혁명의 정신으로 가득 차 있습니다." 1919년 3월, 로이드 조지가 프랑스 총리 클레망소에게 한 말이다. 1917~19년은 특히 그러했다.[1] 혁명은 여러 가지 의미를 지닌다. 혁명은 '또 다른 세계가 가능하다'는 믿음에 대한 흔들림 없는 일상적 헌신을 요구하며, 잘 다듬어진 정치 강령에 의해 뒷받침된다.

혁명은 윤리적 이상을 실현하려 하며, 역사의 흐름을 끊어 놓는 균열을 만든다. 이러한 순간에 저항과 희망의 지평이 펼쳐진다. 혁명은 평생 동안 로자의 이론과 실천에 활력을 불어넣었다. 거대한 혁명의 순간이 다가오고 있었고, 그녀는 그것을 놓치지 않으려 했다. 비록 육체는 감옥에 갇혀 있었지만, 그녀의 정신은 혁명의 흐름 속에 있었다.

러시아 제국에서 1905년 혁명을 촉발한 갈등은 여전히 해소되지 않았다. 굶주린 대중의 고통은 더욱 심화되었다. 대규모 군대도 구식 전투 전술 탓에 무력할 뿐이었고, 1차 세계대전에서 러시아가 입은 피해는 사회와 경제에 막대한 타격을 가했다. 특히 식량과 석탄 부족으로 인해 가격이 폭등했다. 차르의 통치는 점점 더 전제적으로 변했고, 대중은 민권과 정치적 권리의 박탈에 분노했으며, 심화되는 사회경제적 갈등에 더욱 분개했다. 그 순간, 세계사의 흐름을 영원히 바꿔 놓은 불꽃이 타올랐다.

1896년과 1905년의 불안을 주도했던 여성 의류 노동자들의 굶주림과 파업이 다시 폭동으로 번져갔다. 이것이 1917년 러시아 혁명의 시작이었다. 차르는 임시정부를 구성했고, 이 속에는 젊은 변호사 알렉산드르 케렌스키가 포함되어 있었다. 그는 장관으로 두각을 드러내다가 이후 임시정부의 총리가 되었다. 한편, 급진적 조직화도 끊임없이 이어졌다. 노동자들은 소비에트(지역 노동자 평의회)를 결성하고, 정부 건물들을 장악했다.

전쟁부 장관이 된 케렌스키는 새로운 정치 질서에서 자유주의 노선을 이끌며 정치범을 석방하고 언론의 자유를 옹호했다. 그러나 이러한 변화에도 불구하고 노동자와 농민들은 여전히 권리를 박탈당한 채 빈곤에 시달렸고, 정치 개혁의 실질적인 성과는 거의 얻지 못했다. 이 격동의 시기에 가장 기억될, 진정 대중의 길잡이가 될 인물은 혁명이 발발했을 당시 먼 망명지에서 글을 쓰고 있었다.

1917년 4월 3일 밤, 레닌은 상트페테르부르크의 핀란드역에 도착했다. 이제 막 움트기 시작한 혁명을 이끌기 위해 돌아온 것이다. 케렌스키 정부가 볼셰비키를 탄압하자, 레닌은 2월 혁명 이후에 예정되었던 제헌의회 선거가 실시되기 전에 행동에 나설 것을 주장했다. 1917년 10월 26일, 제2차 전러시아 소비에트 대회는 권력을 소비에트 인민위원회로 이양했으며, 레닌이 위원장으로 선출되었다.

볼셰비키에게 철도역, 전화국, 국립은행을 장악하라는 명령이 떨어졌다. 다음 날, 적위대*는 겨울 궁전을 포위했다. 케렌스키는 가까스로 도시를 빠져나갔지만, 궁전 안에는 러시아 정부 내각의 대부분이 남아 있었다. 인민위원회 위원장이 된 레닌은 토지의 사적소유를 폐지하고, 농민들에게 토지를 분배하기 시작했다. 은행이 국유화되었으며, 공장 생산에 대한 노동자 통제가 도입되었다. 레닌의 정치 강령은 「4월 테제」라는 열 개의 조항에 요약되었으며, 이는 혁명의 청사진이 되었다.[2]

러시아는 혁명의 첫 단계인 부르주아 혁명에서 프롤레타리아 혁명으로 넘어가는 이행기에 있다. 레닌은 볼셰비키가 소비에트에서 소수파일지도 모르지만, 다음 단계로 이행을 위해 반드시 필요한 기구라고 인식했다. 그는 의회제 공화국이 들어서면 빠르게 군주제로 회귀할 것이라고 경고했다. 또한 경찰, 군대, 관료의 폐지를 요구했고, 공무원 임금에 대한 통제, 모든 토지의 국유화, 단일한 국립 중앙은행의 설립을 주장했다.

---

* 적위대(Red Guards)는 러시아 제정 붕괴 직후, 볼셰비키를 비롯한 혁명 세력이 조직한 노동자 무장 민병대이다.

레닌은 위로부터 인위적으로 사회주의를 도입하는 게 아니라, 소비에트의 통제를 강화하는 것이 첫 번째로 필요한 조치라고 제안했다. 볼셰비키 당에 관련해서는 "코뮌 국가"와 당 강령 개정을 요구했으며, 마지막으로, 그리고 결정적으로, 그는 새로운 인터내셔널의 창설을 촉구했다. 그는 단호히 썼다. "제국주의적 세계 전쟁이 진행 중이 혁명의 시기에, 같은 곳에서 제자리걸음을 하고 있을 수는 없다."[3]

두 번째 러시아 혁명은 로자에게 지적으로나 감정적으로 중요한 사건이었다. 그녀의 첫 반응은 굳건한 연대와 진보에 대한 환희였다.

> 러시아에서 온 소식이 내 마음에 얼마나 큰 소용돌이를 일으켰을지 상상할 수 있을 거야. 모스크바, 상트페테르부르크, 오룔, 리가에서 수년간 감옥에 갇혀 있던 많은 옛 친구들이 이제 자유롭게 거리를 걷고 있어. 그것만으로도 여기 갇혀 있는 내 짐이 얼마나 가벼워지는지! … 나는 그걸로 만족해. 내 처지가 그로 인해 한층 더 어려워졌다고 해도, 그들의 자유를 시기하지 않아.[4]

로자는 혁명에 깊이 몰입했다. 그것은 개인적, 조직적, 이론적 차원을 모두 포함했으며, 이 세 가지 측면은 대개 분리하기 어려웠다. 그러나 그 모든 것에서 자유라는 개념은 언제나 중심에 있었고, 끊임없이 그녀를 고무하는 것이었다. 사회주의를 인류 전체를 해방하는 길로 간주했던 로자는 이 순간이 바로 역사의 분수령이 되리라는 사실을 잘 알고 있었다. 그녀는 이 혁명이 국제적으로 비롯되었다는 사실과 그것이 미칠 영향도 명확히 이해하고 있었다.

> 지난 일주일간 내 생각은 당연히 상트페테르부르크에 머물러 있었어. 아침저녁으로 조바심 가득한 손으로 신문을 집어 들었지만, 물론 전해지는 소식은 빈약하고 혼란스러웠어. 그곳에서 지속적인 성공을 기대할 수는 없겠지만, 그럼에도 불구하고 권력을 쥐려는 그 용기 자체가 이곳 사회민주당과 잠들어 있는 인터내셔널 전체에 강력한 일격이 될 거야.[5]

동시에 로자는 어떤 개별 사건이 아무리 중대하더라도 역사의 범위는 그것을 훨씬 뛰어넘는다는 사실도 이해하고 있었다. 따라서 전투의 한복판에서 섣불리 승리와 패배를 선언해서는 안 된다고 보았다.

> 러시아에서 일어난 사건은 놀라운 장엄함과 비극을 동시에 지니고 있어. 물론 레닌과 그의 동지들이 이 극복할 수 없는 혼란의 소용돌이를 뚫고 승리를 거두기는 어려울 거야. 그러나 그들의 시도 자체만으로도 세계사적 의미를 지닌 행동이

며, 진정한 이정표로 남을 거야. ··· 나는 프랑스와 영국 노동자들처럼 저 귀족적인 독일 노동자들도 지금 현재 러시아인들이 피 흘리며 죽어가는 광경을 그저 바라만 보고 있을 거라고 확신해.[6]

혁명이 일어나기 전에 이미 룩셈부르크는 역사의 변증법에 대한 명확한 이론적 인식을 보여주었으며, 이는 친구인 마르타 로젠바움에게 보낸 다정한 개인적인 편지에 간결하게 제시되어 있다. "사랑하는 친구야, 어떤 상황에 무엇을 해야 할지는 언제나 역사 그 자체가 가장 잘 알고 있어. 가장 절망적인 정세로 보일 때에도 말이야."[7]

트로츠키는 볼셰비키가 권력을 장악한 11월 7일에 38번째 생일을 맞이했다. 그는 과거 레닌과 이념상의 갈등이 있었지만, 1917년 혁명 직전에 볼셰비키 당에 가입하여 혁명 동안 레닌의 일당주의 노선을 지지했다. 트로츠키는 적군(Red Army)의 창설자이자 전쟁 인민위원이었으며, 이론가적인 면모가 강한 레닌과는 여러 면에서 가장 대조적인 스타일의 조직가였다. 여러 차례 그와 만났음에도 불구하고, 로자는 트로츠키에게 호감을 느끼지 못했고, 그에게 칭찬할만한 점을 찾지 못했다.[8]

1917년 4월, 레닌이 상트페테르부르크에서 혁명의 첫 걸음을 내딛고 있을 때, 룩셈부르크는 「늙은 두더지」라는 제목의 글에서 다음과 같이 썼다.

러시아 혁명의 발발은 세계대전이 계속되는 동시에 프롤레타리아 계급투쟁이 패배하며 창출된 역사적 상황의 교착상태를 깨뜨렸다. 지난 3년 간 유럽은 마치 퀴퀴한 방과 같았고, 그 안에 있는 사람들은 거의 숨을 쉴 수 없었다. 이제 갑자기 창문이 활짝 열리고, 신선하고 기운을 북돋우는 바람이 불어 들어와, 방 안에 있는 모든 사람들이 깊고 자유롭게 그것을 들이쉬고 있다.[9]

언제나 국제주의자였던 룩셈부르크는 혁명이 러시아 너머, 특히 독일에 끼친 영향뿐만 아니라, 굶주린 노동자들의 희생 위에서 서명된 가짜 평화 협정들과는 무관하게 이루어지는 국제적 교류에도 주목했다. 그녀는 혁명의 어려움에 대해 결코 환상을 품지 않았다. 하지만 혁명이 역사 속에서 갖는 중요성과 수많은 사람들에게 그것이 얼마나 거대한 도약이었는지를 인정하며, 「유니우스 팸플릿」의 구호를 다시 반복한다.

늙은 두더지여, 역사여, 그대는 자신의 일을 훌륭히 해냈다! 지금 이 순간, 오직 세계적 변혁의 거대한 시기에만 울려 퍼질 수 있는 그 구호, 그 경고의 외침이 다시금 인터내셔널과 독일 프롤레타리아트 속에서 메아리친다. 그 구호는 바로 이것이다: 제국주의냐, 사회주의냐! 전쟁이냐, 혁명이냐! 그 사이에 제3의 길은 없다![10]

대중은 언제나 혁명의 주체였으며, 언제나 민주주의의 중심이었다. 1905년에 로자는 러시아 프롤레타리아트가 혁명을 잘 이끌어낼 것이라고 선언했다. 1917년 러시아 혁명은 룩셈부르크가 혁명 과정에서 민주주의가 필수적이라는 자신의 신념을 더욱 분명히 밝힌 사건이 되었다.[11]

혁명과 사회주의가 아래로부터 창조될 수 있다는 신념과 역사가 전개되는 방식에 대한 깊은 이해는 그녀의 평생 활동을 일관되게 관통하는 것이었다. "대중은 언제나 시대적 환경에 의해 형성되지만, 동시에 언제든 지금 모습과 완전히 다른 존재로 변화할 수 있다."

이러한 "대중"에 대한 헌신과 신뢰, 다시 말해 혁명적 민주주의에 대한 확고한 신념은 그녀의 저서 「러시아 혁명」에서 분명하게 드러난다. 이 글은 1918년 집필 당시에도 큰 반향을 일으켰으며, 1922년 출간된 이후 오랫동안 논쟁을 불러일으켰다.

로자의 환희에 찬 서두는 이 팸플릿 전체의 분위기를 잡는다.

> 러시아 혁명은 세계대전 중에 벌어진 가장 위대한 사건이다. 혁명의 발발, 그리고 혁명의 비할 데 없는 급진주의와 지속적 결과들은, 독일 제국주의의 정복 야욕을 이데올로기적으로 미화하기 위해 공식 사회민주당이 전쟁초기에 그렇게 광

적으로 떠들어댔던 미사여구들의 기만성에 가장 명확한 유죄판결을 내렸다.[12]

그녀는 재빨리 카우츠키와 독일 사민당의 다른 인사들에 대한 비판으로 넘어가, 혁명적 의식과 역사의 전개 사이에 불일치가 발생한다면, 그것은 혁명이나 대중의 잘못이 아니라 지도자들의 실책이라고 주장했다.[13]

로자는 독일 사민당의 주류 우파와 결별을 확고히 하였고, 자신의 정치적 연대관계를 재정립했다. 『러시아 혁명』을 집필하기 한 해 전, 메링에게 보낸 편지에서 그녀는 특유의 유머를 담아 이렇게 말했다. "한쪽 눈으로는 웃고, 다른 쪽 눈으로는 울면서 저는 카우츠키의 지칠 줄 모르는 펜에서 쏟아지는 글들을 읽어내고 있습니다."[14]

늘 국제주의자였던 룩셈부르크는 이 혁명이 특정 지역에 국한되지 않고 확산될 것임을 이해했다. 그녀는 레닌과 트로츠키가 결정적인 걸음을 내디뎠으며, 제2인터내셔널이 이를 중대한 사안으로 받아들여야 한다고 주장했다.[15] 로자는 자신이 속했던 독일 사민당 동료들이 전쟁과 중도주의에 굴복하는 모습을 보며, 이는 인터내셔널의 죽음을 의미한다고 보았다.

최대 정당인 독일 사민당이 중도 우파로 이동한 이상, 인터내셔널이 사회주의자들의 통합 기관이 될 가능성은 희박해졌다. 그녀는 러시아 혁명이 이론과 실천에서 평화와 사회주의를 위해 투쟁했던 사람들을 불러 모을 계기가 되리라는 사실을 즉각 깨달았다. 마르크스의 저작에서도, 최초의 혁명에서도 러시아에서 벌어지는 사건들은 언제나 전 세계에 중요한 의미를 가졌다. 로자는 제헌의회와 보통선거권을 강하게 옹호하며, 레닌과 트로츠키의 입장에 정면으로 반대했다.[16]

여기서부터 그녀는 자신의 저작뿐만 아니라 러시아 혁명에 대한 해석에서도 가장 중요한 대목 중 하나로 나아간다. 그녀는 트로츠키의 말을 인용한다. "정부 권력을 향한 개방적이고 직접적인 투쟁 덕분에, 노동 대중은 단기간에 상당한 정치적 경험을 축적하고, 발전 과정에서 빠르게 한 단계에서 다음 단계로 나아간다."[17]

룩셈부르크는 여기서 트로츠키가 해결할 수 없는 긴장을 드러내고 있다고 지적한다. 한편으로는 혁명 과정의 발전에 있어 공적 생활이 필수적이라는 (그녀도 동의하는) 신념이 있는 반면, 다른 한편으로는 대중의 공개 토론과 참여를 제한하려는 (그녀가 강하게 비판하는) 조직적 경향도 존재하기 때문이다.

> 볼셰비키가 용기와 결단으로 맞서려 했던 그 거대한 과업들 자체가 대중의 가장 집중적인 정치 교육과 경험의 축적을 요구했던 것이다. 정부 지지자들만을 위한 자유, 일당의 당원만을 위한 자유는 — 그들의 수가 아무리 많다 하더라도 — 전혀 자유가 아니다. 자유는 항상 다른 생각을 가진 사람들

의 자유이다. 이는 "정의"를 과도하게 맹신해서가 아니라, 정치적 자유의 모든 교육적·치유적·정화적 힘이 바로 이 본질에 달려 있고, "자유"가 특권이 되는 순간 그 효과는 사라지기 때문이다.[18]

이 글은 윤리적 기반으로서 혁명, 특히 러시아 혁명에 대한 열정적인 지지를 담고 있다. 그러나 동시에 러시아 혁명을 세 가지 주요 지점에서 비판하고 있으며, 이 글의 한 줄 한 줄에 넘쳐나는 그녀의 혁명적 열정보다도, 오히려 이 비판들이 더 많이 기억되고 있다.

첫 번째로 룩셈부르크는 혁명 운동 내에서 민족해방의 방안으로 민족자결권을 지지한 레닌의 입장에 반대했다. 비록 역사가 그녀의 신념이 틀렸음을 보여주었더라도, 그녀는 평생 그 신념을 간직해왔다. 이 시점에서 역사가 어느 쪽의 손을 들어줬는지 보여주는 충분한 징후들이 나타나고 있었고, 또한 그녀가 이 글을 쓰고 있던 1918년에는 스탈린이 레닌의 입장을 "거의 룩셈부르크의 희화화"로 보일 만큼 재정립했기 때문에, 민족자결권 개념은 다른 맥락을 가지게 되었다.[19]

스탈린에 따르면 "이 모든 것은 민족자결 원칙을 부르주아지의 권리가 아니라, 오직 해당 민족의 노동 대중만의 권리로 해석해야 한다. 민족자결 원칙은 사회주의를 위한 투쟁 도구가 되어야 하며, 사회주의 원칙에 종속되어야 한다."[20]

둘째, 룩셈부르크는 토지 국유화가 아니라 토지 분배가 이루어진 점을 비판했다. 그녀는 국유화를 더 선호했다. 세 번째 비판은 이 팸플릿에서 가장 널리 회자되었고, 그녀의 사후에도 가장 많은 논쟁을 불러일으켰다. 그녀는 혁명이 본래 비판적 성격을 지닌다는 점에서, 이를 통제하려는 시도 자체에 근본적인 문제를 제기했다. 다시 말해, 대중과 프롤레타리아트, 그리고 중앙의 지도 권력 사이의 변증법적 관계에 대한 문제였다.[21]

볼셰비키는 제헌의회를 해산했다. 제헌의회는 1918년 1월 단 13시간 회의를 진행한 후 해체되었다. 이를 대신해 제3차 전 러시아 소비에트 대회가 열렸다. 이에 따라 선출된 기구가 선출되지 않은 기구로 대체되었다. 이는 보통선거권 문제와 함께 룩셈부르크의 볼셰비키 비판에서 핵심 지점이었다.

하지만 그녀의 생전에도 사후에도 많은 사람들이 그랬듯이, 이것만으로 그녀를 "반(反)레닌주의자"로 단순하게 규정하기에는 무리가 있다. 룩셈부르크에게 비판의 출발점이자 중심점은 민주주의에 대한 지향이었다.[22]

그녀는 다시 한 번 자신에게 혁명의 주체이자 담지자는 명백히 대중이라는 사실로 돌아온다. "인민 대중 전체가 그것[즉, 사회주의 사회의 발전]에 참여해야 한다. 그렇지 않으면, 사회주의란 관청 책상 몇 개를 차지하고 앉은 한 줌의 지식인들이 포고하는 것이 되어버릴 것이다."[23]

이 주장은 텍스트 내에서 논리적 일관성을 가질 뿐만 아니라, 1904년 「러시아 사회민주주의의 조직 문제」에서 1906년 「대중파업」과 1915년 「유니우스 팸플릿」을 거치며 그녀가 평생 추구해온 논리의 직접적인 결과물이다. 지도자들이 교수형에 처해졌던 폴란드 프롤레타리아트 당에 처음 가입했을 때부터, 독일 사민당의 굴복에 맞서 싸우다가 투옥 당하는 대가를 치르기까지, 그녀는 정치 인생 내내 언론의 자유와 더불어 혁명적 민주주의의 이론과 실천을 옹호했다.

「러시아 혁명」은 마르크스와 엥겔스, 그리고 그들의 사상을 이어 받은 이들이 오랫동안 고민해온 주제, 즉 혁명에 적극적으로 나서지 않는 프롤레타리아를 어떻게 동원할 것인가 하는 문제를 개념적으로 다루며 그 논의를 이어간다.[24] 룩셈부르크의 평생에 걸친 신념은 프롤레타리아트가 스스로 혁명적 의식을 획득할 것이라는 것이었다. 따라서 그녀는 노동계급에 정치적 신화를 도입할 혁명적 소수파를 활용한다는 발상을 단호히 거부했다. 사회주의가 아래로부터 오지 않으면, 그것은 사회주의가 아니다.[25]

혁명은 사회민주주의와 분리될 수 없다. 그리고 룩셈부르크에게 사회민주주의는 자유의 개념과 그 실현 과정을 통해 이해되고 실천되어야 했다. 반대 의견에 대한 억압은 혁명이라는 최종 목표를 위한 필요악으로 정당화될 수 없는 것이다. 그러나 우리는 또한 17년 전 그녀가 독일 사민당의 무대에 등장하면서 "최종 목표야말로 전부"라고 강조했던 것을 기억해야 할 것이다. 러시아 혁명은 형식적으로나 내용적으로나 마르크스주의 혁명 전통 속에서 자유와 민주주의를 선포하는 사건이었다. 이는 러시아 혁명의 가장 빛나는 부분이었다. 룩셈부르크는 이 혁명에 개인적으로 깊이 연루되어 있다고 느꼈다. 뼛속까지 국제주의자였던 그녀는 독일인들이 자국 땅에서 행동에 나서든 아니든 상관없이, 국경 밖에서 벌어진 사태가 독일 노동계급에 영향을 미치리라는 것을 잘 알고 있었다.

1918년 11월 3일, 킬(Kiel)에서 수병들과 노동자들의 반란이 일어나 훗날 독일 혁명으로 불리게 될 사건의 막이 올랐다. 스파르타쿠스 동맹의 동지였던 얀 발틴(Jan Valtin)은 이렇게 회고했다. "그날 밤, 반란을 일으킨 수병들이 강탈한 트럭들을 타고 줄줄이 브레멘에 도착하는 모습을 보았다. 트럭 위에는 붉은 깃발이 펄럭였고 기관총이 장착되어 있었다."[26] 한 선원은 다음과 같이 회상했다.

> 군대를 마지막 결전에 투입하기로 결정했다는 소문이 돌았다. 그 결전에서 독일 함대는 "황제와 조국"을 위해 승리하지 못하면 장렬히 산화하게 될 거라는 내용이었다. 서로 마주친 사람들은 "리프크네히트 만세!"라고 외치며 인사를 나눴다. 주민들이 거리로 쏟아져 나왔다. 사방에서 사람들이 밀려들었고, 이리저리 떠밀리는 몸들과 일그러진 얼굴들의 파도가 시내 중심부를 향해 움직이고 있었다. 많은 노동자들

이 총과 대검, 망치 등으로 무장하고 있었다.[27]

선상 반란이 실패하면서, 수병 49명*이 체포되었다. 얼마 전에 구성되어, 사민당 지도자 필리프 샤이데만이 장관으로 참여한 새로운 내각의 명령에 따르기를 거부했기 때문이었다. 영국과 휴전협상에서 유리한 위치를 점하기 위해 독일 해군이 함대에 무모한 공격을 명령을 내린 것이 봉기를 촉발한 직접적인 원인이었다.

11월 4일 밤이 되자, 도시는 봉기를 일으킨 혁명 세력의 손에 들어갔다. 봉기는 함부르크, 하노버, 프랑크푸르트, 뮌헨으로 확산되었다. 11월 9일, 혁명 세력은 로자 룩셈부르크가 반평생 동안 제2의 고향으로 삼았던 도시 베를린을 장악했다. 제국 정부는 프리드리히 에베르트를 수반으로 하는 사민당 정부에 권력을 넘겼다. 황제는 퇴위했고, 현장노동자 조직인 혁명적 현장 대표단(Revolutionäre Obleute)**이 제국의회 의사당을 점거했다. 정오 무렵, 샤이데만은 사민당 간부 전원의 동의를 받

---

* 함대에 무모한 공격 명령이 내려지자, 1918년 10월 30일과 31일 밤 다수의 함선에서 항명과 반란이 일어났다. 지휘부는 공격을 포기하고, 킬 항구로 귀환하면서 반란을 주도한 수병들을 체포했는데, 체포된 수병의 숫자는 47명, 48명, 49명 등 자료마다 다르다. 11월 4일 봉기는 체포된 수병들의 석방을 요구하면서 일어났다.

** 제1차 세계대전 중 독일에서 활동한 급진적 노동자 조직으로, 베를린의 급진적인 공장 노동자들을 중심으로 구성되었다. 공장 단위로 선출된 대표들의 비공식 네트워크였으며, 이들은 노동자들의 의견을 조율하고 정치파업을 조직하는 역할을 했다. 1918년 독일 혁명에서 크게 활약했다.

지 못한 상태였음에도 제국의회에서 독일이 공화국이 되었다고 선포했다. 그리고 오후 4시, 샤이데만의 선언에 몰렸던 숫자와 맞먹는 규모의 군중 앞에서, 최근 석방된 로자의 동지 카를 리프크네히트는 독일 자유 사회주의 공화국(Freie Sozialistische Republik)의 수립을 선포하며 붉은 깃발을 올렸다.

로자는 11월 9일 밤에 감옥에서 석방되었다. 그녀는 전과는 사뭇 달라진 사람이 되어 감옥을 나섰다. 머리는 새하얗게 세었고, 잦은 병치레로 건강도 크게 악화되어 있었다. 이제는 1898년 베를린에 막 도착한 젊은 급진주의자가 아니었지만, 혁명에 대한 열정은 여전히 그녀의 발걸음을 재촉했다. 그녀는 감옥을 나와 사람과 짐이 빽빽이 들어찬 열차를 타고 여행가방에 걸터앉은 채, 터져 나오는 혁명의 한 복판으로 달려갔다.[28]

로자 룩셈부르크와 카를 리프크네히트가 다시 베를린 정계로 뛰어들었을 때, 그들은 자신들을 겨냥한 살해 위협이 있다는 사실을 알아차렸다. 그녀는 클라라 체트킨에게 이렇게 썼다.

> 며칠에 한 번씩은 "공식 소식통"으로부터 긴급 경고가 와요. 살인자 집단이 카를과 나를 노리고 있으니, 집에서 자지 말고 다른 곳에 몸을 숨겨야 한다는 거죠. 그런데 내 생각에는 이게 너무 어처구니없을 정도가 돼서, 그냥 다시 여기 쥐덴

데(Südende) 돌아와 버렸어요. 이렇게 소란과 혼란 속에, 처음부터 모든 것이 정신없이 쏟아지는 상황에서 살고 있다니까요. 정신을 차리거나 상황을 파악할 틈이 하나도 없어요.[29]

로자와 카를은 목숨이 위태롭다는 사실을 잘 알면서도, 곧바로 글을 쓰고 선동하고 조직하는 일에 다시 뛰어들었다. 그들은 노동계급의 기관지로 구상된 신문 《붉은 깃발(Die Rote Fahne)》을 발행하기 시작했다.[30]

로자 룩셈부르크는 평생 매체를 발간하는 일을 해왔으며, 일찍이 《스프라바 로보트니차》 시절부터 급진 사상을 널리 알리는 일의 중요성을 인식하고, 이를 위해 끊임없이 노력해 왔다. 타이핑 기술이 뛰어난 마틸데 야콥 같은 친구들이 곁에 있다는 것은 로자에게 큰 힘이 되었으며, 그것은 우정이자 협력의 기회이기도 했다.

로자는 석방 된 뒤, 계속 거처를 옮겨 다녀야 했다. 1918년 11월 18일, 클라라 체트킨에게 보낸 편지에는 발신지에 "현재 주소, 마틸데 (야콥)"이라고 적혀 있었다.[31] 그녀는 이 편지에서 체트킨에게 "여성에 대해 뭔가 써 줘요. 지금 정말 중요한 주제인데, 여기에는 그 문제에 대해 제대로 아는 사람이 하나도 없어요."라고 썼다.[32]

여성은 러시아 혁명에 핵심적인 존재였고, 로자는 러시아 혁명 속에서 여성의 힘을 분석하는 것이 독일 운동의 진전을 위해서도 매우 중요하다는 것을 언제나 이해하고 있었다. 그녀에게 페미니즘은 늘 이론과 실천 모두에서 구현되는 것이었으며, 가까운 여성 동지들과의 협업할 때 특히 그러했다.

여성 문제는 언제나 더 큰 역사적 과정들과 불가분의 관계에 있었고, 로자에게 있어 경제-정치적 역사 발전의 정점인 혁명은 혁명적 페미니즘을 성찰하기에 가장 적절한 순간이었다. 감옥에서 나온 뒤 여성 문제에 대한 로자의 인식에도 분명 변화가 나타났으며, 그것은 선동의 중심 주제로 훨씬 더 큰 중요성을 띄게 되었다.

함께 걷고 있는 클라라 체트킨과 로자 룩셈부르크(날짜 미상). 세 번째 여성은 게르트루트 츨로트코로 추정된다. 클라라는 룩셈부르크가 살해되었을 때, 그녀의 손가방에서 발견된 편지의 수신인이었다.

체트킨에게 보낸 이 편지는 그녀가 믿음직한 마틸데 야콥의 집에 머물고 있음을 보여준다. 주소 아래에는 "아직 집에는 못가고 있어요."라는 문장이 덧붙어 있다. 감방을 떠나 사회로 돌아온 로자는 집이 없다는 실존적 문제를 더 깊이 인식하게 되었다. 이는 이제 일상적으로, 대규모로 많은 사람들이 겪고 있는 현실이었다. 독일 혁명이 이미 한풀 꺾여 혁명에 대한 반발이 벌어지고 있는 상황에서도, 혁명에 대한 희망은 그녀의 편지 속에 여전히 살아 숨 쉬고 있었다.

평생 선동해 온 대의였던 독일 혁명에 대한 로자의 태도는 그 갑작스러운 발발 순간부터 러시아 혁명에 대한 그녀의 태도보다 훨씬 더 신중하고 절제되어 있었다. 그녀는 혁명의 분출과 전개가 특정한 역사적·사회적 맥락에 제약받는다는 것을 분명히 이해하고 있었다. 적절하게도 「오! 얼마나 독일적인 혁명인가!」라는 냉소적인 제목을 붙인 글*에서 그녀는 이렇게 썼다.

> 낡은 반동 체제의 정치적 희생자들을 위해 우리가 요구해야 할 것은 "사면"이나 자비가 아니다. 이제 그 지배가 끝장난 제국주의 범죄자들의 칼 아래서 자유와 평화와 사회주의를 위해 용감히 투쟁했다는 이유로 감옥에서 신음하고 있는 수백 명의 진실하고 충실한 남녀들을 위해, 우리가 요구해야

---

* 제목이 다르지만, 「사형제를 반대하며(Against Capital Punishment)」와 동일한 내용이다. 같은 텍스트의 다른 영역본으로 보인다.

할 것은 자유와 투쟁과 혁명의 권리이다.

하지만 룩셈부르크는 혁명이 결코 샤이데만 류의 사회주의자들 덕분에 이루어진 것이 아니라는 점을 분명히 했다. 로자의 초점은 언제나 인민, 대중 — 그녀의 글에 자주 등장하지만 그 의미가 모호한 단어 — 에게 맞춰져 있었다.[33] 그녀는 특유의 유머 감각을 발휘할 기회를 놓치지 않는다.

> 아, 이 독일 혁명은 참으로 얼마나 독일적인가! 얼마나 냉정하고, 얼마나 딱딱하며, 얼마나 생기 없고, 영광도 없고, 고귀함도 없는가! 사형제라는 잊혀진 쟁점은 단지 아주 작은 부분에 불과하다. 하지만 바로 그런 사소한 문제들이야말로 전체를 살아 움직이게 하는 내면의 정신을 드러내는 법이다. … 리프크네히트와 나는 얼마 전까지 우리가 머물렀던 그 "환대의 공간"을 떠나며, 그는 머리를 민 감방 동료들에게, 나는 함께 3년 반을 보냈던 친애해 마지않는 가엾은 매춘부와 절도범들에게 작별을 고했다. 그들의 슬프고 그리움 어린 눈빛이 우리를 배웅할 때, 우리는 그들에게 진심으로 약속했다. 우리는 결코 당신들을 잊지 않겠노라고![34]

로자 룩셈부르크는 유명한 정치범이라는 독특한 위치에 있었지만, 사회의 다양한 사람들과 유리되어 있진 않았다. 가난

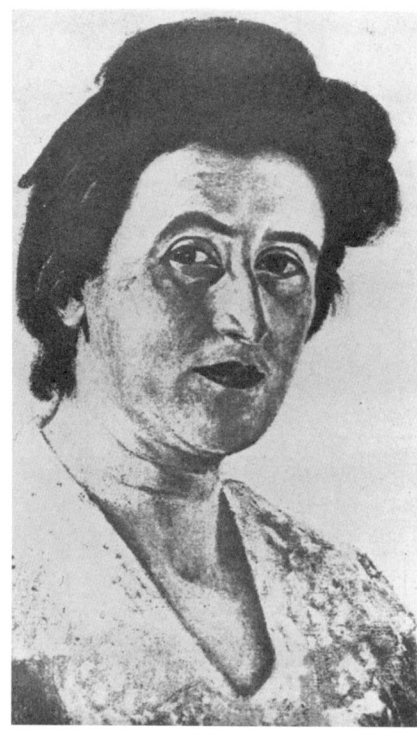

자화상(1909년경).
"인간답게 산다는 건 말이야, 필요할 때 기꺼이 자기 인생 전부를 '운명의 저울' 위에 던질 줄 아는 것이기도 하지만, 동시에 매일의 햇살과 아름다운 구름을 즐길 줄 아는 것이기도 해"

한 성 노동자들도 샤이데만 못지않게 혁명에 꼭 필요한 존재들이었다.

　제2의 고향에서 타오른 혁명의 열기는 로자에게도 깊은 영향을 미쳤다. 1918년 11월 발표한 「요동치는 아케론 강」이라는 시적인 제목의 글에서 그녀는 다음과 같이 썼다. "아케론 강이 요동치고 있다. 혁명의 선두에서 유치한 장난을 벌이던 난쟁이들은 곧 굴러 떨어지거나, 자신들에게 배역을 준 세계사적

드라마의 엄청난 중요성을 결국 깨닫게 될 것이다."35

이 글에서도 1905년 혁명 이래 그녀가 강조해온 관점이 계속되고 있음을 확인할 수 있다. 파업은 혁명을 정치적 차원에서 경제적 차원으로 전환시키는 수단이며, 진정한 혁명은 언제나 두 차원을 모두 포함해야 한다.

그리고 이번에도 로자는 늘 그랬던 것처럼 세밀한 부분과 거시적 구조를 함께 조망하며 「사회의 사회주의화」(1918년 12월)라는 글을 통해 사회를 사회주의적으로 전환하는 과정의 다양한 측면을 다뤘다. "그러나 우리 사회주의자들에게 정치권력은 단지 수단일 뿐이다. 우리가 그 권력을 사용해야 하는 목적은 경제 관계 전반의 근본적인 변혁이다."36

그녀는 혁명이 여성과 남성에게 다른 영향을 미칠 수 있다는 점도 인식하고 있었다. 이 글에서 로자는 사회화된 육아, 노인 돌봄, 공중보건 등 여성의 삶과 밀접하게 연관된 주제를 구체적으로 논의했다. 혁명이 성공한 "다음 날"에 대한 고민은 그녀의 글에서 갈수록 많이 다루어졌다.

스파르타쿠스 동맹은 1914년부터 독일에서 정치세력으로 활동해 왔지만, 혁명적 시기는 이 조직이 세력을 강화하고 정치적 입장을 널리 알릴 기회를 제공했다. 그들의 목표는 1918년에 발표된 「스파르타쿠스 동맹은 무엇을 원하는가?」라는 글에서 단호하고 명확하게 제시되었다. 룩셈부르크는 현재 전개되고 있는 사태에 대해 논의하며 다음과 같이 밝혔다.

4년 동안 속아왔으며, 몰로크˚ 신을 섬기면서 문화적 의무도 명예심도, 인간성도 잊고, 온갖 수치스러운 일에 동원 당했던 인민이 마침내 그 동안의 마비 상태에서 깨어났다. ─ 낭떠러지 앞에서. … 세계대전의 종결과 함께 부르주아지의 계급 지배는 그 존재 권리를 상실하고 있다. 그것은 더 이상 제국주의의 광란이 여파로 남긴 끔찍한 경제 붕괴로부터 사회를 끌어 나갈 능력이 없다.[37]

스파르타쿠스 동맹은 무엇을 원했는가? 그것은 반군국주의, 반제국주의, 인도주의를 지향했다. 스파르타쿠스 동맹은 국제 사회주의를 위한 의제를 명확히 제시했다. 그들은 경찰과 지배계급의 무장을 해제할 것을 요구했고, 프롤레타리아 민병대의 창설을 원했다. 노동자 평의회는 기존의 모든 정치 기구를 대체해야 하며, 이는 스파르타쿠스 동맹과 특히 로자 자신의 정치 강령과 정신에 가장 핵심적인 부분이었다.

나아가 「스파르타쿠스 동맹은 무엇을 원하는가?」에서 로자는 혁명적 실천에 중요한 것으로 총파업 이론을 다시 꺼내 들었다. 이제 그녀는 그 이론을 자기의 홈그라운드에서 시험해 볼 수 있게 되었다.

---

* 몰로크(Moloch)는 구약성서에 언급되는 이방 민족의 신으로, 어린아이를 제물로 바치게 하는 잔혹하고 파괴적인 존재로 묘사된다.

분명히 하자. 이 혁명의 본질은 파업이 점점 더 광범위해지고, 점점 더 중심적인 것, 즉 혁명의 핵심 요소가 되어야 한다는 데 있다. 그렇게 될 때 이 혁명은 경제적인 혁명이자 동시에 사회주의 혁명이 된다.[38]

노동자 평의회는 룩셈부르크의 활동뿐 아니라 사회주의와 자본주의 간의 투쟁에서도 핵심적인 위치를 차지했다.[39] 리프크네히트의 구호는 "노동자·병사 평의회에 최고 권력을!"이었다.[40] 평의회는 본질적으로 혁명적 기구였으며, 아래로부터의 민주주의에 대한 룩셈부르크의 평생에 걸친 열정을 실현한 것이었다. 로자는 또한 평의회를 대중 교육의 장으로 보았고, 그를 통해 인민의 혁명 의식이 자라날 수 있다고 믿었다.

그러나 독일 사민당 우파는 이 평의회들을 탄압했다. 이는 사민당이 과거 국내외적으로 표방했던 사회주의적 정신을 유지하는 데 있어 실질적으로 최종적인 굴복을 보여주는 것이었다. "새 정부의 정책은 무엇인가? 그들은 대통령 선거를 제안하고 있다. 그 대통령은 영국 국왕과 미국 대통령의 중간쯤 되는 지위를 갖게 될 것이다. 그는 말하자면 '에베르트 왕'이 되려는 것이다."[41]

로자는 의회 제도의 개혁이 단지 권력을 오래된 손에서 새로운 손으로 옮겨 놓을 뿐, 정부에 집중된 권력을 줄이거나 대중에게 더 많은 권력을 부여하지 않는다는 사실을 보여주었다. 로자가 베를린 거리를 누비며 분투하고 있을 때에도, 혁명적 사회주의는 대중 속에서 뿌리내리지 못하고 있었다. 혁명이 베를린에서 본격화되었을 때조차 그녀는 여전히 주변인으로 남아 있었으며, 이는 그녀가 열망한 혁명과는 거리가 멀었음을 보여준다.

크리스마스 시기는 로자에게 언제나 특별한 애정이 깃든 시기였다. 그러나 1918년의 크리스마스는 끊임없는 소란 속에서 지나갔다. 로자는 때를 놓치지 않고 오랜 동지 레닌에게 12월 20일 자로 편지를 보냈다. 전혀 다른 도전에 직면해 있던 그에게 로자는 "뜨거운 악수와 인사를 보냅니다."라고 인사말을 적었다.[42]

가장 사랑하는 친구 클라라에게 보낸 다른 편지에서는 기나긴 외출 끝에 12월 25일에야 처음으로 자신의 책상 앞에 다시 앉을 수 있었다고 말했다. 로자는 반동 세력과 반혁명 진영에서 자신을 향해 퍼붓는 수많은 살해 위협을 잘 알고 있었지만, 말하고, 쓰고, 출판하는 일을 결코 멈추지 않았다. 감옥에서 풀려난 뒤, 그토록 사랑했던 미미라도 다시 만났으면 좋았으련만.*

1918년 12월 26일, 로자는 《붉은 깃발》에서 할 일이 너

---

* 미미는 1917년 로자가 감옥에 있는 동안 죽었다. 친구들은 이 소식을 그녀에게 알리지 않으려 했지만, 결국 알게되었다.

무 많았기 때문에 클라라의 방문을 거절했지만, 이렇게 덧붙였다. "내 작은 집은 물론 당신 맘대로 들어올 수 있고, 당신을 기다리고 있어요."[43] 그 뒤에 쓴 다른 편지에서는 이렇게 말했다. "나는 그야말로 혼란과 소란 속에 있어서, 내가 어떻게 지내는지 생각할 겨를조차 없어요. 이게 바로 혁명이죠.(C'est la révolution). 당신이 잘 지내고 있다는 소식만 알 수 있다면, 내겐 모든 것이 멋지게 흘러갈 거예요. 부랴부랴 모든 이들에게 천 번의 인사를 보냅니다. 진심을 담아 당신을 껴안아요. 당신의 로자 룩셈부르크."[44]

운동에 처음 발을 들여놓은 날부터 이 순간까지 로자는 언제나 폭풍 속에서도 행복하게 살아왔다. 1918년 12월 29일, 독일 공산당(KPD)이 창당되었고, 로자 룩셈부르크는 그 창립 당원 가운데 하나였다. 이 당은 스파르타쿠스 동맹과 독일국제사회주의자(ISD)/독일국제공산주의자(IKD)* 흐름의 통합으로 탄생했는데, 이들은 사민당 지역 지부 하나를 사실상 장악하고 스파르타쿠스동맹과 결합했다.[45]

로자와 정치적으로 협력했던 두 옛 연인 레오 요기헤스와

---

* 1차 세계대전 발발 이후, 독일 사민당의 전쟁 지지에 반발한 브레멘 지역의 반전 사회주의자들이 1914~15년경 독립적으로 활동을 시작했다. 이들을 흔히 브레멘 좌파라고 하며, 이들이 주축이 되어 1915년 독일국제사회주의자(Internationale Sozialisten Deutschlands, ISD)를 결성했고, 1918년 독일국제공산주의자(Internationale Kommunisten Deutschlands, IKD)로 개칭했다. 스파르타쿠스 동맹에 비해 평의회 공산주의와 반의회주의 성향이 강했으며, 1920년에는 독일 공산당의 중앙집권적 경향에 반대해 독일공산주의노동당(KAPD)을 창당했다.

코스챠 체트킨도 공산당에 함께 했다. 공산당은 로자의 조언에도 불구하고 1월로 예정된 국민의회 선거를 보이콧하기로 결정했다. 1918년 12월의 마지막 날, 로자는 「우리의 강령과 정치 상황」이라는 열정적인 연설을 했다. 이 연설은 혁명적 시기의 역사적 의미와 현재성을 그녀가 얼마나 깊이 이해하고 있는지 잘 보여준다.

> 여기 우리의 좌우명이 있습니다. "태초에 행동이 있었다." 그리고 지금 우리가 해야 할 행동이란, 노동자 평의회와 병사 평의회가 자신의 사명을 자각하고, 나라 전체의 유일한 공권력이 되는 법을 배워야 한다는 것입니다. 오직 이 길만이 우리가 현 체제의 기반을 밑바닥부터 무너뜨려, 그것을 전복할 분위기를 무르익게 만들 수 있습니다. 그것이야 말로 우리의 혁명 운동을 완성하는 것이 될 터입니다.[46]

연설은 열화 같은 박수갈채를 받았다.

12월 말, 반혁명 세력이 본격적으로 고개를 들기 시작했다. 1월 초에는 사민당 소속 장관 세 명이 정부에서 사임했고, 혁명적 노동자들은 로자가 한때 몸담았으며 여전히 사민당의 공식 기관지였던 《포어베르츠》 편집국을 점거했다. 총 50만 명의 노동자들이 파업에 돌입해 거리로 쏟아져 나왔다.

극우 세력은 스파르타쿠스 동맹을 상대로 전면적인 반격에 나섰고, 옛 질서를 복원하기 위한 여러 동맹이 형성되었다. 12월 한 달 내내 군주주의자들과 반혁명 세력은 스파르타쿠스 동맹을 마치 사냥하듯 뒤쫓았다. 정부의 자금 지원을 받은 반(反)볼셰비키 동맹(Antibolschewistische Liga)은 폭력을 선동하는 포스터를 거리에 마구 붙였다.

> 노동자들이여 ! 시민들이여 !
> 조국의 몰락이 임박했다 !
> 조국을 구하라 !
> 조국을 위협하는 것은 외부가 아니라 내부다 .
> 그것은 바로 스파르타쿠스 동맹이다 .
> 그 지도자를 처단하라 !
> 리프크네히트를 죽여라 !
> 그러면 너희는 평화와 일자리 , 빵을 얻게 될 것이다 !
> — 전선에서 온 병사들 일동 [47]

마틸데 야콥은 친구 로자에 대해 흥분한 목소리로 나누는 대화를 들었던 기억을 떠올렸다. "그 여자는 토막 내서 들짐승들에게 던져줘야 해."[48] 로자는 다시금 도피 생활을 시작했다. 여러 호텔을 전전하며, 숙소를 계속 옮겨 다녔다. 베를린의 거리에는 혁명 세력과 반혁명 세력 간의 충돌이 벌어지고 있었다. 사태는 급박하게 펼쳐지고 있었고, 베를린은 혼란에 빠져 있었다.

1919년 1월 5일, 베를린의 독립사회민주당˙ 지도부, 혁명적 현장 대표단, 공산당 중앙집행부는 공동 성명을 발표했다. 그들은 대중에게 "정부가 총검으로 혁명을 질식시키려는 시도를 용납하지 말라"고 촉구했다.[49]

엿새 뒤인 1월 11일, 로자는 클라라에게 보낸 편지에서 당분간 찾아오지 말고 조심하라고 당부했다. 그녀는 스파르타쿠스 동맹의 패배를 단지 일시적인 좌절로 보았다. 레오 요기헤스를 비롯한 몇 사람은 이미 체포된 상태였다. "오늘은 이만 할게요. 당신을 수 천 번 껴안아요. 당신의 로자."[50]

1월 14일, 로자 룩셈부르크는 「질서가 베를린을 지배한다」라는 글을 썼다. 차분하고 냉철한 이 글은 혁명의 현 단계에 대한 논평이었다. "혁명적 투쟁에 관한 한, 사회주의가 걸어온 길은 온통 패배로 점철돼 있다. 그러나 이 같은 역사는 거스를 수 없는 방식으로 한 걸음 한 걸음씩 결국 최후의 승리를 향해 나아간다!"[51]

최종 승리는 필연적이다. 최종 목표가 전부다. 그 목표를 향해 나아가는 여정에서 치러야 할 대가는 매우 클 수밖에 없다. 로자는 「질서가 베를린을 지배한다」에서 혁명적 투쟁은 의회 투쟁과 본질적으로 대립된다고 주장했다. 그녀는 거리에서

---

* 독일 독립사회민주당(USPD)은 1917년 사민당 다수파(우파)에 반대하여 중도 좌파를 중심으로 결성한 당이다. 이후 일부가 공산당에 합류했다.

싸우는 대중 운동과 우유부단한 지도부 노선 사이의 괴리를 날카롭게 짚어낸다. 그러나 로자는 결코 "대중"에 대한 희망과 신뢰를 저버리지 않았다.

> 지도부는 실패했다. 그러나 지도부는 대중에 의해, 대중 속에서 새롭게 만들어질 수 있고, 또 반드시 그래야만 한다. 대중이야말로 결정적인 존재이며, 혁명의 최종 승리는 바로 이 대중이라는 바위 위에 세워지는 것이다. 대중은 제 역할을 다했다. 그들은 이번 "패배"를 국제 사회주의의 긍지이자 힘이 되어온 역사적 패배들의 한 고리로 만들어냈다. 그렇기에 이 "패배"로부터 미래의 승리가 피어날 것이다.[52]

인류에 대한 그녀의 믿음은 비할 데 없이 굳건했다. 대중, 즉 인간 존재들이자 정치 공동체를 구성하는 재료인 이들은, 로자 룩셈부르크에 따르면, 언제나 오직 스스로를 구원하는 존재다. 그들은 결국 이겨낼 것이다.

> "질서가 베를린을 지배한다!"고. 이 멍청한 앞잡이들아! 너희의 "질서"는 모래 위에 세워진 것이다. 혁명은 내일 다시 철컥 하는 소리와 함께 일어설 것이며, 너희를 공포에 몰아넣고 나팔 소리와 내며 외칠 것이다. **나는 존재했다, 나는 존재한다, 나는 존재할 것이다!**[53]

1월 15일 저녁, 반혁명 민병대인 빌머스도르프 자경단(Wilmersdorfer Bürgerwehr) 소속 남자 다섯 명이 만하이머 슈트라세(Mannheimer Strasse)와 베를리너 슈트라세(Berliner Strasse)가 만나는 모퉁이에 위치한 한 술집으로 들어섰다.[54] 다섯 남자는 바텐더에게 옆 건물에 산다는 마르쿠손(Marcusson)이라는 인물에 대해 물었다.

그들은 그곳이 스파르타쿠스 동맹원들이 모이는 곳이라고 생각했다. 하지만 그들의 진짜 목적은 한 남자와 한 여자를 찾아내는 것이었다. 그들은 영장도 없이 아파트에 들이닥쳤고, 거기 있던 한 신사를 수색해서 카를 리프크네히트 이름으로 된 거주 허가증을 발견했다. 그들은 또한 "수상해 보는" 여성도 한 명 발견했는데, 그 여인이 바로 로자 룩셈부르크였다.

밤 9시, 조금 전 로자가 체포된 집에 한 남자가 들어섰다. 그는 리프크네히트와 룩셈부르크에게 위조 신분증을 가져다주려 왔던 독일 공산당의 주요 인물인 빌헬름 피크[*]였다. 카를 리프크네히트처럼 빌헬름 피크 역시 체포되어 몸수색을 당했다.

한편, 공화국에 반대하며 민간 용병으로 활동하던 제1차 세계대전 참전 군인들로 구성된 반혁명 부대 자유군단^{**}은 베를린 전역에서 카를 리프크네히트와 로자 룩셈부르크를 찾아

---

* 빌헬름 피크(Wilhelm Pieck, 1876~1960)는 살아 남아, 동독 초대 대통령을 지냈다.
** 독일 자유군단(Freikorps)은 반공 극우주의 성향의 군사조직으로, 독일 혁명 시기 사회주의자와 공산주의자에 대한 폭력적인 진압을 수행했다.

다니고 있었다. 리프크네히트의 편지는 감시받고 있었고, 룩셈부르크의 행방을 찾기 위한 탐문도 계속되었다. 이 모든 행위에는 법치의 외양조차 존재하지 않았다. 체포를 집행한 이들이 총리실의 부대변인 로베르트 브로이어(Robert Breuer)에게 전화를 걸었을 때, 브로이어는 영장 없는 체포는 불법이라고 알렸다.

오후 9시 30분경, 카를 리프크네히트가 에덴 호텔로 이송되었다. 10시쯤 피크와 룩셈부르크도 같은 인물들에 의해 호텔로 끌려왔다. 리프크네히트는 호텔의 살롱으로 끌려갔고, 그곳에서도 여전히 자신을 마르쿠손이라고 밝히며 신분을 숨겼다. 9시 45분경 해군 병력이 도착했고, 10시 30분경 리프크네히트는 호텔 옆문 계단으로 끌려 나왔다. 구경하고 있던 호텔 투숙객들과 군복 차림의 인물들은 그에게 욕설을 퍼붓고 침을 뱉었다.

제대한 군인이자 반공주의자인 오토 룽게(Otto Runge)가 소총 개머리판으로 그를 내리쳤다. 다른 남자 한 명은 얼굴을 주먹으로 가격했다. 곧이어 이들은 리프크네히트를 살해한 뒤, 오후 11시 15분경 베를린 동물원 근처의 응급구호소(Rettungsstation)에 그의 시신을 유기했다. 리프크네히트의 시신은 한동안 신원이 확인되지 않은 채 방치되었다.

가장 가까운 동지인 리프크네히트가 죽음을 향해 가고 있을 때, 룩셈부르크는 "창녀"라는 욕설을 들으며 호텔 1층으로 끌려가고 있었다. 극우 반공주 활동가였던 파브스트(Pabst)는 훗날 그녀와의 첫 만남을 이렇게 회상했다. "당신이 룩셈부르크 여사입니까?"라고 묻자, 그녀는 "직접 판단하시죠."라고 대답했다. "사진을 보니 틀림없군요." 그러자 로자는 "그쪽이 그렇다면 그런 거겠죠!"라고 응수했다.

파브스트를 마주한 로자는 평생 가장 아끼던 문학 작품인 괴테의 『파우스트』를 읽기 위해 자리에 앉았다. ("부활절 이후로 자꾸 이 시 구절들이 머릿속에서 맴돌아." 그녀는 1917년에 쓴 한 편지에서 『파우스트』에 대해 이렇게 쓴 바 있다.)[55] 로자는 체포 과정에서 흐트러진 옷매무새를 고치면서 책을 읽고 있었다.

체포를 주도한 제대 군인 포겔은 호텔을 나설 때 로자 룩셈부르크에게 회전문을 먼저 지나가도록 했다. 그 순간, 룽게가 소총 개머리판으로 그녀를 거세게 내리쳤다. 로자는 뒤로 넘어지며 의식을 잃었고, 그 과정에서 핸드백을 떨어뜨리고 구두 한 짝도 벗겨졌다. 그 자리에 있던 또 다른 반혁명주의자 알베르트 프라이헤어 폰 베흐마르(Albert Freiherr von Wechmar)는 그녀의 가방 속에서 클라라 체트킨이 보낸 편지를 훔쳐갔다.[56]

늘 앞장서서 나아가고, 언제나 단정하게 몸가짐을 꾸몄던 이 여인은 의식을 잃는 마지막 순간에 존엄마저 빼앗기고 말았다. 극심한 위기와 위협의 시기에 그녀의 핸드백 속에 가장 가까운 여성 동지의 편지가 들어있었다는 사실은 뭔가 의미심장하다.

룩셈부르크가 바닥에 쓰러진 뒤, 룽게는 두 번째 일격을 가했다. 그녀는 코와 입에서 피를 흘리며 차로 끌려가 뒷좌석에 실렸다. 앞좌석에 있던 남자가 의식을 잃은 그녀를 또다시 내리쳤다. 차는 차가운 베를린의 밤을 가르며 코르넬리우스 다리를 향해 질주했다.

근거리에서 발사된 총탄 한 발이 로자 룩셈부르크를 때 이른 죽음으로 이끌었다. 1월 15일 밤 11시 45분, 그녀는 코르넬리우스 다리 위에서 마지막 숨을 거두었고, 란트베어 운하의 물줄기는 무심히 그 곁을 흘러가고 있었다.

로자가 생의 마지막 순간에 읽었던 괴테의 『파우스트』에서 마르가레테는 자신의 죽음을 되돌아본다.[57]

> 밖에 무덤이 있다면,
> 죽음이 절 기다리고 있다면, 가겠어요!
> 하지만 여기에서 영원히 잠자리에 들겠어요.
> 한 발도 움직일 수 없어요.[58]

감옥에 갇힌 마르가레타는 다가오는 죽음을 떠올리며 이렇게 읊조린다. "저 길을 따라가세요, 시냇물을 따라, 언덕 위로." 죽음을 향해 걸어가던 순간, 그토록 상상력이 풍부하고 비상했던 로자 룩셈부르크의 머릿속을 마지막에 스친 생각이 무엇이 었는지 상상하기란 어렵다. 그녀가 생을 마감한 곳은 티어가르텐에서 멀지 않은, 1898년 베를린에 처음 도착했을 때 끈기 있게 매일 산책하던 바로 그 변두리 지역이었다.[59]

개인과 역사 사이의 변증법을 깊이 성찰해 볼 때, 로자에게는 이런 묘비명이 어울릴지도 모른다. "지난 몇 년간의 역사에서, 그리고 더 멀리 거슬러 올라가 역사 전체에서 내가 배운 것은 한 개인이 미치는 영향이나 효과를 과대평가해선 안 된다는 거야."[60]

1월 17일, 레닌은 레오에게서 짧은 전보를 한 통 받았다. "로자 룩셈부르크와 카를 리프크네히트는 마지막 혁명의 임무를 다했습니다."[61] 이제 레닌은 룩셈부르크 박사에게서 전처럼 글로 "뜨거운 악수"를 받을 수 없게 되었다. 비록 그들 사이에 의견 차이가 있었고, 그녀가 러시아 혁명의 새로운 현실을 오해한 점도 있었지만, 새로운 세상을 만들기 위해 끊임없이 노력했던 이 두 지도자는 독특하게 혁명적인 시대 속에서 서로 깊이 연결되어 있었다.

그러나 로자는 자신의 마지막 혁명적 소망을 이루었다. 삶 전체가 혁명의 개념, 정신, 현실과 뗄 수 없이 얽혀 있었던 이 여인은 늘 투쟁하다 죽는 것을 꿈꾸었다.

란트베어 운하에 떠오른 훼손된 시신에 대한 대중의 반응은 극도의 경외와 증오, 친구이자 동지를 잃은 깊은 애도 사이에서 날카롭게 분열되었다. 이런 극단적인 분열은 미래에 그녀의 글을 읽고 영감을 받을 모든 사람들에게 하나의 교훈으로 남게 될 것이다.

그녀의 비범한 삶은 우리에게 많은 것을 되돌아보게 한다. 특히 우리가 각자의 삶 속에서 마주하는 가장 큰 질문, 다음 세대에 더 나은 세상을 어떻게 물려줄 것인가에 대한 고민을 던져준다.

로자 룩셈부르크는 격렬한 혁명의 한복판에서 살해당했고, 그녀의 삶과 사상은 여전히 뜨거운 논쟁과 열정적인 비판을 불러일으키고 있다. 실수와 좌절, 패배가 있었음에도 불구하고, 로자는 결코 혁명에 대한 신념에서 흔들리지 않았다. 그녀의 말과 행동, 사랑과 상실은 계속 앞으로 나아갔다.

1919년 1월 11일, 클라라 체트킨에게 보낸 마지막 편지로 알려진 글에서 로자는 이렇게 적었다. "역사가 어떤 경로를 취하든, 우리는 그것을 있는 그대로 받아들여야 해요."[62]

6. 불화는 계속 전진한다

로자 룩셈부르크를 기리는 추모 연설에서 파울 레비는 이렇게 말했다. "혁명은 길을 따라 앞으로 나아갑니다. 길에는 앞을 알려주는 이정표들이 있습니다. 그 이정표들은 시체들의 산입니다."[1]

1919년 6월 13일, 조용한 행렬이 평화적인 시위를 하는 것처럼 로자의 육체가 마지막으로 안장되는 길에 동행했다. 로자의 친구들과 친척들이 그녀의 육신이 마지막 가는 길을 함께 걸었다. 로자의 오빠와 조카도 그 안에 있었다. (가족들은 격동으로 가득 찬 그녀의 삶이 허락할 때마다 연락을 유지했지만, 로자와 가까이 있는 것은 위험할 때가 많았다.)

그녀가 코롤렌코에 대해 쓴 글의 한 구절은 아이러니하게도 1919년 1월 15일에 일어난 사건에 대한 논평처럼 보였다. "이런 처형은 몹시 드문 일이었지만, 사람들에게 깊은 인상을 남겼다."[2] 몇 년 뒤인 1921년, 클라라 체트킨은 로자의 뜻을 계승한 여성 동지 실비아 팽크허스트가 발행하는 신문 《노동자의 전함(Workers' Dreadnought)》에 이렇게 썼다. "로자 룩셈부르크는 불굴의 의지를 가진 여성이었다. 엄격한 자기 통제는 타고난 격정적인 기질을 억제했고, 밖으로 드러나는 과묵하고 차분한 태도로 그것을 감추었다."[3]

독일 사회 내부는 빠르게 변화했으며, 곧 파시즘으로 뭉텅 빠져 들어갔다. 로자의 때 이른 죽음에 책임이 있는, 의회 밖에서 활동하는 자발적 무장단체인 자유군단은 국가사회주의(나치즘)가 자라나는 비옥한 토양이 되었다. 자유군단의 지도자들은 바이에른으로 물러나, 그곳에서 떠오르는 정치 선동가 아돌프 히틀러의 영향 아래 놓이게 되었다.[4]

1932년 8월 30일, 75세의 클라라 체트킨은 독일제국 국회의사당 계단에 올랐다. 국회의 최고령 의원으로서 그 마지막이 될 회기를 개회하기 위해서였다. 클라라의 걸음은 느렸고, 동지들의 부축을 받으며 올라갔다. 그녀는 앞을 거의 볼 수 없었고, 몹시 쇠약한 상태였다. 클라라의 걸음걸이는 친구이자 동지였던 로자 룩셈부르크와 함께 걷던 젊은 시절의 걸음과 천양지차였다. 그녀는 45분 간 파시즘에 반대하는 연설을 했다.

이 연설에서 그녀는 노동법과 집단행동에 대한 공격이 어떻게 지금의 파시스트 정부를 낳았는지 역설했다. 그녀는 고조되는 증오와 분열에 대해 안일하게 대응해서는 안 된다고 경고했다. "우리는 무엇보다 파시즘을 물리치기 위해 싸워야 합니다. 그것은 노동자들의 모든 명확한 의사 표현을 철혈로 짓밟으려 하고 있습니다."[5]

시력을 거의 잃은 클라라 체트킨이 1932년 최고령 의원으로서 독일 국회 개회식에 참석했다가 떠나고 있다. 그녀는 경제적 억압과 파시즘 간의 연관성에 대해 연설하면서 다음과 같이 말했다. "저는 명예 국회의장으로서 의무를 다하기 위해 이번 국회를 개회하며, 비록 지금 제 몸이 병약하긴 하지만 소비에트 독일의 첫 번째 소비에트 대회의 명예 의장으로 그 대회를 개회할 수 있는 행운이 있기를 여전히 바라고 있습니다."

체트킨은 이렇게 말을 이어나갔다. "대중은 자본주의의 잔인한 무력 사용에 겁을 먹어서는 안 됩니다. 자본주의는 그것을 통해 새로운 세계대전과 파시스트 내란이란 형태로 자신의 생존을 추구하고 있기 때문입니다."[6] 그럼에도 나치즘은 로자의 가장 가까운 사람들에게 직접적인 영향을 미쳤다.

1933년 나치는 룩셈부르크와 리프크네히트의 무덤 근처에 세워진 기념비에서 붉은 별을 제거했다. 이 기념비는 1935

년 결국 철거되었다. 1933년 5월 10일, 요제프 괴벨스가 불태운 책 속에는 그녀의 책도 들어 있었다.[7]

독일 파시즘 내에 공산주의자와 유대인을 공격하는 분위기가 높아지면서 로자의 가장 친한 동지들도 위험한 처지에 몰렸다. 클라라는 1933년 6월 망명지에서 죽었다. 로자가 사랑했던 오른 팔이자 많은 저작들의 보존과 출판을 책임지고 있던 마틸데 야콥은 1942년 7월 27일 체포되어, 테레지엔슈타트 강제 수용소로 보내져. 그녀는 수용소에서 1943년 4월 14일에 죽었다.

그녀는 "나는 스파르타쿠스 동맹의 일개 병사로 행군했다. 하지만 싸울 용기를 결코 잃지 않았다."고 겸손하게 적었다.[8] 다수의 평범한 사람들과 마찬가지로 마틸데는 히틀러와 나치가 그녀의 정치를 이유로 추적할 정도로 사회주의 진영에서 중요한 인물은 아니었다. 하지만 그녀는 1930년대 그녀와 로자의 모든 동포들이 그랬듯이 유대인이었기 때문에 고통을 겪었다. 루이제 카우츠키는 아우슈비츠 수용소에서 80세의 나이에 심장마비로 죽었다.

> 하지만 내 인생의 길에서 로자와 함께 걸었던 부분 — 사실 손을 잡고 걸었다고 해도 될 정도였다 — 의 이야기는 더 많은 사람들이 관심을 가질 것 같았다. 동시에 이 책의 발간은 어느 정도는 그녀의 유산을 남기는 일이자, 오랜 감사의 빚

을 갚는 일이기도 했다. 내 존재 전체, 그렇다, 내 삶 전체가 로자 룩셈부르크와의 인연과 우정으로 엄청나게 풍요로워졌던 것이다.[9]

마틸데 야콥은 이렇게 이야기했다. "맞다, 로자 룩셈부르크와 함께 걷는 것은 항상 유익한 일이었다. 자신의 풍부한 지식을 다른 사람들에게 들려주는 것은 그녀의 본성에 속했다."[10]

레비는 이후 독일 공산당의 수장이 되었다. 하지만 이 당은 한때 가졌던 민주주의적 지향을 이미 상실했다.[11] 독일 공산당은 로자를 신화화했으나, 당의 반민주적 경향은 저자의 의도와 다르게 그녀의 저술을 이데올로기적으로 오독하게 만들었다.

1922년, 클라라 체트킨은 룩셈부르크가 생애 마지막 몇 달간 견해를 수정하기 시작했고, 살해당할 당시에는 레닌주의에 거의 도달했다고 주장했다.[12] 그러나 룩셈부르크의 저술에 일관되게 흐르는 민주적 지향은 체트킨의 주장을 반박한다.

레닌과 룩셈부르크 간의 논쟁에 대한 논의는 여전히 강렬하고 긴장감 있는 문제로 남아 있다. 이는 주로 두 급진주의자들의 글만 가지고 레닌주의와 룩셈부르크주의를 평가하기 때문에 빚어지는 일이다.

폴란드 문제에 대한 룩셈부르크의 입장을 재조명한 사람은 21세기에 등장했다. 바로 에릭 블랑이다. 그는 로자가 국제 정치 무대에 발을 디디며 최초의 적수로 상대했던 폴란드 사회당의 문서들을 다시 파고들었다.[13] 그것은 폴란드 사회당에 대한 그녀의 입장이 초기의 개량주의 비판과 자발성에 대한 강조 같은 포괄적인 정치적·윤리적 기조에서 나온 것이 아니라, 현실정치적인 동기에서 비롯된 것임을 보여주었다.

블랑의 연구에서 중점적으로 다룬 주제 중 하나는 룩셈부르크가 "인도주의자"라는 "신화"이다. 그는 로자 룩셈부르크를 21세기 정치와 운동에도 중요한 의미를 지닌 완전무결한 사상가이자 활동가로 묘사하는 분석에 의문을 제기한다. 블랑이 제시한 사실들은 상당히 중요한 의미를 지니고 있고 유익하다.

룩셈부르크가 자신이 말한 바를 항상 그대로 실천하지 않았다는 것은 분명하다. 그녀 "자신의" 당 안에서 그녀는 대중의 지지를 묻기보다 자신이 옳다고 믿는 정책을 옹호하는 중앙집권적 경향을 보였으며, 이는 마르크스주의와 함께 민주주의적 경향을 고수하던 그녀의 가치관과는 뚜렷한 대조를 이룬다.

하지만 블랑이 제시한 자료들은 그 자체로, 혁명에 대한 열정과 민주주의에 대한 신념이야말로 룩셈부르크 평생의 활동을 관통하는 핵심임을 보여준다. 그녀의 유산은 비단 독일 공산주의 내의 학술적 논쟁에 머무르지 않고 여전히 생명력을 갖고 있다.

1951년, "죽은 자는 우리에게 촉구한다(Die Toten mahnen uns)"라는 글귀를 새긴 기념비가 룩셈부르크와 리프크네히트의 무덤 옆에 세워졌다. 동독 정부는 그들을 순교자로 여기고 매년 1월 15일 룩셈부르크와 리프크네히트를 기념했다. 하지만 룩셈부르크의 유령은 모든 권위의 원천을 끊임없이 따라다녔다.

베를린 장벽이 무너지기 직전인 1988년, 로자의 제2의 고향에서 반체제 인사들이 "자유는 항상 다른 생각을 가진 사람들의 자유이다."*라는 그녀의 유명한 문구가 적힌 현수막을 펼쳤다. 그들은 즉시 체포되었으나, 로자 룩셈부르크가 좌파의 입장에서 독재를 비판하고 민주주의를 지지했다는 사실은 다시 한 번 증언되었다.[14]

로자 룩셈부르크의 유산은 그녀의 삶에서 드러난 모순과 복잡함을 상상할 수 있는 모든 지평 너머로 확장했다. 저명한 역사학자이자 로자 룩셈부르크 재단의 연구 책임자인 외른 슈트룸프(Jörn Schütrumpf)는 룩셈부르크의 유산을 개인 뿐 아니라 사회 전체의 자유와 해방을 추구한 것, 그리고 이론과 실천이 통일된 모범적인 사례를 보여준 것이라고 생각한다.[15] 그는 그녀의 유산이 자기 행동에 대한 정직함, 진정성 있는 사유, 사람들과의 관계에서 품위를 보여주고 있다고 본다.[16]

영국의 트로츠키주의 활동가 토니 클리프는 로자 룩셈부르크의 좌우명을 두 가지("모든 것을 의심하라"와 "태초에 행동

---

* "Freiheit ist immer die Freiheit der Andersdenkenden." 로자 룩셈부르크의 「러시아 혁명」(1918) 6장에 나오는 문구이다.

이 있었다")나 제시했고, 다른 글에서는 "울지 말고, 웃지 말고, 이해하라"*라는 세 번째 좌우명을 추가했다. 이 문구들은 모두 룩셈부르크의 글에서 인용한 게 맞긴 하지만, 그녀 스스로 이것들이 좌우명이라고 이야기한 적은 없다.17

로자는 결코 17세기 철학자 스피노자와 자신을 동일시하지 않았다. 오히려 그녀의 좌우명은 어느 편지에 썼던 "나는 여기 서 있다. 다른 선택을 할 수 없다."**라고 해야 할 것이다. 그녀는 결코 멈추지 않았고, 생전에나 사후에나 자신에 대한 다른 사람들의 규정을 쉽게 받아들이지 않았다.

로자 룩셈부르크의 정치적, 경제적 업적에 대한 평가와 더불어, 1920년대부터 시작된 그녀의 서간집 출간은 앞서 이야기한 것처럼 극단적으로 나눠졌던 그녀에 대한 수용 방식에 균열을 일으켰다. 우울증을 앓는 로맨틱하고 새를 사랑하는 여성이라는 이미지가 나타나기 시작했다.

1979년에 나온 엘즈비에타 에팅거(Elzbieta Ettinger)의 전기는 이런 이미지를 발전시켰다. (이 책은 로자 룩셈부르크의 활동에 대해서는 거의 다루지 않는다.) 편지들만 참조해 만들어진 다양한 작품들도 마찬가지로 이런 이미지에 일조했다. 마르

---

* "웃지도 말고, 슬퍼하지도 말고, 증오하지도 말고, 이해하라."는 스피노자의 철학을 요약하는 경구로 유명하다.
** 마르틴 루터(1483~1546)가 자신의 주장을 철회하라는 강요를 받고 한 말로 알려져 있으나, 실제로 그가 한 말인지는 확실하지 않다. 로자는 마틸데 부름에게 보낸 1916년 12월 28일자 편지에 이 문구를 인용했다.

가레테 폰 트로타의 영화《로자 룩셈부르크(1986)》은 외롭고 우울한 여성의 모습을 시각화했다.

로자 룩셈부르크는 복잡하고 꽤나 모순적인 인물이었으며, 분명 많은 굴곡을 겪었다. 하지만 격동의 삶을 살아간 그녀에게 버틸 수 있는 힘을 준 것 또한 그녀의 다채로운 면모와 강인함이었다. 그녀의 편지들은 주변 세계에 대한 지속적인 관심과 대의에 대한 헌신뿐 아니라, 활동에서 느끼는 진정한 기쁨과 독보적인 지적 탁월함에 대한 자부심을 보여준다.

로자 룩셈부르크가 특정한 문제들에 대해 옳았던 틀렸던, 마르크스주의 이론에 대한 그녀의 지적 기여가 헤아릴 수 없을 정도로 크다는 사실에는 의심의 여지가 없다. 편지나 학술 저작 같은 룩셈부르크의 삶의 일부만 보아서는 누구도 모방할 수 없는 활동가이자 작가에 대한 매우 불완전한 초상 밖에 얻지 못할 것이다.

로자 룩셈부르크의 내면과 개인적인 관계들에 대해 쓰는 것은 결코 쉬운 일이 아니다. 그녀는 자신의 정서적인 문제들을 공적 이미지와 철저히 분리했고, 그녀의 편지들은 분명 출판을 의도한 것이 아니었다. 많은 문서 자료들이 여전히 발굴되고 복원되고 있다. 영어로 나온 룩셈부르크의 중요한 전기는 두 종이 있다.

우선 그녀의 동지였던 파울 프뢸리히가 1939년에 출간한 전기*가 있다. 이 책은 풍부한 정보와 개인적인 시각을 전해 준다. (프룔리히는 로자의 애제자인 로지 볼프슈타인의 반려자였다.) 하지만 이 책의 장점은 동시에 약점이기도 하다. 이 책은 많은 부분 룩셈부르크를 객관적인 대상이 아니라 친구로서 다루고 있다.

두 번째는 J. P. 네틀이 1966년에 내놓은 두 권짜리 책으로, 1969년에 축약판으로도 출간되었다. 이 책은 2019년에 재출간되었다. 네틀의 전기는 로자 룩셈부르크의 삶뿐만 아니라 그녀가 살았던 시대에 대한 광범위한 연구로서, 그녀의 저작을 이해하는 데 극히 중요한 정치적, 역사적인 맥락을 담고 있다.

최근에는 로리 캐슬존스(Rory Castle-Jones)가 새로운 문서 자료들을 발굴하고, 이를 바탕으로 로자 룩셈부르크의 초기 시절을 집중 조명한 중요한 연구를 진행했다. 사실 이 책 역시 캐슬존스의 연구, 특히 룩셈부르크의 유대인성 및 젠더와 관련된 자료들에 얽혀 있던 신화들을 반박한 부분에 큰 도움을 받았다.

게오르크 루카치는 『자본의 축적』에서 제기한 문제에 대한 로자의 해결책이 틀렸음에도 불구하고, 자본주의 내에서 제국주의의 문제에 대한 그녀의 논점은 의미가 크다고 주장했다.[18] 출간된 지 한 세기 이상 지난 지금도, 로자 룩셈부르크의 가장

---

*『로자 룩셈부르크의 사상과 실천』이라는 제목으로 한국에 출간되어 현재 e-book으로 구입할 수 있다.

유명한 저서인 『자본의 축적』은 여전히 논쟁과 대응을 불러일으킨다. 어떤 것은 답을 찾았지만, 어떤 것은 아직 해결되지 않은 그 책이 제기한 주요 질문들은 21세기 이론적, 정치적인 논쟁에서 여전히 시급하고 필요한 문제들이다.

물론 룩셈부르크를 반인종차별주의자나 반식민주의자로 규정하려는 시도는 오늘날의 독자들에게 시대착오적인 정의로 보이기 때문에 완전히 성공적일 수 없다. 『자본의 축적』과 『비판에 대한 반비판』이 가진 복잡성은 이 텍스트에 풍부한 자원이 내재해 있다는 것을 보여주지만, 결코 명확한 답을 주진 않는다. 역사에 대한 관심이야말로 로자 룩셈부르크의 저작에 동기가 된 것이고, 따라서 그녀의 논의를 현시대에 직접 적용시키려는 시도는 무용한 일이다. 하지만 그녀가 남긴 이론적 유산은 다양한 논쟁들을 열어주었으며, 우리 시대의 많은 긴급한 질문들에 답을 제시하고 있다.

철학자 마이클 브리는 신자유주의 금융시장 자본주의에서 발생한 공황들이 『자본의 축적』에 대한 관심을 다시 불러일으켰다고 지적한다.[19] 이 책이 자본주의 시장 확장의 한계에 대한 이론적 질문을 제기했기 때문이라는 것이다. 중심적으로 논쟁이 되는 것은 이 텍스트가 현재의 탈식민주의와 반제국주의 논의들에 어떤 의미를 가질 지에 대한 것이다. 몇몇 논자들은 룩셈부르크가 『자본의 축적』에 나타난 비판을 자본주의 경제가 아닌 비서구 사회들에 대해 굉장한 관심과 연민을 보여주는 그녀의 다른 글들과 연결시킨다.

반면 카니슈카 초두리는 룩셈부르크의 인종차별적인 면모가 더 많이 부각될 필요가 있다고 강조한다. 예컨대 그녀는 비자본주의적인 비서구 세계가 세계혁명의 일부가 될 것이지만, 그들 자신이 주체가 되는 것이 아니라, 서구 프롤레타리아트의 영향을 받게 될 것이라고 주장했다는 것이다. 그러나 초두리는 정치적 폭력은 경제적 과정의 도구이며, 그 둘은 자본의 재생산이라는 조건을 통해 밀접하게 연결되어 있다는 룩셈부르크의 주장을 긍정적으로 다시 검토한다.[20]

로자 룩셈부르크 전집의 총괄 편집자인 피터 후디스는 "아시아, 아프리카, 라틴 아메리카 사회의 선주민 공동체 사회구성체들에 대한 룩셈부르크의 상세한 연구는 유럽 제국주의의 침투 이전과 이후를 막론하고, 이들 사회의 중요성에 대해 마르크스주의 전통에서 작성된 가장 체계적인 논의 가운데 하나를 대표한다"고 주장한다.[21]

후디스는 이렇게 지적한다. "다른 곳에서 자세히 설명한 바와 같이, 이는 전자본주의 공동체 구성체가 자본주의와 접촉하는 '그 어디에서나' '파괴될 운명에 처한다'는 단선적인 진화론을 전제하지 않았던 마르크스의 입장과 룩셈부르크의 입장을 갈라놓는 지점이다."[22] 또한 후디스는 초두리가 제기한 동일한 한계, 즉 룩셈부르크가 식민지화된 세계의 주민들을 진보의 주체로 보지 않았다는 점을 인정한다.[23] 룩셈부르크는 제2인터내셔널의 동지들과 마찬가지로 역사를 단선적인 경로를 따르는 것으로 보았던 것이다.

헬렌 스콧은 다른 시각을 제시한다. 만약 우리가 자본주의와 역사를 다양한 경로와 다각적인 측면을 가진 것으로 이해하는 관점을 받아들인다면, 룩셈부르크와 탈식민주의의 관계를 다시 사유해 볼 수 있는 가능성이 생길 것이라는 것이다.

스콧의 주장에 따르면 "룩셈부르크는 제국주의를 '서구'의 특성이 아니라 자본주의의 특성으로 규정했고, 둘째로 국제 노동계급 연대에 기초한 해방 전략을 표명했다.[24] 억압에 반대하고 해방을 지향하는 투쟁들은 그 속에서 노동자 투쟁과 서로 뗄 수 없는 관계를 맺으며, 그 반대도 마찬가지다." 룩셈부르크에게 억압에 대한 저항은 감정과 지성이 둘 다 필요한 과업이었다. 그녀의 분석은 그녀가 결코 실제로 접한 적 없는 사회와 민중에게로 자신의 인도주의를 확장하는 데 초점이 맞추어져 있었다.

『자본의 축적』의 유산에서 가장 중요한 측면 중 하나는 이 책의 주장이 페미니즘적 자본주의 비판과 연관된다는 점이다. "여성 문제"는 로자 룩셈부르크가 살던 시대와 마찬가지로 오늘날에도 여전히 우리를 괴롭히는 문제이다.

안키차 차카르디치(Ankica Čakardić)는 룩셈부르크의 전문 분야인 마르크스 경제학과 정치 이론으로 그녀에게 화답한다. 차카르디치의 연구는 룩셈부르크의 부르주아 페미니즘 비판에 초점을 맞추고, 그 내용을 설명하는 데서 시작한다.

여기서 그녀는 룩셈부르크가 조직가가 아니었기 때문에 여성 노동자들의 조직화에 깊이 관여하지는 않았지만, "여성해방에서 일과 삶의 문제의 중요성과 어려움을 이해하면서 사회주의 여성운동의 조직 활동을 열렬히 지지했다"고 주장한다.[25]

룩셈부르크에게 여성 참정권 문제는 이미 확고해진 프롤레타리아 여성의 "정치적 성숙"을 공식화하는 전술적인 문제였다. 이는 투표권이라는 개별 사안을 지지하는 문제가 아니라, 그것을 통해 "여성 사회주의 운동이 여성과 노동계급 전체의 해방을 위한 투쟁 전략을 더욱 발전시킬 수 있는" 보편적 참정권을 지지하는 것"이다.[26]

그런 다음 차카르디치는 자신의 맥락 뿐 아니라 좌파 운동 내의 페미니즘 논쟁에 초점을 맞추며, 방식과 내용 모두에서 룩셈부르크에게 영감을 받은 전환을 시도한다. 그녀는 『자본의 축적』을 급진적으로 재해석해서, 그것의 핵심 주장을 가정 내에서 이루어지는 노동의 착취를 고찰하는 데 활용한다. 여기서 가정은 비자본주의적인 세계이면서, 동시에 노동의 장으로 제시된다.

이 해석은 룩셈부르크의 논지를 활용하여 자본주의가 수요 확대를 위해 비자본주의 영역, 즉 가정을 필요로 한다고 주장한다. 차카르디치는 자본주의와 비자본주의 경제의 상호의존적인 동학에 관한 공간적 논의를 활용하여, 자본주의에는 확장할 수 있는 비자본주의적 영역이 필요하다는 『자본의 축적』의 핵심적인 기본 주장을 여기에 적용한다. 그녀는 이렇게 주장한다.

> 룩셈부르크의 경제 이론에 따르면, 자본주의적 생산양식은 잉여가치를 창출함으로써 자신을 재생산하며, 잉여가치의 전유는 잉여를 창출하는 자본주의 생산의 확장이 동시에 이루어질 때만 가속화될 수 있다. 따라서 생산이 이전보다 더 큰 규모로 재생산 되도록 하는 것이 필수적이며, 이는 자본의 확장이 모든 개별 자본가의 생존을 지배하는 절대적 법칙이라는 것을 의미한다. 『자본의 축적』에서 로자 룩셈부르크는 자본주의를 필연적으로 공황을 창출하는 동시에, 수요와 확장의 객관적인 한계에 부딪칠 수밖에 없는 사회 관계로 이해하기 위한 전제들을 수립한다. 이런 의미에서 그녀는 다양한 "비자본주의적 구성체들"— 여기서는 가정(household)을 통해 실현되는 사회적 생산과 자본 축적의 과정에 대한 분석에 기초하여 제국주의 이론을 발전시켰다.[27]

이런 해석은 실비아 페데리치 같은 현대 마르크스주의 페미니스트들이나 "가사노동에 임금을(Wages for Housework)" 같은 운동들과 궤를 같이 한다.

로자 룩셈부르크의 삶과 사상에 대한 중요한 연구로는 라야 두나예프스카야(Raya Dunayevskaya)의 『로자 룩셈부르크와 여성해방, 그리고 마르크스의 혁명의 철학』(1982)이 있다. 두나예프스카야는 미국에서 인간주의적인 마르크스주의 철학을 창시한 인물이며, 마르크스의 경제학 철학 수고를 처음 영어로 번역한 인물이기도 하다. 그녀는 젊은 미국 공산당원들에게 트로츠키를 반대하기 전에 그의 저작을 실제로 읽어보라고 제안했다가 계단 아래로 밀려 떨어지는 일을 겪기도 했다.

두나예프스카야는 트로츠키의 비서로 일했지만, 이론적인 문제로 그와 결별하게 되었다. 두나예프스카야의 연구는 룩셈부르크에게 이론과 실천이 서로 뗄 수 없는 하나였음을 조명하는 지적인 평전이라고 할 수 있다. 이 전기의 중요한 논지는 룩셈부르크를 이론과 실천 모두에서 페미니스트로 주장한다는 것이다.

이 책의 주장은 복잡하면서도 극히 중요하다. 이 책은 1980년대 초 두나예프스카야가 글을 쓰던 시점에서 룩셈부르크의 여성 해방 운동에 대한 중요성을 추적하며, 룩셈부르크의 삶에서 나타나는 성차별과 그것이 당시의 운동에 어떻게 계속 이어지고 있는지를 부각시킨다. 아래로부터의 정치는 두나예프스카야가 활동하던 시기의 반인종차별과 여성해방 운동에 매우 중요한 것으로 여겨진 조직화와 교육을 통해 촉발되었는데, 이에 대한 그녀의 해석은 룩셈부르크의 저작에 깊이 근거하고 있다. "(당내 민주주주의에 대한, 옮긴이) 룩셈부르크의 일반적인 주장들은 오늘날에도 여전히 타당하며, 우리는 그것을 검토해야 한다. 훨씬 더 많은 민주주의, 자기 견해를 표명하는 다양한 경향들이 필요할 뿐만 아니라, 룩셈부르크의 것과 같은 완전히 새로운 민주주의 개념이 필요하다는 데는 전혀 의심의 여지가 없다."[28]

가장 중요한 지점은 그녀가 클라라 체트킨과의 우정을 강조하는 것에서부터 요기헤스와의 연애 관계가 끝나는 순간까지, 룩셈부르크의 삶과 작업에서 얻은 교훈을 여성해방에 적용한다는 점이다. 이는 룩셈부르크의 지적 활동이 가장 활발했던 시기가 이별 이후라는 "전형적인 남성적 태도"를 반박하는 것이다.[29] 동시에 다음과 같은 글도 찬찬히 곱씹어볼 필요가 있다.

> 시간은 이제 마르크스가 정의한 것처럼 이해되어야 한다. "시간은 인간 발전을 위한 공간이다." 이런 개념에 뿌리를 두고, 우리는 룩셈부르크를 독창적인 인물로, 혁명 이론가로, 그리고 페미니스트로 살펴보고자 한다. 때로는 그녀가 주저하는 페미니스트로 보일 수 있지만, 그녀는 언제나 혁명가였다.[30]

룩셈부르크를 롤 모델로 삼아, 그녀의 이론을 원래의 적용 범위를 넘어 확장하는 것은 매우 의미 있는 시도이다. 그 자신이 혁명가이자 국외자였던 두나예프스카야는 룩셈부르크의 삶의 실마리들을 포착할 수 있는 가장 적합한 위치에 있었다. 로자 룩셈부르크의 급진적 유산은 많은 여성들에게 힘이 되고 행동에 나설 수 있게 북돋아주었다.

바바라 한은 자신의 책 『유대인 지혜의 여신 : 이 또한 근대성 이론이다』(2005)에서 "로자 룩셈부르크를 위한 카디쉬*"라는 장을 썼다. 여기서 그녀는 확고한 정치가와 감성적인 여성이라는 로자의 두 가지 면모에 대해 자세히 설명한다.[31] 이 전기에서 주장해 온 것처럼, 로자는 둘 모두였다. 바바라 한은 로자 룩셈부르크와 라헬 바른하겐과의 유사점과 차이점을 논하며, 로자의 사상적 대화자로 한나 아렌트를 미래에서 불러온다. 바바라 한이 보기에, 유대인이라는 사실은 로자에게 피할 수 없는 현실이었고, 성차별은 그녀가 감내해야 하는 것인 동시에 그녀의 유산이 계속 싸워 나가야 하는 것이었다.[32]

놀랍게도 로자 룩셈부르크에 대한 많은 글들은 그녀와 요기헤스의 복잡한 관계, 그녀의 외모, 감성적인 특성을 논하면서도, 남성 작가라면 결코 그렇게 다뤄지지 않았을 것이라는 사실을 성찰하지 않는다. 로자는 신화화되기를 결코 원하지 않았지만, 그렇게 되었다. 혹자에게 그녀는 자연을 낭만적으로 사랑하는 사람이었고, 혹자에게는 확신에 가득 찬 냉혹한 혁명가였다. 로자는 그 어느 쪽도 아닌 동시에 두 가지 모두였다.

---

* 카디쉬(Kaddish)는 유대교의 애도 기도로, 하나님의 이름을 찬양하고 세상의 평화를 기원하는 내용을 담고 있다.

인간은 복잡한 존재이며, 서로 기대를 충족시키는 경우는 드물다.

한나 아렌트는 1966년 《뉴욕 리뷰 오브 북스》에 네틀의 전기에 대한 서평을 썼고, 이 글은 나중에 『어두운 시대의 사람들』(1968)이라는 책에 실렸다. 로자 룩셈부르크에 대한 아렌트의 글은 상당히 문제적인 주장을 펼친다. 평생 마르크스를 꼼꼼히 읽는 독자가 결코 아니었던 아렌트는 룩셈부르크가 "정통 마르크스주의자가 아니었으며, 정말 마르크스주의자인지 의심받을 만큼 정통적이지 않았다"고 주장했다.[33]

물론 이 주장은 전혀 설득력이 없다. 그러나 아렌트의 룩셈부르크에 대한 서평은 아렌트 자신의 삶의 맥락에서 특히 의미심장한 두 가지 측면을 제기한다. 아렌트가 "동료 집단", 즉 로자의 조직이 기원한 폴란드 친구들의 그룹의 중요성을 논하는 부분은 주목할 만 하다. 룩셈부르크와 요기헤스의 관계를 분석하며 "결혼한 사람들의 경우 배우자들의 사상을 분리시켜 설명하기란 항상 쉽지는 않다"고 설명하는 부분도 그러하다.[34]

이 구절은 스파르타쿠스 당원이었던 아렌트의 남편 하인리히 블뤼허와 관계에도 그대로 적용될 수 있다. 아렌트는 그에게 자신의 저서 『전체주의의 기원』을 헌정했는데, 이 책에서 그녀는 스탈린주의 러시아에 대한 폭넓은 비판을 제시한다. (그녀가 보기에 룩셈부르크가 분명히 옳았다고 평가한 영역 중 하나는 러시아 혁명에 대한 인식이다.) 아렌트 자신도 혁명의 정치적 힘에 매료되었으며, 대중들 속에서, 서로 협력하며 행동하는 민중들 속에서 아래로부터 혁명이 만들어진다는 신념을 룩셈부르크와 공유했다.

아렌트는 룩셈부르크를 파리아인 동시에 "스스로를 명확히 여성으로 인식한 여성"으로 다루었는데, 이 둘은 아렌트 본인에게도 적용될 수 있는 것이다. 그녀는 로자에게 유대인 배경이 가진 중요성과 세기말 유럽의 범세계주의와 유대인성의 문제적인 관계를 지적한다. 룩셈부르크는 아렌트의 지성사 강의에 포함된 극소수의 여성들 중 하나였다. 아렌트는 서평을 마무리하며 이렇게 말한다. "사람들은 그녀가 서구 여러 나라 정치학자들의 교육에서 최종적으로 자신의 위치를 발견할 것이라고 기대할 것이다. 네틀이 정당하게 주장하고 있듯이 '그녀의 사상은 정치 사상사를 진지하게 가르치는 곳이라면 어디에서나 다루어져야' 하기 때문이다."

어쩌면 아이러니하게도, 룩셈부르크와 아렌트의 공통점은 이들의 사상이 오히려 자신들을 공격하는 데 활용되었다는 것이다. 아렌트는 네틀의 전기에 대한 서평에서 '룩셈부르크주의'라는 개념을 비판한다. 아렌트가 수집한 자료들을 보면 그녀가 룩셈부르크의 저작을 꼼꼼하게 살펴보았다는 것을 알 수 있다.

그녀의 장서에는 1915년에서 1918년 사이의 룩셈부르크 저술들이 포함되어 있으며, 미국 의회도서관에 보관된 아렌트의 자료들에는 룩셈부르크에 관한 글을 쓰기 전에 『자본의 축적』의 요약과 여러 판본의 목록, 그때까지 영어로 출간된 전집의 목록 등을 꼼꼼하게 정리해 놓은 메모들이 들어 있다. 아렌트는 확실히 마르크스주의자는 아니었지만, 이미지나 신화가 아니라 한 인간의 사상과 활동을 다루는 일의 무게를 충분히 이해하고 있었다.

아렌트 본인도 위험한 유대여자로 간주되었다. 그녀가 아이히만 재판에 대한 글을 쓸 때, 사람들은 그녀를 "무 존재의 로자 룩셈부르크(the Rosa Luxemburg of nothingness)"*라고 불렀다.[35] 아렌트는 자신의 의지와 무관하게 그녀와 전혀 무관한 다양한 입장들을 옹호하는데 이용되었다. 이런 괴로움에 대해서는 룩셈부르크도 틀림없이 공감했을 것이다.

이 두 여성 사이의 가장 중요한 연결고리이자 아렌트가 평생 룩셈부르크를 존경한 하나의 이유는 유대인 민족주의에 도전하는 반항적인 유대인 여성이 치러야 했던 대가 때문이다. 아렌트는 제2차 세계대전을 피해 망명한 이후 자신에게 피난처가 된 미국 사회에 결코 완전히 속하지 못한다고 느꼈다. 이 때문에 그녀는 「파리아로서의 유대인」이라는 다른 에세이에서 이야기한 평생 국외자이자 "파리아"로 존재하는 정서적 처지를 룩셈부르크와 공유했다.

---

* 한나 아렌트가 "무(無, nothingness)"라는 철학적 개념을 중요하게 다룬 데서 나온 별명으로 보인다.

룩셈부르크와 아렌트는 저항하는 여성들을 고찰하는 글에서 나란히 다루어지는 때가 많다. 지모네 프릴링(Simone Frieling)의 『반역의 여성들(Rebellinnen)』은 룩셈부르크, 아렌트, 시몬 베일의 삶과 사상을 엮어 그들이 각각의 대의를 위해 보여준 결단력과 신념을 보여준다.[36]

영어권 독자들에게는 재클린 로즈가 『어두운 시대의 여성들』(2014)에서 룩셈부르크의 유산을 재조명한 영향력 있는 글이 매우 유용할 것이다. 그녀는 이 글에서 혁명적인 여성이자 혁명적인 사상가로서 로자 룩셈부르크가 지닌 다양한 면모를 (평소 마르크스주의 이론서를 꺼내 읽지 않는) 독자들에게 전하는데 성공했다.

오늘날 제기되는 페미니즘의 문제들 속에 룩셈부르크의 삶과 사상을 재조명함으로써, 로즈는 이 특별한 여성이 포착한 가능성과 상상력을 다시금 독자들에게 선보인다. 로자 룩셈부르크를 되살려 21세기에 새롭게 사유하는 작업은 룩셈부르크 자신의 유산과 마찬가지로 로즈로 하여금 새로운 대화와 논의를 촉발하고 발전시킬 수 있게 해주었다.

행동주의와 반식민주의에 관한 저술들 덕분에, 룩셈부르크는 해방 이론과 수많은 급진적 실천 투쟁에서 중요한 위치를 차지하게 되었다. 저명한 반아파르트헤이트 운동가이자 아프리카 민족회의(ANC)의 핵심 인물이었던 루스 퍼스트는 "보어 전쟁과 남아프리카 연합"에 대한 글에서 이렇게 평했다. "보어 전쟁에 관해서 올리브 슈라이너*가 실패했다면, 그렇지 않은 사람은 누구인가? 아마도 로자 룩셈부르크뿐일 것이다."

퍼스트에 따르면, 로자 룩셈부르크는 "자본주의 축적의 역사적 조건과 자본이 전(前)자본주의적 생산 방식을 압도하는 경향"을 분석했고, "이 과정을 보아 전쟁의 사례를 통해 밝혀낼 수 있었다." 로자의 유산은 많은 용감한 여성들이 그녀의 혁명적 발자취를 따르게 만들었다.[37] 퍼스트는 악명 높은 117일간의 구금 생활을 견디며 그 경험을 기록으로 남겼고, 룩셈부르크처럼 비극적으로 일찍 생을 마감했다. 룩셈부르크처럼 퍼스트도 여전히 사람들에게 영감을 주고 있다.

로자 룩셈부르크 재단은 글로벌 단체로, 독일연방공화국에서 국내외 정치 교육의 확대를 목표로 하는 여섯 개의 주요 재단 가운데 하나이다.** 1990년 설립 이후, 이 재단은 그 이름에 부끄럽지 않게 확고한 국제주의 관점에서 민주적 사회주의를 대표하려 노력하고 있다. 재단은 대중의 자각과 계몽, 사회 비

---

* 올리브 슈라이너(Olive Schreiner, 1855~1920)는 남아프리카 출신의 작가이자 사회운동가로, 여성의 권리와 사회적 평등을 옹호한 인물이다. 보어 전쟁을 막기 위해 노력했으나 뜻을 이루지 못했다.

** 독일의 정치재단 제도는 나치 패망 이후, 민주주의 기초를 다지고 공공정책에 대한 시민들의 이해를 도우려는 목적으로 주요 정당의 이념을 반영하는 비영리 기관들이 국가의 지원을 받아 정치 교육, 연구, 문화 활동을 수행할 수 있게 한 독특한 제도이다. 독일 좌파당과 연계된 로자 룩셈부르크 재단 외에도 프리드리히 에버트 재단(사민당), 콘라드 아데나워 재단(기독교민주연합), 헤르베르트 그로스 재단(녹색당), 프리드리히 나우만 재단(자유민주당), 카타리나 비어슈타인 재단(기독교사회연합) 등이 있다.

판을 강조하는 급진적인 관점을 취하는 한편, 노동운동과 여성운동, 반파시즘 및 반인종주의의 전통을 계승하고 있다.

로자 룩셈부르크의 정신은 계속되는 투쟁 속에서 면면히 이어지고 있다. 그녀의 책은 그녀가 전혀 알지 못했던 언어들로 읽히고 있으며, 중국에서 남아메리카에 이르기까지 세계 곳곳의 혁명 활동에 영감을 주고 있다. 이스라엘의 저명한 인권운동가인 슐라밋 알로니는 룩셈부르크가 수감 생활 중에 쓴 편지들의 히브리어 번역본에 서문을 썼다. 폴란드에서 태어난 알로니는 팔레스타인 권리의 가장 강력한 지지자 가운데 한 명이었다.

보다 최근에는 도브 케인이 다니 필크와 공동으로 『지금 무엇을 할 것인가』라는 책을 출간했다. 도브 케인은 이스라엘 내 팔레스타인계 유권자들을 대표하는 정치 연합체인 공동명단(Joint List)의 유일한 유대인 의원이자 가장 중요한 환경운동가이며 이스라엘 공산당의 핵심 인물이기도 하다. 『지금 무엇을 할 것인가』는 이스라엘과 팔레스타인 사회에서의 긴급한 문제들을 다루는데, 룩셈부르크의 저작을 폭넓게 활용하고 있다.[38]

이스라엘 국경 너머, 라말라*의 한 건물에는 "자유는 항상 다른 생각을 가진 사람들의 자유이다"라는 문구가 새겨져 있다. 평생 문화와 문학을 사랑했던 로자의 열정은 그녀를 수용

---

* 팔레스타인 서안지구에 위치한 현 팔레스타인 자치정부의 행정 수도.

하는 방식 속에도 여전히 살아 있다. 룩셈부르크는 유대 민족주의뿐만 아니라 다른 형태의 민족주의에도 반대했다. 그 때문에 그녀는 민족주의를 기반으로 세계 곳곳에서 벌어지는 모든 종류의 팽창과 식민주의에 저항하는 사람들에게 귀중한 자원이다.

폴 르 블랑은 룩셈부르크의 반식민주의를 세계문학의 맥락에서 재검토하면서, 허먼 멜빌, 조지프 콘래드, 마크 트웨인, 러디어드 키플링, 조지 오웰 등에 그녀를 대비시킨다. 아프리카, 아시아, 라틴아메리카에서, 그리고 오스트레일리아와 북아메리카의 선주민들 속에서 무수한 희생자들이 암울한 공포를 맞이한다. 룩셈부르크가 "훼손되지 않은 비자본주의적 환경을 가진 세계의 나머지"라고 불렀던 곳들이다. 르 블랑은 룩셈부르크의 작품이 가진 힘을 강력하게 주장한다.

> 예술 작품은 현실을 비틀어 그렇지 않으면 보이지 않는 진리를 끌어낸다. 이론도 똑같다. 어떤 것은 강조되고, 다른 것은 축소되며, 원인과 결과 사이에 연결이 형성된다. … 주변적 요소들이 중심적인 중요성을 가지는 것으로 결과할 수도 있다. 예술 작품이나 이론적 구조물이 강조하는 진리가 계속 유효할 수 있지만, 다양한 이론화가 그 복잡성을 드러낼 수도 있다.[39]

훼손되지 않은 자연을 침해하는 자본주의의 경향에 대한 룩셈부르크의 비판은 자본주의적 팽창주의를 비판하는 예술의 비판적 힘에 대한 이해로 이어진다.

룩셈부르크 연구자인 헬렌 스콧은 룩셈부르크가 수용되는 방식과 함께 문학에 대한 그녀의 깊은 관심을 연구했는데, 이 작업은 로자와 그녀의 유산을 이해하는데 매우 중요한 역할을 한다. 문화는 룩셈부르크 집안의 중요한 요소였으며, 로자는 평생 음악과 문학에서 큰 기쁨을 찾았다.

스콧은 룩셈부르크의 편지와 공식 저술에 나타난 많은 문학적 인용들을 통해 "룩셈부르크가 지적 과정을 건너뛰어, 감각을 직접 자극하고 우리의 감정을 움직일 수 있는 문학의 능력을 예리하게 인식"했다고 설명한다.[40]

> (룩셈부르크의 문학 분석은) 복잡하고 모순적인 힘들을 결합했다. 그녀는 역사와 문화의 발전 사이의 복잡한 관계를 추적하며 문학의 계급적 뿌리를 밝혀내는 동시에, 각 작품이 단순히 사회-역사적 요소들의 총합을 넘어서, 장르와 형식이라는 고유한 요소에 따라 그 자체로 평가되어야 한다고 주장했다.[41]

룩셈부르크는 "독창적인 인물"이었을 뿐 아니라, 형식과 내용, 수용방식 사이의 연관성을 잘 이해하고 있었다. 문화가

설교가 되어서는 안 되지만, 사회의 불의를 드러내고 그 불의가 사라질 수 있는 가능성의 지평을 제시할 수는 있다. 로자 룩셈부르크의 죽음은 여러 문화적, 문학적 반응들을 불러일으켰다.

풍자가이자 작가인 카를 크라우스는 독일 여러 곳을 순회하며 룩셈부르크의 유명한 "들소 편지"를 낭독했는데, 1920년 익명의 여성이 이에 대해 항의하는 편지를 보냈다. 그녀는 룩셈부르크가 들소에게 그릇된 인도주의와 감상성을 부여했다고 비판했다.

크라우스는 인류가 자신의 결점을 동물 세계에 전가하고 있다고 반박하며, 오히려 그 여성의 공감 부족을 꾸짖었다. 그는 이 편지 교환을 《디 파켈》*에 "감상성 없는 한 여성이 로자 룩셈부르크에게 보낸 답장"이라는 제목으로 게재했다. 괴테와 아담 미츠키에비치를 줄줄 외우던 여인에게 시인들의 추모는 그녀의 유산을 적절하게 기리고 있다.

파울 첼란은 그녀에 대해 이렇게 썼다.

> 남자는 체가 되었다. 여자는
> 헤엄을 쳐야했다, 암돼지처럼,
> 자신을 위해, 누구도 위하지 않으면서, 누구나를 위해 ―

---

* "횃불"이라는 뜻의 《디 파켈(Die Fackel)》은 카를 크라우스(1874~1936)가 1899년부터 1936년까지 발행한 풍자적 비평 잡지이다.

란트베어 운하는 살랑거리지 않을 것이다.

아무 것도

멎지 않을 것이다.* (387, 388)

"붉은 로자도 이제 사라졌다"고 쓴 베르톨트 브레히트는 이렇게 그녀의 비문을 썼다.

여기에 묻혀 있는

로자 룩셈부르크

폴란드 출신의 유대인,

독일 노동계급의 선구자

독일 억압자들의

명령으로 살해되다. 그대, 억압당한 자들이여

그대들 사이의 불화는 묻어 두어라.

데이비드 보위의 노래 《익사한 소녀(The Drowned Girl)》(1982)는 브레히트가 쓴 비슷한 제목의 시**에서 영감을 받았다. 이 시의 원래 제목은 "맞아 죽은 소녀에 대하여"였으며, 역

---

* 현대 독일 시인 파울 첼란(1920~1970)의 《너는 누워있다(Du liegst)》라는 시의 일부이다. 시의 앞부분은 리프크네히트가 총을 맞아 체처럼 몸에 구멍이 마구 뚫렸고, 로자 룩셈부르크가 살인자들에게 암퇘지라는 욕설을 들으며 란트베어 운하에 시신이 버려졌다는 사실을 상기시킨다. 시의 번역은 『파울 첼란 전집』 2권(허수경 번역, 문학동네)에 수록된 것을 가져왔다.
** 브레히트가 1920년대에 쓴 《익사한 소녀에 대하여(Vom ertrunkenen Mädchen)》라는 시를 가리킨다

시 로자 룩셈부르크를 기리기 위해 씌어졌다. 보위의 목소리는 익사의 과정과 감정을 기묘하고 생생하게 표현한다. 로자의 죽음을 목격한 사람은 없었지만, 문화 속에 표현된 그녀에 대한 추모는 그녀의 정신이 계속 살아있게 해 주고 있다.

최근에 로자는 자신이 특히 사랑했던 예술 형식으로 특별한 헌사를 받았다. 재능 있는 아마추어 화가였던 로자는 편지의 많은 부분을 자신의 소묘와 그림에 관한 이야기로 채웠다. 로자는 그래픽노블 『레드 로자』의 주인공이 되었다.

작가 케이트 에번스는 수많은 문서 자료와 전문 자료, 로자 관련 자료들에 대한 해설, 당시의 역사적 맥락에 기초해서 로자를 생생하게 되살려냈고, 이 모든 것을 한 권의 만화 작품에 비범하게 펼쳐놓았다. 에번스의 책은 형식과 내용이 모두 뛰어나며, "내 글쓰기 형식에 더 이상 만족할 수 없어"라고 말하면서 끊임없이 혁신을 추구했던 로자 룩셈부르크의 정신을 상기시킨다.

"나는 확실한 내용을 전할 수 있을 때까지 쓰고 싶지 않았어." 로자가 어느 편지에서 쓴 말이다.[42] 그녀는 우리에게 자신의 삶과 사상이 어떻게 이어져야 할지에 대해 우리에게 생각할 거리를 남겼다. "인간은 대중이 노예같이 순종하며 우러러 보는 '영웅들'보다, 개인으로서, 자신의 힘으로 더 많은 것을 견딜 수 있어."[43]

이 책은 이제 끝을 향해 가고 있지만, 로자 룩셈부르크의

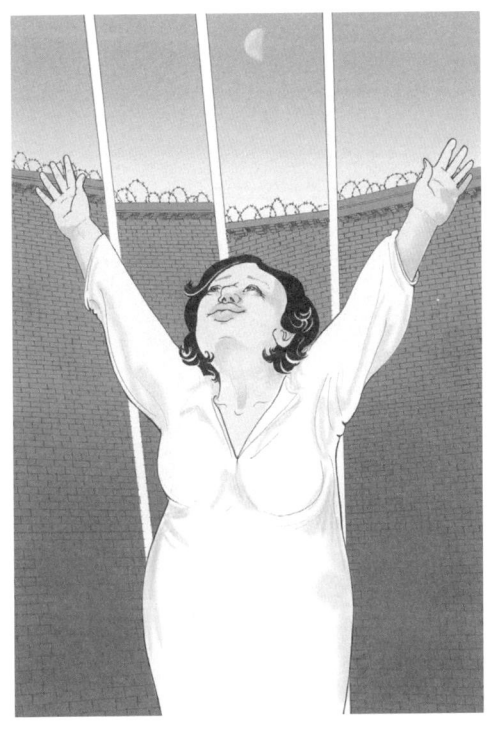

감옥에서 나오는 '레드 로자', 케이트 에번스 그림

정신이 담고 있던 끈기, 그녀의 독창적인 상상력과 열린 마음을 계속 간직해주기를 바란다. 이 책은 로자 룩셈부르크가 살해되고 꼭 100년 후에 씌어졌다. 그녀의 죽음은 역사상 가장 잔혹하고 무자비한 정권의 탄생에 길을 터 주었다. 이 글을 쓰는 지금, 그녀가 세상을 떠난 뒤 찾아온 어두운 날들이 다시금 우리 눈앞에 나타나고 있으며, 신문 일면을 장식하고 있다. 인종차별적이고 신제국주의적인 운동들이 세계 곳곳의 거리와

로자 룩셈부르크가 살해된 장소인 란트베어 운하에 세워진 기념비. 사건 발생 100주년인 2019년 1월 15일 촬영된 사진이다. 이 기념비에는 1년 내내 꽃을 헌화하고 가는 사람들이 끊이지 않으며, 1월 15일에는 특히 더 그렇다.

의회를 장악하고 있고, 전쟁을 부추기는 지도자들이 가난한 사람들의 고통을 발판 삼아 이득을 취하고 있다.

    수백만 명의 난민들이 집이라고 부를 수 있는 곳을 찾아 헤매며, 우리 삶의 경계를 흔들고 있다. 이와 동시에 로자 룩셈부르크의 에너지, 활력, 인도주의는 저항의 힘으로 다시 일어나고 있다. 수백만 명의 사람들이 독재자들을 무너뜨리기 위해, 가난한 사람들과 난민들과 연대하며, 모든 인류의 평화와 존엄을 위해 함께 싸우고 있다.

    남아프리카에서 멕시코, 뉴욕에서 바그다드, 가자에서 바

2019년 1월 13일, 카를 리프크네히트와 로자 룩셈부르크를 추모하는 행진에 나온 깃발들. 2019년에는 수만 명이 참여했다. 행진은 전통적으로 베를린 프리드리히스펠데(Friedrichsfelde) 중앙묘지의 사회주의자 추모비에서 마무리된다.

르샤바에 이르기까지, 대중의 저항과 새로운 로자 룩셈부르크들이 폭력과 잔혹함을 거부하며 인류를 위한 더 나은 미래를 만들기 위해 노력하고 있다. 로자는 암울한 순간들과 신념의 위기를 겪었지만, 그녀의 인류애와 삶에 대한 열정은 결코 흔들리지 않았다. 이 땅을 떠난 지 오래되었어도, 그 열정과 인류애는 여전히 빛나는 유산으로 남아 있다.

로자 룩셈부르크가 살해된 지 꼭 100년이 되는 날, 수천 명의 사람들이 베를린에서 그녀를 추모하며 파시즘, 자본주의, 제국주의, 성차별에 맞서 행진했다. 로자 룩셈부르크가 평생 맞서 싸워온 분열은 잠시 접어두었다. 레닌주의자들과 자유주의 페미니스트들 모두가 붉은 로자를 위해 함께 노래를 부르며 꽃을 들고 걸었다. 간혹 그 유산에서 가장 중요한 것이었던 인도주의와 반대로 기억될 때도 있지만, 로자 룩셈부르크가 가진 비범한 개성의 힘은 그녀의 정치적 입장을 넘어 앞으로 나아간다.

그녀가 마지막 발걸음을 내딛고서 한 세기가 지난 지금 그녀의 평생의 업적은 강하게 울려 퍼지고 있다. 모든 사람을 위한 사회 정의에 확고히 헌신해야 한다는 생각이 다시 우리의 거리로 돌아오고 있다. 그 위대한 작은 여성의 그림자가 계속해서 전진하며, 모든 사람을 위한 억압으로부터의 자유와 존엄의 평등을 주장하고 있는 것이다.

1월의 베를린은 공기가 차갑고 상쾌하다. 나무들은 벌거벗고 있으며, 어디에서도 새소리를 들을 수 없다. 로자 룩셈부르크의 혁명적 유산은 여전히 계속되고 있다. 룩셈부르크는 여러 모로 유일무이한 인물이었다. 그녀의 삶은 특정한 역사적 상황과 독특한 혁명적 시기의 산물이었다. 하지만 이 책은 모두를 위한 더 나은 세상을 위해 여전히 싸우고 있는 사람들에게 힘을 주고자 하는 마음에서 씌어졌다.

새들은 항상 존재하지만, 가능성을 품고 숨어 있을 뿐이며, 혁명의 정신도 마찬가지이다. 그녀의 생각이 옳았든 틀렸든, 로자 룩셈부르크의 용기, 회복력, 공감, 가장 어두운 순간에도 세상의 아름다움을 볼 수 있는 능력은 오늘날 우리가 새롭게 마주한 오랜 문제들에 직면하는 데 큰 영감을 준다. 로자 룩셈부르크의 강렬한 지성과 격정적인 심장은 우리가 화답해야 할 부름으로 남아 있다.

란트베어 운하의 물은 역사의 진군을 따라 계속 흐르고 있다. 우리는 아직 로자 룩셈부르크가 꿈꾼 진정한 혁명적 의무를 다하지 못하고 있다. 그녀가 맞서 싸웠던 억압과 불의는 여전히 만연하다. 그렇지만 로자 룩셈부르크의 확고한 사상과 진심 어린 연대가 촉발한 역사의 궤적은 계속되고 있다. 그녀는 존재했고, 지금도 존재하며, 앞으로도 존재할 것이다. 역사는 자기 일을 계속할 것이다. 당신도 로자 룩셈부르크의 행진에 함께하길.

옮긴이의 말

붉은 로자도 이제 사라졌다.
그녀의 몸이 쉬는 곳마저 알 수 없으니,
가난한 자들에게 진실을 말했다는 이유로,
부유한 자들이 그녀를 세상 밖으로 쫓아냈다.

로자 룩셈부르크의 죽음에서 영감을 받은 베르톨트 브레히트의 「묘비명 1919」은 한국에서도 널리 알려져 있는 시(詩)이다. 1980~90년대만 해도 로자 룩셈부르크는 학생운동의 지배력이 남아있던 대학 사회에서 익숙한 이름이었다. 학과마다 "맑스", "레닌", "로자"라는 별명을 가진 학생이 한 명쯤은 있을 정도였다. 하지만 그 시절에도 "붉은 로자"는 대부분 그녀의 삶과 사상보다는 "혁명"과 "여성", "비극적 죽음"이라는 키워드로 소비된 아이콘에 가까웠다.

독일의 철학자 한나 아렌트의 글을 보면 이런 현상은 서구에서도 크게 다르지 않았던 걸로 보인다. 결코 마르크스주의자가 아니었으나, 어머니가 로자 룩셈부르크의 지지자였고 남편이 스파르타쿠스 동맹에 가입한 이력이 있었던 한나 아렌트는 로자에게 개인적으로 큰 관심을 가졌고, 1966년 J. P.네틀의 기념비적인 로자 룩셈부르크 전기가 출간되었을 때, 이에 대한 서평 형식으로 그녀에 관한 에세이(『어두운 시대의 사람들』(한길사)에 수록)를 썼다.

이 글에 따르면, 로자 룩셈부르크가 죽은 직후인 1920년대에 독일 사회에서 그녀에 대한 대중적 인식은 폭동을 사주한 극좌 인사라는 부정적인 이미지가 강했고, 좌파 진영 안에서도 실패한 인물이라는 인식이 컸다고 한다. 게다가 스탈린주의의 영향력이 강해짐에 따라 그녀가 창건한 독일 공산당 내에서도 그 영향력을 지우려는 시도가 일어났다.

이런 부정적인 인식이 바뀌기 시작한 것은 루이제 카우츠키 같은 친구들에 의해 그녀의 개인적인 편지들이 출간되면서, 기존 이미지와 다른 인간적인 면모와 감성이 드러나기 시작하면서부터였다고 한다. 그러나 아렌트는 이런 감성적 접근 속에서 그녀의 사상 자체는 진지하게 다루어지지 않았다고 지적한다. 소위 신좌파가 등장할 때마다 로자 룩셈부르크의 이름이 소환되었지만, 그 신좌파가 기성세대가 되었을 때 그녀는 다시 버려졌다는 것이다.

독일 사회에서 활동한 여성 엘리트이자 유대인이라는 공감대가 있었던 아렌트는 로자 룩셈부르크가 부당하게 저평가 받았다고 지적하며, 네틀의 말을 빌려 로자 룩셈부르크의 정치사상은 세계 어디에서나 가르쳐져야 한다고 이야기한다.

아렌트가 말한 대로, 유럽과 북미에서 1960년대에 로자 룩셈부르크에 대한 관심이 되살아난 것은 소련식 사회주의에 반대하는 신좌파가 등장하기 시작한 것과 밀접한 연관이 있다. 1956년 헝가리 봉기 등에서 소련이 보인 권위적인 모습들은 이른바 "위로부터" 사회주의가 아닌, 아래로부터 사회주의에 관한 새로운 관심을 불러일으켰다.

한나 아렌트가 서평을 쓴 네틀의 방대한 로자 룩셈부르크 전기가 1966년에 나온 것도 이런 관심과 무관하지는 않을 것이다. 로자 룩셈부르크는 아래로부터의 참여, 민주주의와 자율성, 노동자 대중에 대한 신뢰를 일관되게 주장했으며, 대중파업에 관련된 논의들은 아래로부터 사회주의를 추구하는 좌익 사회주의자들에게 큰 영감을 주었다.

그러나 운동권 내에 공식 마르크스주의(스탈린주의)에 대한 맹신이 강하게 남아 있던 1980년대 한국에서 레닌을 비판한 룩셈부르크의 저작은 유명세만큼 널리 읽히지 않았다. 군사독재가 무너진 1987년 이후 그 동안 일본어나 비공식 번역본으로 은밀하게 읽히던 마르크스주의 관련 도서들이 많이 정식 출간되었지만, 로자 룩셈부르크의 글은 1989년에 레닌을 비판한 두 편의 논문을 묶은 소책자 한 권 (『러시아 혁명』, 두레, 1989)이 나온 것이 전부였다.

스탈린주의에 대한 회의가 널리 확산되던 90년대 초중반에도 그에 대한 대안으로 각광받은 것은 알튀세르주의나 트로츠키주의였지, 로자 룩셈부르크는 아니었다.

    1997년 총파업이 일어나면서, 현장을 중심으로 활동하는 사회주의자들과 활동가들 사이에 파업에 대한 관점에 관련하여 룩셈부르크의 대중파업론에 대한 관심이 일어났고, 이런 관심은 2000년대 초에 『개량이냐 혁명이냐』와 「대중파업」을 비롯한 몇 개의 논문들을 번역하여 묶은 선집이 『로자 룩셈부르크주의』(풀무질, 2002)라는 이름으로 출간되는 것으로 이어졌다. 그러나 이 무렵 한국 사회에서 마르크스주의와 급진적 사회주의에 대한 관심은 이미 빠르게 식고 있었다.

    영미권에서 로자 룩셈부르크에 대한 가장 권위 있는 저술로 꼽히는 네틀의 전기가 번역이 되지 않는 것은 물론이고, 로자 룩셈부르크의 대표작이라 할 수 있는 『자본의 축적』조차 2013년에야 비로소 한국어로 출간되었다. 이후 한 출판사에서 로자 룩셈부르크 선집 출간을 추진했지만, 『정치경제학 입문』한 권만 나오고 중단된 것은 아마도 판매량과 대중적 관심이 저조해서 였을 것이다.

    한국에 몇 권의 전기와 서간집이 나와 있지만, 로자 룩셈부르크의 사상을 본격적으로 다룬 저작은 여전히 드물고, 구할 수 있는 책도 많지 않다. 가장 최근에 출간된 케이트 에번스의 그래픽노블 『레드 로자』(산처럼, 2016)는 그런 점에서 소중한 시도이지만, 사상의 깊이를 담기에는 다소 아쉬운 측면도 있다.

주변에 이 책을 번역하게 됐다고 이야기했을 때, 필자가 놀란 것은 생각했던 이상으로 로자 룩셈부르크가 한국에 잊혀져 있다는 점이었다. 필자가 만난 젊은 세대의 활동가들 상당수가 그녀의 이름조차 생소하게 여긴다는 사실은 상당한 충격으로 다가왔다.

과거에 비극적 낭만성의 아이콘으로 소비되었고, 그마저도 이제 잊혀지고 있는 로자 룩셈부르크라는 인물을 한국의 새로운 세대에게 소개하는데, 2020년 미국에서 출간된 다나 밀스의 『로자 룩셈부르크』는 좋은 안내서가 될 수 있을 것이다. 비교적 짧고 압축적인 서술과 함께, 이 책은 그 동안 상대적으로 간과 되어 온 소수자로서 룩셈부르크의 삶에 주목한다는 점에서 기존 전기와 차별성을 가진다.

로자 룩셈부르크는 러시아 제국의 식민지였던 폴란드 출신이었고, 그 안에서도 박해 받는 소수민족인 유대인이자 여성이었다. 선천적인 고관절 탈구로 인한 장애는 또한 그녀의 활동에 커다란 제약으로 작용했다. 이 책이 지적하는 대로, 이런 정체성들은 로자 룩셈부르크의 정치와 이론에 알게 모르게 영향을 끼쳤을 것이다. 필자는 유대인, 여성, 장애인으로서 그가 겪은 다양한 차별의 경험을 짚으며, 그런 억압 속에서도 끝까지 보편적인 인류애와 사회 혁명을 주장했던 그의 사상과 실천을 조명한다.

이러한 접근은 불굴의 좌익 혁명가 로자 룩셈부르크 박사를 넘어, 고통 받는 타인의 삶에 깊이 공감하고 연대했던 인간 로자를 이해하는 데 중요한 통찰력을 준다. 사회적 불평등이 심화되고 극우 세력이 부상하고 있는 오늘날, 그녀는 소수자의 경험이 어떻게 보편적인 사회 혁명의 요구와 연결될 수 있는지에 대한 훌륭한 본보기가 될 수도 있을 것이다.

민족주의를 끝내 거부한 교조주의자라는 인식과 달리, 로자 룩셈부르크의 『자본의 축적』은 당대에 이단이라는 비판을 받았고, 주요한 사회주의 이론가들은 강력한 반발을 불러일으켰다. 특히 레닌은 『자본의 축적』을 읽고 마르크스주의적이지 않다고까지 이야기 했는데, 이는 아마도 룩셈부르크가 『자본의 축적』을 통해 마르크스주의에서 암묵적으로 배제되고 있었던 "수탈"의 개념을 다시 제기한 데 있을 것이다.

마르크스는 착취와 수탈을 구분하고, 특히 제조업 현장에서 비가시적으로 이루어지는 착취의 문제에 집중하면서, 소위 "본원적 축적" 외에는 수탈에 대해서는 거의 이야기하지도 명확히 규정하지도 않았다. 이런 이론적 강조는 대공업의 남성 노동자들을 자본주의에 맞서는 주체로 특권화 하는 경향이 있었으며, 제국주의와 가사노동에 대한 분석에 이론적인 공백을 남겨주었다.

하지만 최근 마르크스주의자들과 비마르크스의자들을 막론하고 진보적 경제 이론에서 자본주의의 수탈적 성격에 대한 논의가 다시 부상하고 있다. 로자 룩셈부르크의 경제이론을 사실상 계승했다고 볼 수 있는, 국내에도 잘 알려진 마르크스주의 지리학자이자 경제학자인 데이비드 하비를 비롯해, 많은 이론가들이 최근 신자유주의 자본주의의 수탈성에 주목하고 있다. 이 책의 저자가 마지막 장에서 제시한 것처럼 대로 자본주의의 본질적인 폭력성을 분석한 로자 룩셈부르크의 이론은 신자유주의 시대의 심각한 문제, 즉 자연, 여성, 약소국 등에 대한 끊임없는 수탈을 이해하고 비판하는 데 중요한 영감을 제공할 수도 있을 것이다.

이름만 낭만적으로 소비되었던 혁명가를 넘어, 그의 삶과 사상을 깊이 있게 성찰하는 것은 21세기 한국 사회의 과제를 해결하는 데 뜻밖의 지혜를 선사할지도 모른다.

이 책의 원서는 인용, 출처, 인명 등에서 크고 작은 오류들을 몇 가지 갖고 있는데, 번역 과정에서 대부분 교정했다. 안심하고 읽을 수 있는 책으로 만들고자 노력했으며, 그밖에 오류에 대한 책임은 모두 역자에게 있다.

후주

서문

1. Tony Cliff, Introduction, in Paul Frolich, *Rosa Luxemburg: Ideas in Action* (London 1994), p.ix.
2. Mathilde Jacob, *Rosa Luxemburg: An Intimate Portrait* (London, 2000), p.13. Luxemburg repeats the same maxim in a letter to Leo Jogiches from 1897, in *The Letters of Rosa Luxemburg*, ed. Georg Adler, Peter Hudis and Annelies Laschitza, trans. George Shriver (London, 2013), p.32..
3. Drawing here on Arendt's terminology in her famous essay 'The Jew as Pariah', in *The Jewish Writings*, ed. Jerome Kohn and Ron H. Feldman (New York, 2007), pp.275–98.
4. Letter to Nadina and Boris Krichevsky, *The Letters of Rosa Luxemburg*, p.1.
5. Rosa Luxemburg, 'The Spirit of Russian Literature: Life of Korolenko', in *Rosa Luxemburg Speaks*, ed. Mary-Alice Waters (New York, 1970), p.343..
6. Luxemburg, 'Life of Korolenko', p.344.
7. Ibid.
8. Rosa Luxemburg, Letter to Kostja Zetkin (1908), in *The Letters of Rosa Luxemburg*, p.255.
9. Jacob, *An Intimate Portrait*, p.97.
10. Luxemburg, Letter to Robert Seidel (1898), in *The Letters of Rosa Luxemburg*, p.65.

1. 천둥소리

1. Paul Frolich, *Rosa Luxemburg: Ideas in Action* (London, 1994), p.21.
2. Annelies Laschitza, *Rosa Luxemburg. Im Lebensrausch, trotz alledem: Eine Biographie* (Berlin, 2000, Kindle edn), p.16.
3. Frolich, *Ideas in Action*, p.22.
4. Rosa Luxemburg, Letter to Sophie Liebknecht (1917), in *The Letters of Rosa Luxemburg*, ed. Georg Adler, Peter Hudis and AnneliesLaschitza, trans. George Shriver (London, 2013), p.412.
5. Rosa Luxemburg, 'The Spirit of Russian Literature: Life of Korolenko', in *Rosa Luxemburg Speaks*, ed. Mary-Alice Waters (New York, 1970), p.341.
6. Ibid.
7. Laschitza, *Rosa Luxemburg*, p.19.
8. 나는 해당 상태가 선천성 고관절 탈구였다고 보는 케이트 에번스(Kate Evans) 의 해석을 따른다. 이는 아이가 태어날 때 고관절이 불안정한 상태로 형성되는 것을 의미하는데, 이로 인해 움직임에 따라 관절구에서 대퇴골이 빠져나올 수 있으며, 경우에 따라 관절이 완전히 탈구되기도 한다..
9. J. P. Nettl, *Rosa Luxemburg* (London, 1966), p.35.
10. Ibid., p.56.
11. Frolich, *Ideas in Action*, p.25.
12. Nettl, *Rosa Luxemburg*, p.56.
13. Luxemburg, Letter to Luise Kautsky (1904), in *The Letters of Rosa Luxemburg*, p.177.
14. Jörn Schütrumpf, *Rosa Luxemburg; or, The Price of Freedom* (Berlin, 2008), p.12.
15. Laschitza, *Rosa Luxemburg*, p.30.
16. Frolich, *Ideas in Action*, p.36.
17. Ibid., p.57.
18. Rosa Luxemburg, 'In Memory of the Proletarian Party', available online at www.marxists.org., accessed 3 February 2019.
19. Ibid.
20. Nettl, *Rosa Luxemburg*, p.59.
21. 로자 룩셈부르크가 스위스를 떠나고 오랜 후의 일이지만, 제임스 조이스도 이 거리에서 살았다.
22. Frolich, *Ideas in Action*, p.30.
23. Nettl, *Rosa Luxemburg*, p.64.

24. Katharina Rowold, *The Educated Woman: Minds, Bodies, and Women's Higher Education in Britain, Germany, and Spain, 1865-1914* (Oxford, 2012), p.69.
25. Schütrumpf, *The Price of Freedom*, p.14.
26. Frolich, *Ideas in Action*, p.31.
27. Laschitza, *Rosa Luxemburg*, p.66.
28. Rosa Luxemburg, 'The Industrial Development of Poland', in *The Complete Works of Rosa Luxemburg, vol. i: Economic Writings 1*, ed. Peter Hudis (London, 2014), p.43.
29. Frolich, *Ideas in Action*, p.41.
30. For an elaboration of this issue in Luxemburg's work, see Michal Kasprzak, 'Dancing with the Devil: Rosa Luxemburg's Conception of the Nationality Question in Polish Socialism', *Critique*, xl/3 (2012), pp.423-48.
31. Luxemburg, 'Industrial Development of Poland', p.74.
32. Peter Hudis, Introduction, in Luxemburg, *Complete Works*, vol. i.
33. Luxemburg, Letter to Leo Jogiches (March 1894), in *The Letters of Rosa Luxemburg*, p.12.
34. Luxemburg, Letter to Leo Jogiches (1894), in *Comrade and Lover: Letters to Leo Jogiches*, ed. Elzbieta Ettinger (Cambridge, ma, 1979), p.64.
35. Luxemburg, Letter to Leo Jogiches (July 1897), ibid., p.35.
36. Rosa-Luxemburg-Letters-1891-1919. p.80.
37. Luxemburg, Letter to Leo Jogiches (1897), ibid., p.87.
38. Luxemburg, Letter to Leo Jogiches (July 1897), ibid., p.35.
39. Luxemburg, Letter to Leo Jogiches (March 1894), ibid., p.8.
40. Luxemburg, Letter to Leo Jogiches (1899), in *Comrade and Lover: Letters to Leo Jogiches*, p.76.
41. Luxemburg, Letter to Leo Jogiches (May 1894), in *The Letters of Rosa Luxemburg*, p.42.
42. Rosa Luxemburg, 'The Dreyfus Affair and the Millerand Case' (1899), available online at www.marxists.org, accessed 23 December 2018.
43. Ibid.
44. Rosa Luxemburg, *The Socialist Crisis in France*, available online at www.marxists.org, accessed 2 January 2019.
45. Rosa Luxemburg, *An Anti-clerical Policy of Socialism* (1903), available online at www.marxists.org, accessed 7 January 2019.
46. 이런 로자의 전기적 측면에 대해서는 로리 캐슬존스(Rory Castle-Jones)가 이

전에는 주목받지 못한 오래된 문서 자료들을 찾아 새롭게 조명하면서 방대한 연구가 이루어졌다. See especially 'Actually, Rosa Luxemburg Was Not a Self-hating Jew', *Tablet Magazine*, www.tabletmag.com, 26 August 2016.

47. Mathilde Jacob, *Rosa Luxemburg: An Intimate Portrait* (London, 2000) p.119.
48. Laschitza, *Rosa Luxemburg*, p.70
49. Ronald Florence, *Marx's Daughters: Eleanor Marx, Rosa Luxemburg, Angelica Balabanoff* (London, 1975), p.80.
50. Frolich, *Ideas in Action*, p.56.
51. Luxemburg, Letter to Jogiches (1898), in *The Letters of Rosa Luxemburg*, p.46.
52. For more context of the history of the spd see Stefan Berger, *Germany: Inventing the Nation*, (London, 2004).
53. Luxemburg, Letter to Leo Jogiches (July 1898), *The Letters of Rosa Luxemburg*, p.82.
54. Letter to Leo Jogiches (June 1898), ibid., p.79.
55. Luxemburg, Letter to Leo Jogiches, in *The Letters of Rosa Luxemburg*, pp.96-7.
56. Mary-Alice Waters, Introduction to 'Social Reform or Revolution', in Rosa Luxemburg Speaks, ed. Mary-Alice Waters (New York, 1970), p.33.
57. Luxemburg, 'Social Reform or Revolution', in *Rosa Luxemburg Speaks*, p.36
58. Ibid., p.131.
59. Ibid., p.132.
60. Ibid., p.134.
61. Ibid., p.153.
62. Ibid., p.76 (
63. Ibid., p.77
64. Ibid., p.81.
65. Olga Meier, ed., *The Daughters of Karl Marx: Family orrespondence, 1866-1898* (London, 1982), p.300.
66. 국제 사회주의 운동의 전체 흐름 속에서, 그리고 이 특정한 논쟁 안에서 엘리노어의 위치를 새롭게 강조하고 결정적으로 재해석한 작업은 레이철 홈스(Rachel Holmes)에게 큰 빚을 지고 있다. *Eleanor Marx: A Life* (London, 2014), p.407.
67. Rosa Luxemburg, speech to the Stuttgart Congress, 1898, available

2. 혁명의 최종 리허설

1. Quoted in G. M. Stekloff, *History of the First International*, trans. Eden and Cedar Paul (London, 1928), epigraph. For an overarching account of Marx and the First International, see Saul K. Padover, ed., *Karl Marx on the First International* (New York, 1973).
2. 번역 작업의 공을 엘리노어 마르크스에게서 빼앗아 잘못된 사람에게 돌린 역사적 오류는 레이철 홈스의 작업을 통해 바로잡혔다. *Eleanor Marx: A Life* (London, 2014) p.317.
3. Quoted in Yvonne Kapp, *Eleanor Marx*, vol. ii (London, 1976), p.479.
4. Annelies Laschitza, *Rosa Luxemburg. Im Lebensrausch, trotz alledem: Eine Biographie* (Berlin, 2000, Kindle edn), p.49.
5. G.D.H. Cole, *A History of Socialist Thought, 1889-1959* (London, 1959), p.490.
6. Quoted in Paul Frolich, *Rosa Luxemburg: Ideas in Action* (London, 1994), p.52.
7. Holmes, *Eleanor Marx*, p.400.
8. 1893년 대회의 의제는 그 모두가 로자 룩셈부르크에게 매우 중요했던 일곱 가지 주제를 담고 있었다:
   1. 국제적인 8시간 노동제를 쟁취하기 위한 조치
   2. 5월 시위에 관한 공동 행동
   3. 사회민주당의 정치적 전술: 의회주의와 선거 선전, 인민에 의한 직접 입법
   4. 전쟁 발생 시 사회민주주의의 입장
   5. 여성 노동자 보호 입법
   6. 노동조합의 국내외 조직
   7. 사회민주당의 국제적 조직 (출처: IISH 문서)
   제2인터내셔널의 문서 전체의 실물자료는 국제사회사연구소(International Institute of Social History)에 소장되어 있다.; it is available online at https://iisg.amsterdam/en, accessed 10 August 2018.
9. The Letters of Rosa Luxemburg, ed. Georg Adler, Peter Hudis and Annelies Laschitza, trans. George Shriver (London, 2013), p.6.
10. Cole, *A History of Socialist Thought, 1889-1959* (London, 1959), p.491.
11. Horace B. Davis, ed., *The National Question: Selected Writings by*

Rosa Luxemburg (London 1976).
12. Luxemburg, Letter to Leo Jogiches (1898), in *The Letters of Rosa Luxemburg*, p.74.
13. Luxemburg, Letter to Leo Jogiches (1900), in *The Letters of Rosa Luxemburg*, p.128.
14. J. P. Nettl, *Rosa Luxemburg* (London, 2019), p.842.
15. Michal Kasprzak, 'Dancing with the Devil: Rosa Luxemburg's Conception of the Nationality Question in Polish Socialism', *Critique*, xl/3 (2012), pp.423–48, p.426.
16. Ibid., p.429
17. Nettl, *Rosa Luxemburg*, p.846.
18. Kasprzak, 'Dancing with the Devil', p.431.
19. Ibid., p.432.
20. Rosa Luxemburg, 'The Right of Nations to Self Determination', available at www.marxists.org, accessed 10 September 2018.
21. Luxemburg, Letter to Leo Jogiches (1905), in *The Letters of Rosa Luxemburg*, p.207.
22. Rosa Luxemburg, 'Martinique', in *The Rosa Luxemburg Reader*, ed. Peter Hudis and Kevin B. Anderson (New York, 2004), p.125.
23. Frolich, *Ideas in Action*, p.141.
24. Luxemburg, Letter to Leo Jogiches (1898), in *The Letters of Rosa Luxemburg*, p.68.
25. Luxemburg, Letter to Luise and Karl Kautsky (1899), ibid., p.121.
26. Luxemburg, Letter to Leo Jogiches (1900), ibid., p.124.
27. Luxemburg, Letter to Leo Jogiches, in *The Rosa Luxemburg Reader*, p.384.
28. Ibid., p.385.
29. Ibid.
30. Laschitza, *Rosa Luxemburg. Im Lebensrausch, trotz alledem: Eine Biographie*, p.184.
31. The papers of the Second International, from which this account is comprised, are available online through the International Institute of Social History see https://search.iisg.amsterdam/Record/arch01299.
32. Rosa Luxemburg, 'Marxist Theory and the Proletariat', first published in *Vorwärts* (Berlin), 64 (14 March 1903), available online at www. marxists.org.
33. Rosa Luxemburg, 'Stagnation and the Progress of Marxism', in *Karl Marx: Man, Thinker and Revolutionist*, ed. D. Ryazanov (New York,

1927), p.144.
34. Nettl, *Rosa Luxemburg*, p.280.
35. Frolich, *Ideas in Action*, p.91.
36. Rosa Luxemburg, 'Organizational Questions of Russian Social Democracy', in *The Rosa Luxemburg Reader*, p.254.
37. Ibid., p.259.
38. Ibid., p.264.
39. Cole, *A History of Socialist Thought*, p.493.
40. Rosa Luxemburg, 'Riot and Revolution', available online at www.marxists.org, accessed 25 January 2019.
41. Luxemburg, Letter to Luise and Karl Kautksy (1904), in *The Letters of Rosa Luxemburg*, p.173.
42. Luxemburg, Letter to Luise Kautsky (1904), ibid., p.175.
43. She notes taking walks without a hat – perhaps her hasty arrest did not allow her to take one into prison.
44. Luxemburg, Letter to Henriette Roland Holst (1904), in *The Letters of Rosa Luxemburg*, p.179.
45. Luxemburg, Letter to Leo Jogiches (1898), ibid., p.72.
46. Luxemburg, Letter to Leo Jogiches (1900), ibid., p.130.
47. Luxemburg, Letter to Leo Jogiches (1898), ibid., p.131.
48. Frolich, *Ideas in Action*, p.33.
49. Eleanor Marx Aveling and Edward Aveling (1886), *The Woman Question (from a Socialist Point of View)* (London, 1886), p.7.
50. Luxemburg, Letter to Leo Jogiches (1900), in *The Letters of Rosa Luxemburg*, p.138.
51. '손님(visits)'이란 대면 만남뿐 아니라, 모든 형태의 소통을 의미하는 것일 수도 있다. Luxemburg, Letter to Leo Jogiches (1905), in *The Letters of Rosa Luxemburg*, p.199.
52. Luxemburg, Letter to Leo Jogiches (1905), ibid., p.205.
53. Luxemburg, Letter to Leo Jogiches (1905), ibid., p.197.
54. Luxemburg, Letter to Henriette Roland Horst (1904), ibid., p.178.
55. Luxemburg, Letter to Henriette Roland Horst (1904), ibid., p.179.
56. Introduction to Rosa Luxemburg, *The Complete Works of Rosa Luxemburg*, vol. iii: *Political Writings 1*, ed. Peter Hudis, Axel Fair-Schulz and William A. Pelz (London, 2019), p.xvii.
57. Frolich, *Ideas in Action*, p.121.
58. Laschitza, *Rosa Luxemburg. Im Lebensrausch, trotz alledem: Eine Biographie*, p.234.

59. David Renton, *Classical Marxism* (London, 2002), p.100.
60. Kasprzak, 'Dancing with the Devil', p.444.
61. Frolich, *Ideas in Action*, p.116.
62. Luxemburg, 'The National Question', in Davis, *The National Question: Selected Writings*, p.92.
63. Nettl, *Rosa Luxemburg*, p.851.
64. Ibid., p.83.
65. Luxemburg, Letter to Mathilde Wurm (1917), in *The Letters of Rosa Luxemburg*, p.376.
66. Rosa Luxemburg, 'Russian Women Workers in the Battle', in *The Complete Works of Rosa Luxemburg*, vol. iii: *Political Writings 1: On Revolution, 1897–1905*, ed. Axel Fair-Schulz et al. (London, 2019), p.13.
67. Rosa Luxemburg, 'Under the Sign of Social Democracy', ibid., p.105.
68. Luxemburg, Letter to Leo Jogiches (1905), in *The Letters of Rosa Luxemburg*, p.218.
69. Rosa Luxemburg, 'The Revolution in Russia', in *Complete Works*, vol. iii, p.63.
70. Rosa Luxemburg, 'New Year, New Struggles', ibid., p.510.
71. Frolich, *Ideas in Action*, p.113.
72. Nettl, *Rosa Luxemburg*, p.316.
73. Ibid., p.330.
74. Rosa Luxemburg, 'The Problem of the "Hundred Peoples"', ibid., p.67.
75. Rosa Luxemburg, 'In the Bonfire Glow of the Revolution', ibid. p.121.

3. 최후의 독일 사회민주주의자

1. J. P. Nettl, *Rosa Luxemburg* (London, 2019), p.346.
2. Ibid., p.369.
3. Mary-Alice Waters, Introduction, in Rosa Luxemburg, 'Mass Strike, Party and Trade Unions', in *Rosa Luxemburg Speaks*, ed. Mary-Alice Waters (New York, 1970), p.154
4. Paul Frolich, *Rosa Luxemburg: Ideas in Action* (London, 1994), p.150.
5. Luxemburg, 'Mass Strike, Party and Trade Unions', p.182.
6. Ibid., p.184.

7. Ibid., p.202.
8. See Lenin, 'Lecture on the 1905 Revolution', available online at www.marxists.org, accessed 4 September 2018
9. Quoted in H. Schruer, 'The Russian Revolution of 1905 and the Origins of German Communism', *Slavonic and East European Review*, xxxix/93 (June 1961), p.459.
10. Rosa Luxemburg, Letter to Kostja Zetkin (1907), in *The Letters of Rosa Luxemburg*, ed. Georg Adler, Peter Hudis and Annelies Laschitza, trans. George Shriver (London, 2013), p.246.
11. Peter Hudis, Introduction, in *The Complete Works of Rosa Luxemburg*, vol. i: *Economic Writings 1*, ed. Peter Hudis, trans. David Fernbach, Joseph Fracchia and George Shriver (London, 2014), p.xiii.
12. Rosa Luxemburg, 'The Party School', available online at www.marxists.org, accessed 3 March 2019.
13. Hudis, Introduction, in *Complete Works*, vol. i, p.xii.
14. Rosi Wolfstein quoted in Jörn Schütrumpf, *Rosa Luxemburg; or, The Price of Freedom* (Berlin, 2008), p.44.
15. Ibid.
16. Hudis, Introduction, in *Complete Works*, vol. i, p.xiii.
17. 로자는 편지를 주고받는 이들이 종종 같은 도시에 살거나 같은 활동을 하고 있었음에도 편지 쓰기를 계속했다. 그녀에게 편지는 꼭 거리상의 이유 때문에 쓰는 것이 아니었다. See ibid., p.xix.
18. Ibid., p.vi.
19. Rosa Luxemburg, 'What is Political Economy?', in *Complete Works*, vol. i, p.86.
20. Ibid., p.90.
21. Ibid., p.141.
22. Ibid.
23. Ibid., p.95.
24. Ibid., p.99.
25. Ibid., p.100.
26. Ibid., p.195.
27. Mathilde Jacob, *Rosa Luxemburg: An Intimate Portrait* (London, 2000), p.70.
28. Ibid., p.25.
29. Luxemburg, Letter to Kostja Zetkin (1907), in *The Letters of Rosa Luxemburg*, p.241.

30. Schütrumpf, *The Price of Freedom*, p.15.
31. Luxemburg, Letter to Kostja Zetkin (1908), ibid., p.262.
32. Luxemburg, Letter to Kostja Zetkin (1911), ibid., p.306.
33. Luxemburg, Letter to Kostja Zetkin (1908), ibid., p.258.
34. Luxemburg, Letter to Kostja Zetkin (1909), ibid., p.286.
35. Luxemburg, Letter to Kostja Zetkin (1907), ibid., p.239.
36. Joseph Stalin, 'The London Congress of the Russian-Social Democratic Labour Party, June 20 and July 10', available online at www.marxists.org, accessed 7 April 2019.
37. Luxemburg, Letter to Kostja Zetkin (1911), in *The Letters of Rosa Luxemburg*, p.298.
38. Luxemburg, Letter to Luise Kautsky (1917), ibid., p.365.
39. Schütrumpf, *The Price of Freedom*, p.21.
40. Raya Dunayevskaya, Rosa Luxemburg, *Women's Liberation and Marx's Philosophy of Revolution* (Atlantic Highlands, nj, 1984), p.27.
41. South German and Trade Union leaders quoted in Nettl, *Rosa Luxemburg*, p.153.
42. Ankica Čakardić, 'Luxemburg's Critique of Bourgeois Feminism and Early Social Reproduction Theory', in *Historical Materialism*, available online at www.historicalmaterialism.org, accessed 6 May 2019.
43. Rosa Levine-Meyer, *Levine: The Life of a Revolutionary Farnborough*, 1973), p.69.
44. Luxemburg, Letter to Emile Vandervelde (1910), in *The Letters of Rosa Luxemburg*, p.295.
45. Rosa Luxemburg, 'Women's Suffrage and Class Struggle', in *The Rosa Luxemburg Reader*, ed. Peter Hudis and Kevin Anderson (New York, 2004), p.238.
46. Ibid.
47. Ibid., p.239.
48. Ibid., p.240.
49. Ibid., p.242.
50. Karl Marx, Preface to *Capital: Critique of Political Economy* (London, 1990).
51. David Harvey, *A Companion to Marx's Capital* (London, 2010), pp.89–90.
52. Ben Fine and Alfredo Saad-Filho, *Introduction to Capital* (London, 2016), p.22.

53. Ibid., p.23.
54. Ibid.
55. Karl Marx and Friedrich Engels, *Correspondence* (London, 1934), letter 99. .
56. Cited in Frolich, *Ideas in Action*, p.148.
57. 잉여가치가 상품의 형태로만 머물러 있는 한 자본가에게는 무용지물이다. 반드시 화폐로 전환되어야만 한다.
58. Rosa Luxemburg, 'The Accumulation of Capital', in *The Complete Works of Rosa Luxemburg*, vol. ii: *Economic Writings 2*, ed. Peter Hudis and Paul Le Blanc, trans. Nicholas Gray and George Shriver (London, 2016), p.10.
59. Rosa Luxemburg, 'Anti-critique', in *Complete Works*, vol. ii, p.374.)
60. Harvey, *A Companion to Marx's Capital*, pp.93–4.
61. Luxemburg, The Accumulation of Capital, p.325; she also quotes this passage in her 'Anti-critique', p.445.
62. Luxemburg, 'The Accumulation of Capital', p.342.
63. Luxemburg, 'Anti-critique', p.448.
64. Luxemburg, 'The Accumulation of Capital', p.298.
65. Ibid., p.302
66. Daniel Gaido and Manuel Quiroga, 'The Early Reception of Rosa Luxemburg's Theory of Imperialism', *Capital and Class* (2013), p.441.
67. Ibid., p.443.
68. 레닌은 제국주의와 사회주의의 관계에 대한 자신의 이론을 전개했으며, 이는 특히 『제국주의, 자본주의의 최고 단계(1917)』에서 가장 뚜렷하게 설명되었다. .
69. Quoted in Paul Le Blanc's Introduction to *Complete Works*, vol. i, p.xviii.
70. Rosa Luxemburg, 'The Mass Strike', available online at www.marxists.org, accessed 10 April 2018.

4. 브뢴케 요새의 여백작

1. Rosa Luxemburg, Letter to Kostja Zetkin (1908), in *The Letters of Rosa Luxemburg*, ed. Georg Adler, Peter Hudis and Annelies Laschitza, trans. George Shriver (London, 2013), p.252.
2. J. P.Nettl, *Rosa Luxemburg* (London, 1966), p.376.

3. Paul Frolich, *Rosa Luxemburg: Ideas in Action* (London, 1994), p.179.
4. Ibid., p.80.
5. Nettl, *Rosa Luxemburg*, p.457.
6. Rosa Luxemburg, 'The Idea of May Day on the March' [1913], available online at www.marxists.org.
7. For further context of the first Morocco crisis, see Frank C. Zagare, 'The Moroccan Crisis of 1905-1906: An Analytic Narrative', *Peace Economics, Peace Science, and Public Policy*, xxi/3 (2015), pp.327-50.
8. Nettl, *Rosa Luxemburg*, p.445.
9. Rosa Luxemburg, 'Concerning Morocco', in *Rosa Luxemburg: Selected Political Writings*, ed. Robert Looker (London, 1972), p.164.
10. Ibid., p.167.
11. Rosa Luxemburg, 'Peace Utopias', in *Rosa Luxemburg Speaks*, ed. Mary Alice Waters (New York, 1970), p.255.
12. Rosa Luxemburg, 'Peace Utopias' [1911], available online at www.marxists.org.
13. Luxemburg, 'Peace Utopias', in *Rosa Luxemburg Speaks*, p.256.
14. Ibid.
15. Annelies Laschitza, *Rosa Luxemburg. Im Lebensrausch, trotz alledem: Eine Biographie* (Berlin, 2000, Kindle edn), p.396.
16. Ibid., p.34.
17. Mathilde Jacob, *Rosa Luxemburg: An Intimate Portrait* (London, 2000), p.26.
18. William A. Peltz, *Spartakusbund and the German Working Class Movement, 1914-1919* (New York, 1988), p.29.
19. Jacob, *An Intimate Portrait*, p.122.
20. Ibid., p.23.
21. Peltz, *Spartakusbund*, p.21.
22. Ibid., p.72.
23. Jacob, *An Intimate Portrait*, p.44.
24. Grunwald Henning, *The Rosa Luxemburg Trials of 1914 and the Emergence of the Ideal Type of the Weimar Party Lawyer* (Oxford, 2012), p.2.
25. Ibid., p.3.
26. Quoted in Nettl, *Rosa Luxemburg*, p.83; 네틀은 그의 전기 말미에 이 연설 전체를 부록으로 수록했다.
27. Paul Levi, *In the Footsteps of Rosa Luxemburg: Selected Writings*,

ed. David Fernbach (Chicago, il, 2012), pp.2–3.
28. Quoted ibid., p.4.
29. Luxemburg, Letter to Paul Levi (1914), in *The Letters of Rosa Luxemburg*, p.330.
30. Quoted in Levi, *In the Footsteps of Rosa Luxemburg*, p.4.
31. Jacob, *An Intimate Portrait*, p.51.
32. Luxemburg, Letter to Clara Zetkin (1916), in *The Letters of Rosa Luxemburg*, p.356.
33. Ibid., p.359.
34. Jacob, *An Intimate Portrait*, p.51.
35. Ibid., p.60.
36. Luxemburg, 'What Is Political Economy?', footnote on Rahel Varnhagen and Marwitz, p.80.
37. Frolich, *Ideas in Action*, p.24.
38. Luxemburg, Letter to Leo Jogiches (1898), in *The Letters of Rosa Luxemburg*, p.82.
39. Jörn Schütrumpf, *Rosa Luxemburg; or, The Price of Freedom* (Berlin, 2008), p.34.
40. Raya Dunayevskaya, *Rosa Luxemburg, Women's Liberation and Marx's Philosophy of Revolution* (Atlantic Highlands, nj, 1984), epigraph. 일부 번역에서는 'human' 대신 'Mensch'라는 단어가 사용되었다.
41. Luxemburg, Letter to Hans Diefenbach (1917), in *The Letters of Rosa Luxemburg*, p.438.
42. Luxemburg, Letter to Sophie Liebknecht (1917), available online at www.marxists.org.
43. Luxemburg, Letter to Sophie Liebknecht (August 1917), in *The Letters of Rosa Luxemburg*, p.432.
44. Luxemburg, Letter to Sophie Liebknecht (May 1917), ibid., p.412.
45. Luxemburg, Letter to Rosi Wolfstein (March 1918), ibid., p.459.
46. Luxemburg, Letter to Luise Kautksy (January 1917), ibid., p.369.
47. 체포될 당시 그녀의 특수한 지위 때문에 그런 선택권이 주어진 것으로 보인다.
48. Luxemburg, Letter to Sophie Liebknecht (1917), in *The Letters of Rosa Luxemburg*, p.414.
49. Luxemburg, Letter to Sophie Liebknecht (May 1917), available online at www.marxists.org.
50. Luxemburg, Letter to Sophie Liebknecht (December 1917), in *The Letters of Rosa Luxemburg*, p.457.

51. 그녀가 조피 리프크네히트에게 붙인 애정 어린 애칭이다. 로자는 자신과 꾸준히 교류하던 많은 이들에게 친밀한 애칭을 지어주곤 했다.
52. Luxemburg, Letter to Sophie Liebknecht (1917), in *The Letters of Rosa Luxemburg*, p.431.
53. Luxemburg, Letter to Martha Rosenbaum (February 1917), ibid., p.370.
54. Rosa Luxemburg, 'Stagnation and the Progress of Marxism', in *Rosa Luxemburg Speaks*, p.110.
55. Quoted in Subhoranjan Dasgupta, 'Rosa Luxemburg's Response to and Critique of Creativity and Culture', available online at www2.chuo-u.ac.jp)
56. Rosa Luxemburg, 'The Spirit of Russian Literature: Life of Korolenko', in *Rosa Luxemburg Speaks*, p.341.
57. Ibid., p.342.
58. Ibid., p.344.
59. Ibid., p.356.
60. Ibid., p.346.
61. Ibid., p.348.
62. Ibid., p.349.
63. Ibid., p.359.
64. Rosa Luxemburg, 'Against Capital Punishment', in *Rosa Luxemburg Speaks*, p.398.
65. Ibid., p.398.
66. Ibid.
67. Rosa Luxemburg, 'Life of Korolenko', p.354.
68. Ibid., p.354.
69. 코스챠 체트킨에게 편지를 쓸 때, 로자가 자신에게 붙인 애칭인 니우니아(Niunia)의 머릿글자이다.
70. Luxemburg, Letter to Kostja Zetkin (1912), in *The Letters of Rosa Luxemburg*, p.319.
71. Jacob, *An Intimate Portrait*, p.71.
72. Luxemburg, 'Life of Korolenko', p.354.
73. Luxemburg, Letter to Clara Zetkin (1917), in *The Letters of Rosa Luxemburg*, p.445.
74. Luxemburg, Letter to Sophie Liebknecht (1917), ibid., p.451.
75. Ibid.
76. Luxemburg, Letter to Hans Diefenbach (1914), ibid., p.337.
77. Luxemburg, Letter to Camille Husymans (1914), ibid., p.342.

78. Rosa Luxemburg, 'Rebuilding the International', in *Luxemburg: Selected Political Writings*, p.197.
79. Ibid., p.204.
80. Michal Kasprzak, 'Dancing with the Devil: Rosa Luxemburg's Conception of the Nationality Question in Polish Socialism', *Critique*, xl/3 (2012), p.437.
81. Nettl, *Rosa Luxemburg*, p.853
82. Ibid., p.849.
83. 훨씬 이전인 1905년의 한 편지에서 로자는 여러 언어를 구사하지 못하는 것이 인터내셔널리즘의 장벽이 된다고 썼으며, 모든 민족이 러시아 혁명을 지지하기 위해 단결해야 한다는 사실을 강조했다. letter to Henriette Roland Holst (1905), in *The Letters of Rosa Luxemburg*, p.187.
84. Rosa Luxemburg, 'Junius Pamphlet', in *The Rosa Luxemburg Reader*, ed. Peter Hudis and Kevin B. Anderson (New York, 2004), p.313. (1장)
85. Ibid., p.314.
86. Ibid., p.316.
87. Ibid., p.320.
88. 이는 사실 로자의 착오이며, 그와 같은 내용은 카우츠키의 『에르푸르트 강령: 기본 원칙에 대한 논의』 4장에 나온다. 여기서 그는 다음과 같이 썼다. "만약 사회주의적 공동체가 정말로 불가능하다면, 인류는 더 이상의 경제 발전으로 나아갈 수 없을 것이다. 그런 경우 현대 사회는 2천여 년 전 로마 제국이 그랬듯이 붕괴하고, 결국 야만 상태로 퇴보하게 될 것이다. … 오늘날의 조건에서 자본주의 문명은 지속될 수 없다. 우리는 사회주의로 나아가든가, 아니면 야만으로 되돌아가든가 둘 중 하나의 선택에 직면해 있다." Karl Kautsky, *The Class Struggle* (London, 2018), p.104.
89. Luxemburg, 'Junius Pamphlet', p.321.
90. Ibid., p.325.
91. Ibid., p.328.
92. Ibid., p.341.
93. Ibid., p.12.

5. 마지막 혁명의 임무

1. Quoted in John Rees, 'In Defense of October', *International Socialism*, lii (Autumn 1991), p.9.
2. 러시아 혁명에 관한 보수적 신화를 반박하는 더 많은 설명을 원한다면, 다음을

참고하라. Neil Faulkner, *A People's History of the Russian Revolution* (London, 2017).

3. Lenin, *The April Theses* (Moscow, 1985).)
4. Rosa Luxemburg, Letter to Hans Diefenbach (March 1917), in *The Letters of Rosa Luxemburg*, ed. Georg Adler, Peter Hudis and Annelies Laschitza, trans. George Shriver (London, 2013), p.381.
5. Luxemburg, Letter to Marta Rosenbaum (November 1917) in *The Letters of Rosa Luxemburg*, p.441
6. Ibid.
7. Luxemburg, Letter to Martha Rosenbaum (February 1917), ibid., p.370.
8. Luxemburg, Letter to Martha Rosenbaum (February 1917), ibid., p.370.
9. Rosa Luxemburg, 'The Old Mole', in *Rosa Luxemburg: Selected Political Writings*, ed. Robert Looker (London, 1972), p.227.
10. Ibid., p.234.
11. Luxemburg, Letter to Mathilde Wurm (1917), in *The Letters of Rosa Luxemburg*, p.374.
12. Luxemburg, 'The Russian Revolution', in *Rosa Luxemburg Speaks*, ed. Mary-Alice Waters (New York, 1970), p.367)
13. Ibid., p.367.
14. Luxemburg, Letter to Frank Mehring (1917), in *The Letters of Rosa Luxemburg*, p.439.
15. Luxemburg, 'The Russian Revolution'.
16. Ibid.
17. Ibid., p.389.
18. Ibid., p.390.
19. Nettl, *Rosa Luxemburg*, p.858.
20. Ibid.
21. 주목할 점은, 기존 체제에 저항하는 또 한 명의 맹렬 여성이 레닌을 비판하면서도 러시아 혁명을 지지하고 혁명의 메시지를 영국에 전파했다는 사실이다. 그 여성은 바로 실비아 팽크허스트였다. See Rachel Holmes, *Sylvia Pankhurst: Natural Born Rebel* (London, 2020); Katherine Connelly, *Sylvia Pankhurst: Suffragette, Socialist and Scourge of Empire* (London, 2013).
22. 이 점에 대해서는 룩셈부르크 전문가 Ottokar Luban이 자세히 설명했다. Ottokar Luban, Rosa Luxemburg's 'Critique of Lenin's Ultra Centralistic Party Concept and of the Bolshevik Revolution', *Critique*,

xl/3 (2012), pp.357–65, especially pp.363–5.
23. Luxemburg, 'The Russian Revolution', p.391.
24. Charles F. Elliott, 'Lenin, Rosa Luxemburg and the Dilemma of the Non-Revolutionary Proletariat', *Midwest Journal of Political Science*, ix/4 (November 1965), p.338.
25. 여기서 레닌과 룩셈부르크가 서로 다른 관점으로 다루고, 그녀의 민족자결권에 대한 태도에서도 드러나는 또 하나의 개념적 쟁점은 마르크스주의 전통에서 국가의 위치에 관한 것이다. 레닌은 프롤레타리아트의 정치적 지배를 보장하기 위해 새로운 형태의 국가가 필요하다는 마르크스의 주장을 일방적으로 강조했다. Bob Jessop, 'Statism', *Historical Materialism*, xv/1 (2007), p.240.
26. Jan Valtin, *Out of the Night: The Memoir of Richard Julius Herman Krebs Alias Jan Valtin* (Oakland, ca, 2004), p.7.
27. '아래로부터의 역사'에 대한 탁월한 서술을 원한다면, 다음을 참고하라. William A. Peltz, *A People's History of the German Revolution* (London, 2018), and *The Spartakusbund and the German Working Class, 1914-1919* (Lewiston, me, 1988), p.126.
28. Mathilde Jacob, *Rosa Luxemburg: An Intimate Portrait* (London, 2000), p.92.
29. Luxemburg, Letter to Clara Zetkin (1918), in *The Letters of Rosa Luxemburg*, p.487.
30. See Eric D. Weisz, *Creating German Communism, 1890-1990: From Popular Protests to Socialist State* (Princeton, nj, 1997), p.91.
31. Luxemburg, Letter to Clara Zetkin (November 1918), in *The Letters of Rosa Luxemburg*, p.480.
32. Ibid.
33. Luxemburg, 'Oh! How German is this Revolution', available online at www.marxists.org.
34. Ibid.
35. Rosa Luxemburg, 'The Acheron in Motion', in *Luxemburg: Selected Political Writings*, p.274.
36. Luxemburg, 'The Transformation of Society', in *The Rosa Luxemburg Reader*, ed. Peter Hudis and Kevin Anderson (New York, 2004), p.346.
37. Rosa Luxemburg, 'What Does the Spartacus League Want?', ibid., p.349. (309~310)
38. Rosa Luxemburg, 'Our Program and Political Situation', ibid., p.368.
39. Peltz, *The Spartakusbund and the German Working Class, 1914-1919*, p.147.
40. Nettl, *Rosa Luxemburg*, p.711.

41. Quoted in Peltz, *The Spartakusbund*, p.47.
42. Luxemburg, Letter to Lenin (1918), in *The Letters of Rosa Luxemburg*, p.486.
43. Luxemburg, Letter to Clara Zetkin (26 December 1918), ibid., p.489.
44. Luxemburg, Letter to Clara Zetkin (December 1918), ibid., p.489.
45. Peltz, *The Spartakusbund*, p.70.
46. Luxemburg, 'Our Program and Political Situation', p.372.
47. Quoted in Rob Sewell, *Germany, 1918-1933: Socialism or Barbarism* (London, 2018).
48. Jacob, *An Intimate Portrait*, p.98.
49. Nettl, *Rosa Luxemburg*, p.763.
50. Luxemburg, Letter to Clara Zetkin (1919), in *The Letters of Rosa Luxemburg*, p.493.
51. Luxemburg, 'Order Reigns in Berlin', in *The Rosa Luxemburg Reader*, p.377.
52. Luxemburg, 'Order Reigns in Berlin', p.378.
53. Ibid.
54. 1919년 1월 15일의 사건은 여러 번 회고되었으며, 상반된 설명들이 많이 존재한다. 나는 여기서 최근 영어로 번역된 이 문제에 대해 가장 포괄적인 저작인 Klaus Gietinger의 *The Murder of Rosa Luxemburg* (London, 2019)를 바탕으로 이야기했다. 로자 룩셈부르크의 이른 죽음을 초래한 투쟁과 대립이 그녀의 사후에도 계속해서 영향을 미쳤다는 점을 고려하며, 이 사건에 대한 다양한 설명에서 나타나는 논란과 역사적 부정확성은 다음 장에서 다룰 것이다.
55. Luxemburg, Letter to Hans Diefenbach (1917), in *The Letters of Rosa Luxemburg*, p.405.
56. Gietinger, *The Murder of Rosa Luxemburg*, p.39
57. Ibid., p.38.
58. Goethe, *Faust*, ed. and trans. David Luke (Oxford, 2008), p.146.
59. Luxemburg, Letter to Leo Jogiches (1898), in *The Letters of Rosa Luxemburg*, p.80.
60. Luxemburg, Letter to Luise Kautsky (1917), ibid., p.392
61. Nettl, *Rosa Luxemburg*, p.779.
62. Luxemburg, Letter to Clara Zetkin (1919) in *The Letters of Rosa Luxemburg*, p.492.

6. 불화는 계속 전진한다

1. Mathilde Jacob, *Rosa Luxemburg: An Intimate Portrait* (London, 2000), p.123.
2. Rosa Luxemburg, 'The Spirit of Literature: The Life of Korolenko', in *Rosa Luxemburg Speaks*, ed. Mary-Alice Waters (New York, 1970) p.358
3. Clara Zetkin, 'On the Anniversary of the Death of Two Socialist Martyrs', *Workers' Dreadnought*, 15 January 1921, available online at the British Newspaper Archive, www.britishnewspaperarchive.co.uk, accessed 10 December 2019.
4. 이 주장에 대한 추가적인 맥락을 보려면 다음을 참고하라. Nigel Jones, *A Brief History of the Birth of the Nazis: How the Freikorps Blazed a Trail for Hitler* (London, 2004).
5. Clara Zetkin, 'Fascism Must Be Defeated', in *Collected Writings*, ed. Philip S. Foner (Chicago, il, 2014), p.172.
6. Ibid., p.174.
7. Paul Frolich, *Rosa Luxemburg: Ideas in Action* (London, 1994), p.307.
8. Letter to Clara Zetkin in Jacob, *An Intimate Portrait*, p.130.
9. Luise Kautsky, Letters to Rosa Luxemburg, available online at www.marxists.org.
10. Jacob, *An Intimate Portrait*, p.25.
11. Eric D. Weiz, '"Rosa Luxemburg Belongs to Us!" German Communism and the Luxemburg Legacy', Central European History, xxvii/1 (1994), p.32.
12. Ibid., p.45.
13. Eric Blanc, 'The Rosa Luxemburg Myth: A Critique of Luxemburg's Politics in Poland (1893–1919)', *Historical Materialism*, xxv/4 (2017), pp.3–36.
14. Stefan Berger, *Germany: Inventing the Nation*, (London, 2004), p.218.
15. Jörn Schütrumpf, *Rosa Luxemburg; or, The Price of Freedom* (Berlin, 2008), p.9.
16. Ibid., p.10.
17. Tony Cliff, 'Rosa Luxemburg's Place in History', available online at www.marxists.org, accessed 20 January 2019.
18. Georg Lukacs, 'The Marxism of Rosa Luxemburg', available online at www.marxists.org, accessed 24 January 2019.
19. Michael Brie, 'Critical Reception of the *Accumulation of Capital*', in *Rosa Luxemburg: A Permanent Challenge for Political Economy*, ed.

Judith Dellheim and Frieder Otto Wolf (London, 2016), pp.261-303, available online at www.researchgate.net, p.261.
20. Kanishka Chowdhury, 'Rosa Luxemburg's *The Accumulation of Capital*, Postcolonial Theory, and the Problem of Present Day Imperialisms', *New Formations*, 94 (2018), p.151.
21. Peter Hudis, 'Non-linear Pathways to Social Transformation: Rosa Luxemburg and the Post-colonial Condition', *New Formations*, 94 (2018), p.63.
22. Ibid., p.73.
23. Ibid., p.79.
24. Helen Scott, 'Capitalism in "all Corners of the Earth": Luxemburg and Globalization', *New Formations*, 94 (2018).
25. Ankica Čakardić, 'From Theory of Accumulation to Socialreproduction Theory: A Case for Luxemburgian Feminism', *Historica Materialism*, xxv/4 (2017), p.442.
26. Ibid., p.443.
27. Ibid., p.444.
28. Raya Dunayevskaya, Rosa Luxemburg, *Women's Liberation and Marx's Philosophy of Revolution* (Atlantic Highlands, nj, 1984), p.60.
29. 그녀는 이 대목에서 특히 네틀이 룩셈부르크의 그 시기를 '잃어버린 세월'이라고 표현한 것에 대해 비판하고 있다.
30. Dunayevskaya, *Women's Liberation and Marx's Philosophy of Revolution*, p.85.
31. Barbara Hahn, *The Jewess Pallas Athena: This too a Theory of Modernity* (Princeton, nj, 2016), p.110.
32. Ibid., p.114.
33. Hannah Arendt, 'Rosa Luxemburg', in *Men in Dark Times* (New York, 1975), p.38.
34. Ibid., p.46.
35. Elisabeth Young-Breuhl, *Hannah Arendt: For Love of the World* (New Haven, ct, 2004), p.361.
36. Simone Frieling, *Rebellinnen: Hannah Arendt, Rosa Luxemburg und Simone Weil* (Berlin, 2018).
37. Quoted in Barbara Harlow, 'Looked Class, Talked Red: Towards a Biobibliography of Ruth First', *Race and Class*, lx/3 (2019), p.45.
38. Dov Khenin and Dani Filc, *What Is To Be Done Now?* (Tel Aviv, 2019).
39. Paul Le Blanc, 'Rosa Luxemburg and the Heart of Darkness', *New

Formations, 94 (2018), p.138.
40. Ibid., p.137.
41. Ibid., p.140.
42. Luxemburg, Letter to Robert and Mathilde Seidel (1898), in *The Letters of Rosa Luxemburg*, p.58.
43. Luxemburg, Letter to Kostja Zetkin (1915), ibid., p.350.

감사의 말

이 책 작업에 힘써주신 리액션 북스(Reaktion Books)의 모든 분들께 감사드립니다. 가장 큰 감사는 담당 편집자인 비비안 콘스탄티노풀로스(Vivian Constantinopoulos)에게 바칩니다. 그녀의 시각은 이 책을 집필하는 데 방향을 제시해 주었고, 집필의 여러 단계에서 그녀가 수행한 작업은 집필 과정을 지원해 주었을 뿐 아니라 큰 영감을 주었습니다.

생기 넘치고 너그러운 로자 룩셈부르크 연구자 사회에도 깊은 감사를 전합니다. 격려와 지지를 해 준 폴 르 블랑, 로자의 초기 생애와 그 연속성을 밝히는 데 큰 도움을 준 로리 캐슬 존스, 특히 로자의 동지이자 자매(comrade-sister)로서 여성 문제를 명쾌히 밝혀준 안키차 차카르디치, 엄밀함과 열정을 지닌 헨리 홀랜드(Henry Holland), 그리고 뜻깊은 대화를 나누었던 리다 바커스(Rida Vaquas)에게 감사를 표합니다.

특별히 감사드릴 분은 룩셈부르크 연구자 헬렌 스콧과 로자 룩셈부르크 전집의 총괄 편집자인 피터 후디스입니다. 이들은 집필 과정에 큰 도움을 주었으며, 방대한 지식과 비판적 통찰을 나눠주었습니다. 로자에 대한 그들의 연구는 이 책에 매우 중요한 역할을 했습니다.

케이트 에번스의 작품은 로자를 이해하는데 전환점 되었고, 그녀의 굳건한 연대와 천둥소리를 어떻게 이해해야 할 지에 대한 영감은 제게 큰 힘이 되었습니다. 탁월한 동지인 조디 딘(Jodi Dean)은 레닌과 룩셈부르크의 논쟁에 관해 함께 이야기해주었고, 급진적 사유와 실천의 본보기를 보여주었습니다.

암스테르담 국제사회사연구소(International Institute of Social History)의 모든 분들께 깊은 감사를 전합니다. 특히 문서자료팀(archival team)에게 감사를 드리며, 그들의 전문성과 협조는 이 책의 초기 연구 단계부터 큰 도움이 되었습니다. 연구소의 수석연구원이자 룩셈부르크 전문가인 페페인 브란돈(Pepijn Brandon)의 아낌없는 조언과 격려에 깊은 감사를 드립니다.

로자 룩셈부르크 재단은 로자의 사상을 21세기로 계승하고, 오늘날 우리 사회에서 그녀의 사상을 논의할 장을 마련해주고 있습니다. 재단의 여러 지부로부터 다양한 방식으로 받은 지원에 감사드리며, 특히 재단 베를린 본부의 민주사회주의 역사센터(Historical Centre for Democratic Socialism) 소장 알베르트 샤렌베르크(Albert Scharenberg)에게 감사드립니다. 그는 집필 초기부터 따뜻하게 응원해 주었고, 로자의 서거 100주년 기념 행사에 저를 초대해 주셔서 집필 과정이 특별한 의미를 갖게 해주었습니다.

뉴욕 사무소의 마레지 슈타르츠만(Maresi Starzmann)에게도 감사드립니다. 그녀는 로자의 식물표본집에 관한 훌륭한 전시를 기획했으며, 그녀와의 대화와 지원은 큰 힘이 되었습니다. 텔아비브 재단 소장 차프리어 코헨(Tsafrir Cohen)에게도 특별한 감사를 전합니다.

타라 버긴(Tara Bergin), 캐서린 코넬리(Katherine Connelly), 루시 그리그(Lucy Grig), 로자 헤이즈(Rosa Hayes), 리아 콕스(Leah Cox), 스네하 크리슈난(Sneha Krishnan)은 이유를 따로 얘기하지 않아도, 제가 왜 고마워하는지 잘 아실 겁니다. 에미 툴슨(Emmy Toulson)은 저와 로자의 제일 가는 동지입니다. 윤리적 귀감이자 저에게 새들의 노래를 더 잘 듣는 법을 가르쳐준, 로자의 마음에 쏙 들었을 사람인 블레이클리 화이트맥과이어(Blakeley White-McGuire)에게도 감사를 드립니다.

한나 아렌트는 로자의 인생에 동료 집단이 매우 중요했다고 지적했습니다. 저 역시 이스라엘에서 함께 해준 특별한 나의 '무리(tribe)'가 없었다면 길을 잃고 말았을 것입니다. 요니 바르오르(Yoni Bar-Or), 리 펠레드(Lee Peled), 아디 쇼함(Adi Shoham), 타마라 샤론로스(Tamara Sharon-Ross), 호다야 슬루츠키카슈탄(Hodaya Slutzky-Kashtan)에게 감사드립니다.

이 책은 정치적으로 격동의 시기에 집필되었습니다. 오늘날 우리가 야만으로 추락하는 것을 막기 위해 쉼없이 활동하고 있는 활동가 동료들에게 받은 격려에도 감사를 전하고 싶습니다. 데이비드 햄블린(David Hamblin), 새러 제임스(Sarah James), 해나 플랜트(Hannah Plant), 얀 와드럽(Jan Wadrup)에게 감사합니다.

로자는 평생 노동조합 지도자들과 싸웠지만, 저는 개인적으로 두 명의 노조 지도자에게 감사를 전하고 싶습니다. 저는 아래로부터의 사회주의 운동이 실제로 감동적인 방식으로 힘을 발휘하는 모습을 목격하는 행운을 누렸습니다.

노조 지도자도 급진적이고 진실할 수 있음을 보여준 차기 대학노조(UCU) 위원장 조 그래디(Jo Grady)에게 감사를 전합니다. 전국일반노조(GMB)의 바버라 플랜트(Barbara Plant) 위원장은 현재의 자매들의 삶을 개선하기 위해 과거의 우리 자매들과 연대하고 행동함으로써 제게 큰 영감을 주었습니다.

로자 룩셈부르크는 사유하고, 글을 쓰며, 행동할 자신만의 공간을 이 세상에 만들어 나가야 했습니다. 지금도 다른 사람들이 따라올 수 있도록 그런 공간을 열어나가고 있는 이 시대의 지도자들에게 감사를 드립니다.

리사 애피냐네시(Lisa Appignanesi)의 기억과 역사에 관한 연구는 글을 통한 가능성에 대한 저의 이해를 크게 바꾸어 놓았습니다. 그로부터 받은 영감과 아낌없는 관대함에 깊이 감사드립니다.

평생을 사회 정의에 대한 변함없는 헌신으로 살아가며 윤리적 모범을 보여주신 샤미 차크라바르티(Shami Chakrabarti)에게 감사드립니다. 그녀의 작업은 로자 룩셈부르크의 인도주의와 진보 정치에 대한 헌신을 이어가는 우리에게 큰 변화를 일으키고 있습니다.

레이첼 홈스의 글쓰기는 사회 정의와 글쓰기를 이해하는 방식을 근본적으로 바꾸어 놓았으며, 과거와 현재의 혁명적 여성들에게 동지이자 자매가 되어 주는 한결 같은 본보기가 되어 주었습니다.

세상에서 옳고 정의로운 모든 것을 대표하는 제 롤모델이자, 인류애를 구현하며 올바른 편에 서는 본보기가 되어주신 헬레나 케네디(Helena Kennedy)에게 감사드립니다.

저의 가족 모두의 지지와 격려에도 감사드립니다. 제 아버지 해럴드 밀스(Harold Mills)는 이 책의 출간을 보지 못하셨지만, 그의 인간애, 너그러움, 원칙은 제가 써온 모든 문장 속에, 그리고 앞으로 쓸 모든 문장 속에 새겨져 있습니다.

저는 이모인 티르자 포즈너와 제 어머니 가브리엘라 밀스를 보며 성장할 수 있는 행운을 가졌습니다. 두 분은 저에게 인도주의를 몸소 보여주셨고, 제가 옳은 것을 추구하며 불의에 눈을 감지 않도록 가르쳐 주었습니다. 저희 모두가 매일 그리워하는 외할머니 안네마리 (미리암) 포즈너는 독립적이고 정말로 독창적인 인물이었습니다. 이 책을 그들에게, 그리고 오늘의 저를 만든 유대인 여성들에게 바칩니다.

책 속의 모든 오류는 전적으로 저의 책임입니다.

사진 제공에 대한 감사의 말

저자와 출판사는 다음의 자료 제공자들에게 감사의 뜻을 전합니다.

케이트 에번스와 버소 북스(Verso Books) 제공: p.269
국제사회사연구소(암스테르담) 제공: pp.23, 47, 78, 81, 84, 88, 105, 110, 119, 124, 127, 128, 138, 149(로자 룩셈부르크 문서), 160, 171, 173, 175, 176(로자 룩셈부르크 문서), 182(로자 룩셈부르크 문서), 221, 224, 242
다나 밀스 제공: pp.270, 271

로자 룩셈부르크

초판 1쇄 인쇄	2025년 4월 23일
초판 1쇄 발행	2025년 5월 1일
지은이	다나 밀스
옮긴이	정인
펴낸이	권호영
표지 디자인	이현
펴낸곳	달팽이꿈
출판등록	제 251002016000156호
팩스	02-6442-6629
전자우편	snaildream2016@gmail.com
블로그	https://snaildream24.wordpress.com
ISBN	979-11-958852-7-5